STUDY ON INTERNATIONAL ECONOMIC TRADE REGULATIONS IN MAJOR ISLAMIC NATIONS

في البلدان الإسلامية علوم النظام القانوني للتجارةالدولية

世界主要伊斯兰国家国际经贸法律制度研究

主　编　刘亚平　李自然

副主编　刘　韬　麦尔彦·金雪莲　胡冬梅

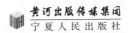

黄河出版传媒集团
宁夏人民出版社

图书在版编目（CIP）数据

世界主要伊斯兰国家国际经贸法律制度研究/刘亚平，李自然主编. －银川：宁夏人民出版社，2010.12
ISBN 978-7-227-04638-7

Ⅰ.①世… Ⅱ.①刘… ②李… Ⅲ.①伊斯兰国家－经济法－研究②伊斯兰国家－贸易法－研究 Ⅳ.①D930.229②D950.229

中国版本图书馆CIP数据核字（2010）第262160号

世界主要伊斯兰国家国际经贸法律制度研究　　　　　　刘亚平 李自然 主编

责任编辑　郭永顺 马宗明
封面设计　万明华
责任印制　李宗妮

黄河出版传媒集团　出版发行
宁夏人民出版社

地　　址　银川市北京东路139号出版大厦（750001）
网　　址　www.nxcbn.com
网上书店　www.hh-book.com
电子信箱　nxhhsz@yahoo.cn
邮购电话　0951-5044614
经　　销　全国新华书店
印刷装订　宁夏精捷彩色印务有限公司

开本　720mm×980mm　1/16　　印张 18.5　　字数 300千
印刷委托书号（宁）0005948　　　　　　印数 3000册
版次　2011年1月第1版　　　　印次　2011年1月第1次印刷
书号　ISBN 978-7-227-04638-7/D·338

定　　价　88.00元

序言

　　我国与西域国家贸易交往源远流长，自西汉开辟丝绸之路起，时至今日，我国已与东盟、阿盟、中亚、西亚等50多个伊斯兰国家和地区建立经贸往来，其中，仅东盟地区在2009年与我国的贸易额就达2130亿美元，东盟已超过日本成为我国的第二大贸易伙伴。但由于我国与伊斯兰国家分属大陆、伊斯兰两大法系，加之国内缺少对伊斯兰国家经贸法律制度的普及、介绍，导致我国企业对伊斯兰国家法律制度普遍缺乏了解，部分企业无法快速适应伊斯兰国家贸易投资、商事交往规则，在一定程度上影响了我国与伊斯兰国家的进出口贸易。

　　经过近两年的准备，由刘亚平、刘韬律师及李自然教授等诸多青年才俊携手撰写的这部作品即将付梓。作者以东盟、阿盟、中亚、西亚等地区为考察对象，选取伊朗、马来西亚等九个主要伊斯兰国家，分三篇就这些地区及国家的国际经贸概况、法律制度评述及我国与伊斯兰国家经贸交往等问题进行了介绍和分析，由点及面地向读者和国内企业诠释了伊斯兰国家的国际经贸法律制度。专业全面、简明实用是本书的特色。作为普及性读物，一线律师侧重法规的具体适用，教授、学者看重法律制度所体现的文化理论，能够将二者结合起来，必然会给读者提供全新的视角。本书付梓之际，作者特邀我为本书作序，故欣然应下，希望通过共同的努力，能够为中国企业走出国门，为中国相关产业进入世界市场尽微薄之力。

马启成

C O N T E N T S

世界主要伊斯兰国家国际经贸法律制度研究

下篇　中国国际经贸及法律制度评述

上篇 伊斯兰国家国际经贸及法律制度概述

第一章 伊斯兰国家概述

一、伊斯兰国家的界定和分布

伊斯兰国家通常被人解释为"近现代对以伊斯兰教为治国指导原则的一些亚、非国家的统称"[①]。但笔者认为这种解释不是很准确，因为"以伊斯兰教为治国指导原则"这主要是指政教合一、真主主权论的国家，而现实中类似"世俗化"的土耳其等国就很难涵盖于其中。而在我国的学界也比较流行以穆斯林人口比例来判定其是否为伊斯兰国家。例如：我们通常将穆斯林人口占据一半以上的国家定位为伊斯兰国家。因此，笔者比较赞同"'伊斯兰国家'一般指以伊斯兰教为国教和多数居民信仰伊斯兰教的国家和地区（伊斯兰国家有时又称穆斯林国家，穆斯林是伊斯兰教徒之意）"[②]的观点。这与中国古代称为"回回"国的国家相对应。但近期随着国际上伊斯兰会议组织的影响不断扩大，一些穆斯林人口不占多数的非洲的几内亚比绍、科特迪瓦、布基纳法索、多哥、贝宁、喀麦隆、加蓬、乌干达、坦桑尼亚（2009年加入）和莫桑比克，以及南美洲的圭亚那和苏里南也宣布为伊斯兰国家。与此同时，随着波黑独立、阿尔巴尼亚加入伊斯兰会议组织，伊斯兰国家范围也就突破了亚非

---

① 参见百度 百科名片《伊斯兰国家》http://baike.baidu.com/view/45363.htm?fr=ala0_1_1
② 参见百度 百科名片《伊斯兰国家》http://baike.baidu.com/view/45363.htm?fr=ala0_1_1

的洲际界限，成为亚、非、南美、欧洲地区都有所存在的现象。

目前，伊斯兰国家有以下几种含义：

（一）泛指以伊斯兰教为国教(或官方宗教)。主要特征是国家元首为穆斯林，承认沙里亚为国家立法的主要渊源之一，重视伊斯兰文化传统等。例如：伊朗、阿曼、约旦、沙特等等。

（二）大多数居民信仰伊斯兰教的国家。通常指穆斯林人口超过公民的一半。在世界范围大部分传统的穆斯林国家和地区人口都超过国民的一半，只有黎巴嫩、乍得、尼日利亚、波黑、马来西亚约接近一半。

（三）政治上宣布为伊斯兰国（并加入伊斯兰会议组织的国家）。在世界上也有一些国家，伊斯兰教既不是国教，穆斯林人口也没有达到国民的一半，但是他们宣布受伊斯兰教影响较大，也宣布为伊斯兰国家，并加入了伊斯兰会议组织。例如：非洲的几内亚比绍、科特迪瓦、布基纳法索、多哥、贝宁、喀麦隆、加蓬、乌干达、坦桑尼亚和莫桑比克，以及南美洲的圭亚那和苏里南。

按照以上各个标准来划分，标准不同，伊斯兰国家的数量也不同。在此笔者从文化权利的角度，认为无论是公认的还是自认的，这些国家都应当是伊斯兰国家。所以，其范围还是按照伊斯兰会议组织成员国资格来判定。这样，在世界范围内就存在57个伊斯兰国家。另外，还有两个没有加入该组织的地区波黑（观察员国）、科索沃，总计59个国家和地区。

全球各大洲伊斯兰国家一览表

洲际	国家	数量
亚洲	文莱、印尼、马来西亚、巴基斯坦、孟加拉、马尔代夫、土耳其、阿塞拜疆、吉尔吉斯斯坦、塔吉克斯坦、哈萨克斯坦、土库曼斯坦、伊朗、阿富汗、伊拉克、乌兹别克斯坦、科威特、叙利亚、约旦、黎巴嫩、巴勒斯坦、沙特阿拉伯、阿拉伯联合酋长国、也门共和国、阿曼、巴林、卡塔尔	27

非洲	埃及、苏丹、利比亚、突尼斯、阿尔及利亚、摩洛哥、毛里塔尼亚、索马里、吉布提、科摩罗、塞内加尔、冈比亚、几内亚、塞拉利昂、马里、尼日尔、乍得、几内亚比绍、科特迪瓦、布基纳法索、多哥、贝宁、喀麦隆、加蓬、乌干达、莫桑比克、坦桑尼亚	27
南美	圭亚那、苏里南	2
欧洲	波黑、科索沃、阿尔巴尼亚	3

二、伊斯兰国家的人文地理概况

（一）自然地理和资源概况。从伊斯兰国家的地理分布来看，除了北美、大洋洲和南极洲之外都有分布，其所占据的陆地面积达到31480156平方公里以上，约占全球陆地面积的 21%。其中领土面积最大的国家是哈萨克斯坦，最小的国家是马尔代夫。

伊斯兰国家和地区领土面积一览表[①]

单位：平方公里

国名	面积	国名	面积	国名	面积
文莱	5765	印尼	1904443	马来西亚	330257
孟加拉	147570	巴基斯坦	79.6万(不含克)	沙特	2250000
阿联酋	83600	卡塔尔	11521	巴林	711.855
科威特	17818	也门	555000	伊拉克	441800
伊朗	1645000	巴勒斯坦	2500	黎巴嫩	10452

---

① 本表资料来源外交部网站"国家与组织"。

叙利亚	185180	约旦	89000	土耳其	783600
土库曼斯坦	491200	乌兹别克斯坦	447400	吉尔吉斯斯坦	199900
塔吉克斯坦	143100	哈萨克斯坦	2724900	马尔代夫	298
阿曼	309500	阿塞拜疆	866000	阿富汗	647500
埃及	1001450	阿尔及利亚	2380000	苏丹	2505800
摩洛哥	459000	突尼斯	162155	利比亚	1760000
索马里	637660	马里	1241238	塞拉利昂	71740
加蓬	267667	塞内加尔	196722	冈比亚	11295
几内亚	245857	几内亚比绍	36125	莫桑比克	799380
毛里塔尼亚	1030000	科特迪瓦	322463	科摩罗	2236
乌干达	241550	乍得	1284000	多哥	56785
贝宁	112622	喀麦隆	475442	布基纳法索	274200
坦桑尼亚	945087	尼日尔	1267000		
阿尔巴尼亚	28748	波黑	51000	科索沃①	10908
圭亚那	215000	苏里南	163820	吉布提	23200

从其地理分布来看，这些伊斯兰国家主要分布在中亚、西亚、东亚、东南亚、北非、中非、西非、东南欧等地，环绕印度洋、太平洋、大西洋、里海、地中海、红海、阿拉伯海、南中国海，拥有波斯湾、亚丁湾、孟加拉湾等地。占据国际上的交通要道：中亚地区是通往中国、高加索、东欧的交通要道；阿富汗是通往东南亚、中亚、西亚、南亚的交通要道；西亚西奈半岛是亚非的交通咽喉。而一些港口、运河则也同

---

① 来源百度百科"科索沃" http://baike.baidu.com/view/77659.html

样具有战略地位，例如地中海的直布罗陀海峡连接地中海和大西洋、马来半岛的马六甲海峡连接印度洋与太平洋。在古代就有草原丝绸之路、陆上丝绸之路、海上丝绸之路穿越在这些国家之间，为其发展贸易提供了得天独厚的便利条件。

由于地理跨度大，其分布于温带、亚热带、热带地区，气候特点多样，有温带大陆性气候、温带海洋性气候、温带草原气候、亚热带气候、亚热带海洋气候、热带雨林气候、热带荒漠气候等等。在尼罗河、两河流域、约旦河流域、印度河流域，曾孕育出世界最早的人类文明，出现过古埃及、古波斯文明等。这里也是世界宗教的发源地，其中巴勒斯坦地区是伊斯兰教、基督教、犹太教的发源地。

在伊斯兰国家中，除个别国家属于资源贫乏国家外，自然资源也是比较丰富的，其中石油、天然气、磷酸盐、钾盐、岩盐、锡、黄金、白银、钻石、铁、铜、铝、锌、铬、锑、硼、大理石、长绒棉、热带硬木、畜产品等，在世界占有重要地位。尤其是石油、天然气、铀、钨、磷酸盐等多集中在这些国家。伊斯兰会议组织成员国占有世界40%以上的能源和70%以上的能源生产。由于资源丰富、国家甚多，分布也不均匀，笔者在此就不赘述了，详见伊斯兰国家资源情况一览表。

伊斯兰国家资源情况一览表[①]

国名	资源状况
文莱	主要矿产有石油、天然气。已探明原油储量为14亿桶，天然气储量为3900亿立方米。森林面积为2277平方公里，占国土面积的39%，86%为原始森林

---

① 来源外交部网站"国家与组织"。

印尼	矿产资源丰富，主要有石油、天然气、煤、锡、铝矾土、镍、铜、金、银等。截至2003年，石油探明储量47.2亿桶，潜在储量50.24亿桶。天然气探明储量94.75万亿立方米，潜在储量75.56万亿立方米。煤探明储量70亿吨
马来西亚	自然资源丰富。矿产资源有：锡、石油、铁、金、钨、煤、铝土、锰等。原油储量为201.8亿桶。盛产橡胶、棕油、胡椒、热带硬木
孟加拉	矿产资源贫乏，主要有天然气、煤等。天然气储量约3113.9亿立方米，煤储量7.5亿吨。森林面积约200万公顷，覆盖率约13.4%
巴基斯坦	主要矿藏资源有石油、天然气、煤、铁、铝土、铬矿、大理石和宝石等。天然气4920亿立方米、石油1.84亿桶、煤1850亿吨、铁4.3亿吨、铝土7400万吨。森林覆盖率4.8%
沙特	主要矿产资源有：石油、天然气、金、铜、铁、锡、铝、锌等。石油可采储量363亿吨，占世界储量的26%，居世界首位；天然气可采储量6.9万亿立方米，占世界储量的4%，居世界第四位。地下水总储量为36万亿立方米
阿联酋	主要资源为石油、天然气。已探明的石油储量为130亿吨，占世界石油总储量的9.5%，居世界第5位。天然气储量为6.06万亿立方米，居世界第五位
卡塔尔	主要有石油和天然气。已探明石油储量为29亿吨，居世界第13位，天然气储量25.46万亿立方米，居世界第三位
巴林	主要资源为石油、天然气。石油储量2200万吨，天然气储量1182亿立方米
科威特	主要资源为石油、天然气。剩余原油探明储量140亿吨。天然气储量为1.78万亿立方米，居世界第十九位
也门	主要矿产资源有石油、铜、铁、铝、铬、镍、钴、金、银、煤、盐、大理石、硫磺、石油、天然气、石膏等

伊拉克	主要资源是石油、天然气。石油已探明储量155亿吨，居世界第三位；天然气已探明储量3.17万亿立方米，居世界第十位
伊朗	主要矿产资源有：石油、天然气、煤、铁、铜、锌、铬、黄金、锰、锑、铅、硼、重晶石、大理石等。已探明石油储量1384亿桶，占世界总储量的12%，居世界第二位，世界第四大产油国；天然气储量28.13万亿立方米，占世界总储量的18%，居世界第二位，日产量居世界第四位；铁矿储量47亿吨；铜矿储量30亿吨，约占世界总储量的5%，居世界第三位；锌矿储量2.3亿吨，居世界第一位；铬矿储量2000万吨；金矿储量150吨
巴勒斯坦	
黎巴嫩	主要矿藏有铁、铅、铜、褐煤和沥青等，但开采不多
叙利亚	主要矿产资源有石油、天然气、磷酸盐、岩盐、沥青等。已探明的石油储量为25亿桶；天然气储量为6500亿立方米；磷酸盐储量为6.5亿吨，岩盐储量为5500万吨
约旦	主要矿产资源有磷酸盐、钾盐、铜、锰、铀、油页岩和少量天然气。磷酸盐储量约20亿吨；钾盐，储量约40亿吨
土耳其	矿产资源丰富，主要有天然石、大理石、硼矿、铬、钍、黄金、白银、煤等，天然石、大理石储量占世界40%，品种数量均居世界第一；三氧化二硼储量7000万吨；钍储量占全球总储量的22%；铬矿储量1亿吨，居世界前列；黄金储量为450吨；白银1100吨；煤85亿吨。石油、天然气、水资源匮乏
土库曼斯坦	矿产资源主要有石油、天然气、芒硝、碘、有色及稀有金属等。石油和天然气的远景储量为208亿吨和24.6万亿立方米，居世界前列

乌兹别克斯坦	资源丰富，矿产资源储量总价值约3.5万亿美元。现探明有近100种矿产品，主要有黄金、石油、天然气、煤、铀、铜、钨等。黄金储量占世界第四位，铀储量约占世界第7-8位；石油为5.84亿吨，凝析油为1.9亿吨，天然气为2.055万亿立方米，煤为20亿吨。森林覆盖率为12%
吉尔吉斯斯坦	矿产资源主要有黄金、锑、钨、锡、汞等。其中锑产量居世界第三位，锡产量和汞产量居独联体第二位。羊毛产量和水电资源在独联体国家中居第三位
塔吉克斯坦	矿产资源有：铅、锌、铋、钼、钨、锑、锶和金、银、锡、铜等贵重金属、油气和石盐、硼、煤、萤石、石灰石、彩石、宝石等50多种矿物质。水利资源位居世界第八位，人均拥有量居世界第一位，占整个中亚的一半左右
哈萨克斯坦	矿产资源丰富，主要有铁、锰、铬、铜、锌、黄金、钨、铀、石油、天然气等。其中锌（3470万吨）、钨（总储量占全球的50％）居世界第一位，铀（90万吨）居第二位。此外，铁矿储量91亿吨、铁锰伴生矿达5亿吨、锰矿达6亿吨、铬矿总储量为4亿吨、铜矿总储量为3450万吨、黄金储量为1900吨、石油可采储量40亿吨、天然气为3万亿立方米。里海地区石油、天然气远景资源量分别约1010-1096亿桶、153.3万亿立方米
马尔代夫	海洋资源丰富，主要有：各种热带鱼类、海龟、玳瑁、珊瑚、贝壳之类的海产品
阿曼	主要资源有：石油、天然气、煤、黄金、铜、铬银、石灰石及水产资源。现已探明石油储量8亿吨、天然气0.83万亿立方米、煤约3600万吨、金矿约1182万吨、铜约2000万吨、铬100万吨
阿塞拜疆	主要资源为石油、天然气。石油探明储量35~40亿吨
阿富汗	矿藏资源较为丰富，主要有：天然气、煤、盐、铬、铁、铜、云母及绿宝石等。铜矿已探明矿石总储量约7亿吨，估计是世界第三大铜矿带；7300万吨煤；拥有全球第五大铁矿脉，但未得到充分开发

埃及	主要有石油、天然气、磷酸盐、铁、锰、煤、金、锌、铬、银、钼、铜和滑石等。已探明的储量为：石油47亿桶，天然气77万亿立方英尺，磷酸盐约70亿吨，铁矿6000万吨
阿尔及利亚	主要资源有石油、天然气、铁、铅、锌、铀、铜、金、磷酸盐等。石油探明储量约15亿吨，占世界总储量1%，居世界第十五位；天然气探明可采储量4.58万亿立方米，占世界总储量的2.5%，居世界第七位；铁矿储量为30亿-50亿吨；铅锌矿储量约为1.5亿吨，铀矿2.4万-5万吨，磷酸盐20亿吨，黄金100吨
苏丹	主要资源有铁、银、铬、铜、锰、金、铝、铅、铀、锌、钨、石棉、石膏、云母、滑石、钻石、石油、天然气和木材等。主要矿物资源储量：铁约3亿吨，铜900万吨，铬70万吨，银约9000吨，石油约5亿吨。森林面积约6400万公顷，占全国面积23.3%；在林业资源中，阿拉伯树胶占重要地位。水力资源丰富，有200万公顷淡水水域。苏丹畜产品资源在阿拉伯国家中名列第一，在非洲国家中名列第二
摩洛哥	主要资源有磷酸盐、铁、铅、锌、钴、锰、钡、铜、盐、磁铁矿、无烟煤、油页岩等。磷酸盐储量约1100亿吨，占世界75%；油页岩储量1000亿吨以上，含原油60亿吨
突尼斯	主要资源有磷酸盐、石油、天然气、铁、铝、锌等。已探明储量：磷酸盐20亿吨，石油7000万吨，天然气615亿立方米，铁矿石2500万吨
利比亚	主要资源有石油、天然气、铁、钾、锰、磷酸盐、铜、锡、硫碘、铝矾土、沿海水产等。石油已探明储量为430亿桶；天然气储量达1.48万亿立方米；铁20亿-30亿吨
索马里	主要有铁、锡、锰、钨、镍、铬、镁、锌、铝、铀、石英石、绿柱石、石膏、石油和天然气等。除绿柱石和石膏外，多数矿藏未开发。渔业资源丰富，森林覆盖率为13%

11

马里	现已探明的主要矿藏资源及其储量：黄金900吨（非洲第三大黄金出口国），铁13.6亿吨，铝矾土12亿吨，硅藻土6500万吨，岩盐5300万吨，磷酸盐1180万吨，锰1500万吨，铀5200吨。森林面积110万公顷，覆盖率不到1%。水力资源丰富
塞拉利昂	矿藏丰富，主要有钻石、黄金、铝矾土、金红石、铁矿砂等。钻石储量2300多万克拉；黄金矿砂发现5处。铝矾土储量1.22亿吨，金红石储量约2.78亿吨，铁矿砂储量近2亿吨。渔业资源丰富，水产储量约100万吨。全国森林面积约32万公顷，占土地总面积的6%，盛产红木、红铁木等，木材储量300万立方米
加蓬	主要有石油、木材、锰矿、磷酸盐、黄金、重晶石、镍、铬、锌等。可开采石油储量约4亿吨，锰矿蕴藏量2亿吨，占全球已探明储量四分之一。铌矿储量约40万吨，占世界总储量5%。铁矿储量8亿至10亿吨。森林面积占国土面积85%。原木储量约4亿立方米，居非洲第三位，全国有400余种商业树木，其中奥库梅木的蓄积量为1.3亿立方米，居世界第一位。水产资源81.7万吨
塞内加尔	矿产资源贫乏，主要有磷酸盐、铁、黄金、铜、钻石、钛等。磷酸钙储量约1亿吨，磷酸铝储量约在5000万到7000万吨之间。近海有少量石油，估计储量为5200万至5800万吨。内陆约有100亿立方米的天然气储备。森林面积占全国面积的32%，约620.5万公顷
冈比亚	资源贫乏。已探明有钛、锆、金红石混生矿（储量约150万吨）和高岭土（50多万吨）
几内亚	矿产资源主要有铝矾土、铁、钻石、黄金、铜、铀、钴、铅、锌、石油等。矾土已探明贮藏290多亿吨，占世界已探明储量的30%，居世界第一位；铁矿石储量为70亿吨。钻石储量为2500万–3000万克拉。水力资源、海洋渔业资源丰富。盛产红木、黑檀木等贵重木材
几内亚比绍	主要矿藏有铝矾土（储量约2亿吨），磷酸盐（储量约5000万吨），但尚未开发。渔业资源丰富

莫桑比克	矿产资源有煤、铁、铜、金、钽、钛、铋、铝、石棉、石墨、云母、大理石和天然气等。其中煤蕴藏量超过100亿吨、钛600多万吨，钽矿储量居世界首位。大部分矿藏尚未开采。森林覆盖率51%，林木资源总量约17.4亿立方米。水利资源丰富
毛里塔尼亚	矿产资源主要有铁、铜、石膏、磷酸盐、黄金、石油、天然气等。铁矿储量约达107亿吨，铜矿2200万吨，石膏约40亿吨，磷酸盐1.4亿吨，黄金约184吨，石油和天然气资源储油量估计10亿桶。渔业资源丰富，储量为400万吨。森林总面积47440公顷
科特迪瓦	主要矿藏有钻石、黄金、锰、镍、铀、铁和石油。已探明的石油储量约2.2亿桶，天然气储量1.1万亿立方米，铁矿石15亿吨，铝矾土12亿吨，镍4.4亿吨，锰3500万吨。森林面积250万公顷
科摩罗	无矿产资源。水力资源匮乏。渔业资源较丰富
乌干达	已探明矿产资源有铜、锡、钨、绿柱石、铁、金、石棉、石灰石和磷酸盐等。森林覆盖率为12%，产硬质木材。水产资源丰富，维多利亚湖是世界上最大的淡水鱼产地之一。水力发电潜力约2000兆瓦
乍得	矿产资源较丰富，但大多尚未开采。主要矿产有天然碱、石灰石、白陶土和钨、锡、铜、镍、铬等。世界银行预计石油储量约20亿桶
多哥	主要矿业资源有磷酸盐、碳酸盐、石灰石、大理石、铁和锰等。，是撒哈拉以南非洲第三大磷酸盐生产国，已探明储量2.6亿吨，碳酸盐储量约10亿吨
贝宁	资源贫乏。矿藏主要有石油、天然气、铁矿石、磷酸盐、大理石、黄金等。石油已探明储量54.5亿桶，可开采的约9.2亿桶，天然气储量910亿立方米。铁矿石储量约5.06亿吨。渔业资源丰富，海洋鱼类约有257种。森林面积313万公顷，约占国土面积的27%

喀麦隆	资源较丰富。主要有铝矾土、铁、金红石、锡石矿、黄金、钻石、钴、镍、石油、天然气等，以及大理石、石灰石、云母等。铝矾土(储量为11亿吨以上，矾土品位为43%，硅石品位为3.4%)、铁矿(约3亿吨)、金红石（约300万吨，钛含量92%至95%），石油储量约为1亿多吨，天然气储藏量约5000多亿立方米。森林面积2200多万公顷，约占全国总面积的42%，木材蓄积总量40亿立方米。可利用的水力资源达2080亿立方米，占世界水力资源的3%
布基纳法索	黄金储量150万吨（含金量22吨），锰1770万吨，磷酸盐2.5亿吨，锌银合成矿1000万吨，石灰石600万吨
坦桑尼亚	主要资源有黄金、钻石、煤、铁、石油、天然气等。钻石250万吨（含量6.5克拉／吨），金矿80万吨，煤3.24亿吨，铁1.3亿吨，磷酸盐1000万吨，天然气450亿立方米。除金矿外，其他矿藏尚待充分开发。森林面积约4400万公顷，占国土面积的45%，盛产安哥拉紫檀、乌木、桃花心木、栲树等。水力资源丰富，发电潜力超过4.78亿千瓦
尼日尔	主要资源有铀、磷酸盐、煤、锡、铁、石膏、石油、黄金等矿藏。铀储量21万吨，占世界总储量的11%，居世界第五位；煤储量600万吨；磷酸盐储量12.54亿吨，居世界第四位，尚未开发
吉布提	资源贫乏。主要有盐、石灰岩、珍珠岩和地热资源。盐矿总储量约为20亿吨
阿尔巴尼亚	主要矿藏：石油、铬、铜、镍、铁、煤等。石油储量约50亿桶，铬矿储量3730万吨。水利资源也较丰富
波黑	主要矿产：煤、铁、铜、锰、铅、汞、银。农业以谷物、亚麻、烟草为主
科索沃	主要矿产铅、锌、煤。农业有谷物、烟草、葡萄等。牛羊饲养
圭亚那	主要矿藏有铝矾土、金、钻石、锰、钼、铜、钽、钨、镍、铀等，铝矾土储量约3.6亿吨。森林面积16.4万平方公里，占全国土地面积的83%，木材蕴藏量约20亿立方米。水力资源丰富
苏里南	主要矿产资源有铝土、石油、铁、锰、铜、镍、铂、黄金等。铝土矿蕴藏量约为5.8亿吨。2009年黄金出口额5.4亿美元。森林和水力资源丰富。森林覆盖率达95%

（二）人文概况。目前关于伊斯兰国家的人口，说法不一，有11亿之说，有12亿之说（世界五分之一说），这主要因为各国界定不同造成的。伊斯兰国家遍布四大洲，人口占世界人口的五分之一以上。实际上，伊斯兰国家的总人口在14亿-15亿之间，穆斯林人口的数量则更少一些，因为每个国家都包括一定的非穆斯林人口。其中人口最多的是印尼、巴基斯坦、孟加拉3个国家。人口最少的是文莱和马尔代夫。具体详见伊斯兰国家人口一览表。

伊斯兰国家人口一览表[①]

（计140436.91万）

国名		国名		国名	
文莱	40.6万	印尼	2.22亿	马来西亚	2773万
孟加拉	1.47亿	巴基斯坦	约1.7亿	沙特	2370万
阿联酋	508万	卡塔尔	164万(2008年)	巴林	104.7万
科威特	345万	也门	2310万	伊拉克	约3070万
伊朗	7260万	巴勒斯坦	1125万	黎巴嫩	410万
叙利亚	2050万	约旦	598万	土耳其	7256万
土库曼斯坦	683.6万	乌兹别克斯坦	2809.6万	吉尔吉斯斯坦	529.62万

① 本表格资料来源于外交部网站"国家和组织"中各国最新人口统计和国际组织的估计。其中沙特人口中其公民只有约70%；阿联酋外籍人口占83%，主要来自印度、巴基斯坦、埃及、叙利亚、巴勒斯坦等国；巴林外籍人口约占40%，主要来自印度、巴基斯坦、孟加拉、伊朗、菲律宾和阿曼；阿曼人口274万，其中阿曼人192万，外籍人82万；卡塔尔国164万，外籍人约占人口总数的84%，主要来自印度、巴基斯坦和东南亚国家。

塔吉克斯坦	751万	哈萨克斯坦	1581.5万	马尔代夫	30.5万
阿曼	274万	阿塞拜疆	873万	阿富汗	约2850万
埃及	7950万	阿尔及利亚	3440万	苏丹	3915万
摩洛哥	3117万	突尼斯	1043万	利比亚	617.3万
索马里	910万	马里	1430万	塞拉利昂	570万
加蓬	140万	塞内加尔	1250万	冈比亚	178.3万
几内亚	1010万	几内亚比绍	158万	莫桑比克	2200万
毛里塔尼亚	330万	科特迪瓦	2060万	科摩罗	约80万
乌干达	3066万	乍得	1091万	多哥	660万
贝宁	890万	喀麦隆	1940万	布基纳法索	1580万
坦桑尼亚	4370万	尼日尔	1530万		
阿尔巴尼亚	318万	波黑[①]	383万	科索沃	212.67万[②]
圭亚那	约77万	苏里南	51.7万	吉布提	81.82万

  这些伊斯兰国家的人口构成十分复杂，由于地域跨度大，它涵盖了世界的各大人种，例如蒙古利亚人种，如：马来人、蒙古利亚与欧罗巴人种的过渡类型乌拉尔—高加索人种、欧罗巴人种及俾格米—尼格罗人种等等。由于亚非地区原为人类的主要生息地，种群众多，加之为交通要路，后因阿拉伯帝国的扩展以及西方殖民运动引起的民族流动，从而造成了各伊斯兰国家民族成分多元的局面。目前只有孟加拉、沙特、土库曼斯坦、马尔代夫、突尼斯和阿尔巴尼亚等国为单一民族国家。而有

①百度百科名片：波斯尼亚和和黑塞哥维纳。http://baike.baidu.com/view/40000.html
②百度百科。

的国家民族达到200多种。近年由于一些国家劳务输出和移民，各国的民族成分更加复杂了，例如利比亚外国侨民达到100多万。

各国民族构成情况表[①]

国家	民族构成
文莱	马来人（66.4%）、华人（11%），其他种族（4%）
印尼	100多个民族，爪哇族（45%）、巽他族（14%）、马都拉族（7.5%）、马来族（7.5%）、其他种族26%
马来西亚	马来人（68.7%）、华人（23.2%）、印度人（6.9%），其他种族（1.2%）
孟加拉	有20多个民族，孟加拉族占98%
巴基斯坦	旁遮普族（63%）、信德族（18%）、帕坦族（11%）、俾路支族（4%）
沙特	阿拉伯人
阿联酋	阿拉伯人
卡塔尔	阿拉伯人
巴林	阿拉伯人
科威特	阿拉伯人
也门	绝大多数是阿拉伯人
伊拉克	阿拉伯人（78%）、库尔德人（18%），其余为土库曼人、亚美尼亚人等
伊朗	波斯人（66%）、阿塞拜疆人（25%）、库尔德人（5%），其余为阿拉伯、土库曼等民族
巴勒斯坦	阿拉伯人
黎巴嫩	绝大多数为阿拉伯人
叙利亚	阿拉伯人（80%以上），其余为库尔德人、亚美尼亚人、土库曼人等

① 本表资料来源外交部网站"国家与组织"。

约旦	大部分为阿拉伯人，其中60%以上是巴勒斯坦人，还有少数土库曼人、亚美尼亚人和吉尔吉斯人
土耳其	土耳其族（80%以上）、库尔德族（15%）
土库曼斯坦	土库曼族（94.7%）、乌兹别克族（2%）、俄罗斯族（1.8%）。此外哈萨克、亚美尼亚、鞑靼、阿塞拜疆等100多个民族（1.5%）
乌兹别克斯坦	共有130多个民族。乌兹别克族（80%）、俄罗斯族（5.5%）、塔吉克族（4%）、哈萨克族（3%）、卡拉卡尔帕克族（2.5%）、鞑靼族(1.5%)、吉尔吉斯族（1%）、朝鲜族（0.7%）。其余土库曼、乌克兰、维吾尔、亚美尼亚、土耳其、白俄罗斯等族
吉尔吉斯斯坦	有80多个民族，吉尔吉斯族占69.2%。主要民族还有乌兹别克族和俄罗斯族
塔吉克斯坦	塔吉克族（79.9%）、乌兹别克族（15.3%）、俄罗斯族（1%）。其余为鞑靼、吉尔吉斯、土库曼、哈萨克、乌克兰、白俄罗斯、亚美尼亚等民族
哈萨克斯坦	131个民族，主要有哈萨克族（58.6%）、俄罗斯族（26.1%）、乌克兰族、乌兹别克族、日耳曼族和鞑靼族等
阿曼	阿曼人192万
阿塞拜疆	共有43个民族，其中阿塞拜疆族（90.6%）、列兹根族（2.2%）、俄罗斯族（1.8%）、亚美尼亚族（1.5%）、塔雷什族（1.0%）
马尔代夫	均为马尔代夫族
阿富汗	普什图族（38%-44%），塔吉克族（25%），其余为哈扎拉、乌兹别克、土库曼等20多个民族
埃及	绝大部分为阿拉伯人
阿尔及利亚	大多数是阿拉伯人，其次是柏柏尔人（约占总人口20%）。少数民族有姆扎布族和图阿雷格族
苏丹	有19个种族，597个部落。黑人占52%，阿拉伯人占39%，贝贾人占6%，其他人种占3%

摩洛哥	阿拉伯人约占80%，柏柏尔人约占20%
突尼斯	90%以上为阿拉伯人，其余为柏柏尔人
利比亚	主要是阿拉伯人，其次是柏柏尔人。此外还有一至两百万外来人口
索马里	绝大部分是索马里人，分萨马莱（80%以上）和萨布两族系。其中萨马莱族系又分达鲁德、哈维耶、伊萨克和迪尔四大部族。萨布族系分为迪吉尔和拉汉文两大部族
马里	有23个民族，主要有班巴拉（34%）、颇尔（11%）、塞努福（9%）和萨拉考列族（8%）等
塞拉利昂	20多个民族。曼迪族最大，泰姆奈族次之，两者各占总人口的30%左右；林姆巴族占8.4%；由英、美移入的"自由"黑人后裔克里奥尔人占10%
加蓬	有40多个民族，主要有芳族（30%）、巴普努族（25%）等
塞内加尔	有20多个民族，主要是沃洛夫族（43%）、颇尔族（24%）和谢列尔族（15%）
冈比亚	曼丁哥族（42%）、富拉族（又称颇尔族16%）、沃洛夫族（16%）、朱拉族（10%）和塞拉胡里族（9%）
几内亚	有20多个民族，其中富拉族（又称颇尔族）约占40%以上，马林凯族约占30%以上，苏苏族约占20%
几内亚比绍	有27个民族，其中巴兰特族、富拉族、曼丁哥族占全国人口的80%
莫桑比克	主要有马库阿—洛姆埃族（约占总人口的40%）、绍纳—卡兰加族、尚加纳族、佐加族、马拉维—尼扬加族、马孔德族和尧族等
毛里塔尼亚	总体上分为摩尔族和黑非民族（非洲黑人）两大类。摩尔族中白摩尔人（阿拉伯—柏柏尔血统）占30%，具有阿拉伯文化语言传统的哈拉廷人（又称黑摩尔人）占40%。非洲黑人占30%，主要部族是图库勒族、颇尔族、索宁克族、沃洛夫族和班巴拉族

科特迪瓦	全国有69个民族，分为4大族系：阿肯族系（42%）、曼迪族系（27%）、沃尔特族系（16%）、克鲁族系（15%）。近来，来自布基纳法索、加纳、几内亚、马里和利比里亚等国的外国侨民人口数目增长较快，目前约占人口总数的26%
科摩罗	主要由阿拉伯人后裔、卡夫族、马高尼族、乌阿马查族和萨卡拉瓦族组成
乌干达	约有65个民族。按语言划分有：班图人、尼罗人、尼罗—闪米特人和苏丹人四大族群。每个族群由若干民族组成。班图族群占总人口的2/3以上，包括巴干达（18%）、巴尼安科莱（16%）、巴基加和巴索等20个民族。尼罗族群包括兰吉、阿乔利等5个民族。尼罗—闪米特族群包括伊泰索、卡拉莫琼等7个民族。苏丹族群包括卢格巴拉、马迪等4个民族
乍得	有256个民族。北部、中部和东部居民主要是阿拉伯血统的柏柏尔族、瓦达伊族、图布族、巴吉尔米族等，约占全国人口的45%；南部和西南部的居民主要为萨拉族、马萨族、科托科族、蒙当族等，约占全国人口的55%
多哥	有41个部族：南部以埃维族和米纳族为主，分别占全国人口的22%和6%；中部阿克波索、阿凯布等族占33%；北部卡布列族占13%
贝宁	共60个部族，主要有丰族、阿贾族、约鲁巴族、巴利巴族、奥塔玛里族、颇尔族等
喀麦隆	约有200多个民族，主要有富尔贝族、巴米累克族、赤道班图族(包括芳族和贝蒂族)、俾格米族、西北班图族(包括杜阿拉族)
布基纳法索	共有60多个部族，分为沃尔特和芒戴两个族系。沃尔特族系（70%）主要有莫西族、古隆西族、古尔芒则族、博博族和洛比族。芒戴族系（28%）主要有萨莫族、马尔卡族、布桑塞族、塞努福族和迪乌拉族。在北部地区还有一些从事游牧业的颇尔人和经商的豪萨人
坦桑尼亚	桑给巴尔近120万。分属126个民族，人口超过100万的有苏库马、尼亚姆维奇、查加、赫赫、马康迪和哈亚族。另有一些阿拉伯人、印巴人和欧洲人后裔

尼日尔	有5个主要民族：豪萨族（56%）、哲尔马–桑海族（22%）、颇尔族（8.5%）、图阿雷格族（8%）和卡努里族（4%）
吉布提	伊萨族占全国人口的50%，阿法尔族约占40%。另有少数阿拉伯人和欧洲人
阿尔巴尼亚	阿尔巴尼亚族占98%。少数民族主要有希腊族、马其顿族、塞尔维亚族、克罗地亚族等
科索沃	阿尔巴尼亚人占90%以上，塞尔维亚、克罗地亚、土耳其、黑山等族不足10%
圭亚那	印度裔占43.4%、非洲裔占30.2%、混血种人占16.7%、印第安人占9.2%
苏里南	印度人占35%，克里奥尔人占32%，印度尼西亚人占15%，丛林黑人占10%，印第安人占3%，华人占3%，其他人种占2%。另有约18万苏里南人旅居荷兰
波黑	穆斯林族40%、塞尔维亚族30%、克罗地亚族17%、阿尔巴尼亚族和匈牙利族等13%

伊斯兰国家本意是从国家性质和信仰特点来界定的，但是实际上由于近代西方的殖民运动，及其同时带来的西方宗教的强势传播，尽管上个世纪的民族解放运动的兴起，并没有完全消除殖民侵略中西方宗教的烙印。所以，59个伊斯兰国家中，纯粹将伊斯兰教作为国教的国家只有文莱、马来西亚、孟加拉、巴基斯坦、沙特、科威特、也门、伊朗、马尔代夫、阿曼、埃及、阿尔及利亚、摩洛哥、突尼斯、索马里、吉布提等16个国家。在这些国家中，多数都存在非伊斯兰教徒，只是多和少的问题（具体情况参见伊斯兰各国宗教构成情况表）。而在一些国家穆斯林人口不但没达到一半，甚至在人口中也偏少，例如：几内亚比绍45%、乍得44%、科特迪瓦38.6%、布基纳法索30%、喀麦隆和苏里南20%、莫桑比克17.9%、贝宁15%、乌干达11%、加蓬和多哥10%，而圭

21

亚那只有7.3%。所以，对于这些国家伊斯兰只是他们表达政治愿望的一种符号而已。而这里的伊斯兰也绝不是宗教上的"伊斯兰"。

世界主要伊斯兰国家国际经贸法律制度研究

伊斯兰各国宗教构成情况表[①]

国家	宗教构成情况
文莱	伊斯兰教为国教，此外还有佛教、基督教、道教等
印尼	信仰伊斯兰教的约87%、基督教新教的6.1%、天主教的3.6%，信仰印度教、佛教和原始拜物教的3.3%
马来西亚	伊斯兰教为国教之外，还有佛教、印度教和基督教等
孟加拉	伊斯兰教为国教。信仰伊斯兰教的88.3%、印度教的10.5%、佛教的0.6%、基督教0.3%
巴基斯坦	信仰伊斯兰教（国教）的97%以上，此外还有少数基督教、印度教和锡克教等
沙特	伊斯兰教为国教，其中逊尼派约占85%，什叶派约占15%
阿联酋	大多信仰伊斯兰教，多数属逊尼派，在迪拜什叶派占多数
卡塔尔	大多信仰伊斯兰教，多数属逊尼派中的瓦哈比教派，什叶派占全国人口的16%
巴林	85%的居民信仰伊斯兰教，什叶派占人口总数的70%以上
科威特	伊斯兰教为国教，信仰伊斯兰教的95%，其中约70%属逊尼派，30%为什叶派
也门	伊斯兰教为国教。什叶派的宰德教派和逊尼派的沙裴仪教派各占50%
伊拉克	95%以上信仰伊斯兰教，少数人信仰基督教或犹太教

---

① 本表资料来源外交部网站"国家与组织"。

伊朗	伊斯兰教为国教。信仰伊斯兰教的98.8%，其中91%为什叶派，7.8%为逊尼派
巴勒斯坦	主要信仰伊斯兰教
黎巴嫩	信仰伊斯兰教的54%，主要是什叶派、逊尼派和德鲁兹派；信仰基督教的46%，主要有马龙派、希腊东正教、罗马天主教和亚美尼亚东正教等
叙利亚	信仰伊斯兰教的85%，信仰基督教的14%。其中，伊斯兰教逊尼派占80%（约占全国人口的68%），什叶派占20%，在什叶派中阿拉维派占75%（约占全国人口的11.5%）
约旦	信仰伊斯兰教的92%以上，属逊尼派；信仰基督教的约占6%，主要属希腊东正教派
土耳其	信仰伊斯兰教的99%，其中85%属逊尼派，其余为什叶派（阿拉维派）；信仰基督教和犹太教的1%
土库曼斯坦	绝大多数民族信仰伊斯兰教（逊尼派），俄罗斯族和亚美尼亚族信仰东正教
乌兹别克斯坦	主要宗教为伊斯兰教，属逊尼派，其次为东正教
吉尔吉斯斯坦	多数居民信仰伊斯兰教，其次为东正教和天主教
塔吉克斯坦	居民多信仰伊斯兰教，多数属逊尼派，帕米尔一带属什叶派伊斯玛仪支派
哈萨克斯坦	居民多信仰伊斯兰教，此外还有东正教、基督教、佛教等
马尔代夫	伊斯兰教为国教，属逊尼派
阿曼	伊斯兰教为国教，90%属逊尼派伊巴德教派
阿塞拜疆	主要信仰伊斯兰教
阿富汗	逊尼派穆斯林占80%，什叶派穆斯林占19%，其他占1%
埃及	伊斯兰教为国教，信徒主要是逊尼派，占总人口的84%。科普特基督徒和其他信徒约占16%

23

阿尔及利亚	伊斯兰教为国教
苏丹	信仰伊斯兰教的70%以上，多属逊尼派，主要居住在北方，南方居民多信仰原始部落宗教及拜物教。信仰基督教5%，多居住在南方和喀土穆
摩洛哥	信仰伊斯兰教
突尼斯	伊斯兰教为国教，主要是逊尼派，多数信仰伊斯兰教，少数人信仰天主教、犹太教
利比亚	绝大多数居民信仰伊斯兰教
索马里	伊斯兰教为国教，穆斯林占总人口95%
马里	信仰伊斯兰教的80%、传统拜物教的18%、天主教和基督教新教的2%
塞拉利昂	信仰伊斯兰教的60%、基督教的30%、拜物教的10%
加蓬	信仰天主教的50%、督教新教的20%、伊斯兰教的10%、原始宗教20%
塞内加尔	信仰伊斯兰教的94%、拜物教的5%、天主教的1%
冈比亚	信仰伊斯兰教的90%，基督教新教、天主教和拜物教的10%
几内亚	全国信仰伊斯兰教的85%、基督教的5%、原始宗教的10%
几内亚比绍	信仰伊斯兰教的45%，拜物教、天主教、基督教新教和其他宗教的55%
莫桑比克	信天主教28.4%、原始宗教的15.5%、伊斯兰教的17.9%、基督教的10.9%、其他宗教的8.7%，无宗教信仰的18.6%
毛里塔尼亚	信仰伊斯兰教的约96%
科特迪瓦	信仰伊斯兰教的38.6%、基督教的30.4%、无宗教信仰的16.7%、原始宗教的14.7%
科摩罗	信仰伊斯兰教的99%
乌干达	主要信仰天主教（占总人口45%）、基督教新教（40%）、伊斯兰教（11%）、东正教和原始拜物教的4%

乍得	信仰伊斯兰教的44%、基督教的33%、原始宗教的23%
多哥	信仰拜物教的约70%、基督教的20%、伊斯兰教的10%
贝宁	信仰传统宗教的约65%、基督教的20%、伊斯兰教的15%
喀麦隆	南部及沿海地区信仰天主教和基督教新教(占全国人口的40%);内地及边远地区信仰拜物教(占40%);富尔贝族和西北部一些民族信仰伊斯兰教(约20%)
布基纳法索	信仰原始宗教的50%、伊斯兰教的30%、天主教的20%
坦桑尼亚	坦噶尼喀(大陆)居民中信仰天主教和基督教的35%、伊斯兰教的45%、原始拜物教的20%;桑给巴尔居民信仰伊斯兰教的99%
尼日尔	信仰伊斯兰教的88%、原始宗教的11.7%、基督教的0.3%
吉布提	伊斯兰教为国教,穆斯林(逊尼派)占94%、基督教徒占6%
阿尔巴尼亚	信仰伊斯兰教的70%、东正教的20%、天主教的10%
科索沃	伊斯兰教90%以上,其余为东正教、天主教
波黑	伊斯兰教40%以上,其余为基督教(东正、天主)
圭亚那	印度教(第一大宗教)占全国总人口的28.8%,依次是基督教占17.9%、罗马天主教占8.1%、伊斯兰教占7.3%
苏里南	信仰基督教的40%、印度教的33%、伊斯兰教的20%

（三）各国的政治制度也比较复杂。中亚各国多脱胎于前苏联，曾为社会主义的加盟国，而大多数国家都是在上个世纪第三次民族主义浪潮中新独立的民族国家。这些国家以民族主义作为武器，争取了民族独立，在民族主义的旗帜下兴起了"伊斯兰复兴"运动。又用民族主义的旗帜进行了各种政治模式的尝试，例如：西方的现代民主共和制度、传统的世袭君主制度、原教旨主义的政教合一政治制度和国家的社会主义制度

等等，从而造成了这些伊斯兰国家当今政治制度的复杂性。现在，其政权性质主要有以下三种形式。

1. 民主共和制。现在多数国家都是选用民主共和的政体。但是这些国家又具有三种类型：（1）政教合一。伊斯兰教为国教，沙利亚教法影响较大的国家，如：伊朗伊斯兰共和国。（2）人民主权型的共和国。这些国家没有强化伊斯兰教国教的地位，只是作为人民的一种信仰来看待。如：阿塞拜疆共和国、哈萨克斯坦共和国、吉尔吉斯斯坦共和国、阿尔及利亚民主人民共和国等，这样的国家比较多，甚至有的标榜自己就是"世俗性"国家，如土耳其。(3)民族主义类型的共和国。这种国家实际上已经比较世俗化了，但是为了强调伊斯兰的民族性，就会在政体上显现出一些民族或宗教性特点，如：阿富汗伊斯兰共和国、巴基斯坦伊斯兰共和国、马尔代夫共和国、孟加拉人民共和国、阿拉伯叙利亚共和国、也门共和国、阿拉伯埃及共和国及毛里塔尼亚伊斯兰共和国等，他们强调民族名称、或伊斯兰，并将伊斯兰教定为国教。

2. 民族主义的社会主义国家。这种政体类型是民族主义与社会主义的复合体。其代表就是大阿拉伯利比亚人民社会主义民众国。它讲求社会福利性，强调社会主义特点，同时又强调伊斯兰教，其领导人一再强调"利比亚就是伊斯兰教加社会主义"。

3. 君主王权制国家。这类国家强调世袭王室和宗教法律的权威。这类国家在伊斯兰国家中主要有：沙特阿拉伯王国、阿拉伯联合酋长国、约旦哈希姆王国、摩洛哥王国、巴林王国、卡塔尔王国、科威特王国、马来西亚。例如：马来西亚，各省有一定的自治权，设有宗教、教法的管理机构，沙利亚在世俗社会中具有较强的影响力。近年来，由于经济危机和国际政治格局的变化，伊斯兰国家也在经历政治变革，传统保守和现代民主力量也在不断冲突，例如：伊朗大选、巴基斯坦政治危机等。伊斯兰国家的政治环境也变得恶劣起来，据美国《外交政策》杂志

2010年6月21日报道，《外交政策》与"和平基金"共同编制的2010年"失败国家指数"：（1）索马里。（2）乍得。（3）苏丹。（4）津巴布韦。（5）刚果金。（6）阿富汗。（7）伊拉克。（8）中非。（9）几内亚。（10）巴基斯坦。前十位中，7个和前三位是伊斯兰国家。

（四）经济发展不平衡。通常提到伊斯兰国家人们马上会联想到富裕悠闲的阿拉伯人形象，但是实际情况并非如此。在整个伊斯兰世界由于先天资源禀赋和历史上的殖民经历，造成了复兴后各国巨大的经济发展差距和经济问题。在伊斯兰国家中除了石油输出国比较富裕外，而大部分工业不很发达的农业国和资源匮乏国家都是比较贫困的。例如：在联合国确定的全球49个最不发达国中就有阿富汗、孟加拉、也门、马尔代夫、贝宁、多哥、冈比亚、吉布提、几内亚比绍、布基纳法索、科摩罗、马里、毛里塔尼亚、莫桑比克、尼日尔、塞拉利昂、塞内加尔、索马里、坦桑尼亚、乌干达、乍得、几内亚和苏丹等23个国家，占最不发达国家的47%。而在2009年联合国开发计划署的人类发展指数排名中：高人类发展水平（HDI0.8级以上）国家中：30. 文莱。31. 科威特。33. 卡塔尔。35. 阿联酋。39. 巴林。55. 利比亚。56. 阿曼。59. 沙特。66. 马来西亚。70. 阿尔巴尼亚。76. 波黑。79. 土耳其。82. 哈萨克斯坦。83. 黎巴嫩。中等发展水平（HDI0.5—0.799）国家中：86. 阿塞拜疆。88. 伊朗。95. 马尔代夫。96. 约旦。97. 苏里南。98. 突尼斯。103. 加蓬。104. 阿尔及利亚。107. 叙利亚。109. 土库曼斯坦。110. 巴勒斯坦。111. 印尼。114. 圭亚那。119. 乌兹别克斯坦。120. 吉尔吉斯斯坦。123. 埃及。127. 塔吉克斯坦。130. 摩洛哥。139. 科摩罗。140. 也门。141. 巴基斯坦。146. 孟加拉。150. 苏丹。151. 坦桑尼亚。153. 喀麦隆。154. 毛里塔尼亚。155. 吉布提。157. 乌干达。低人类发展水平（HDI0.5以下）国家中：159. 多哥。161. 贝宁。163. 科特迪瓦。166. 塞内加尔。168. 冈比亚。170. 几内亚。172. 莫桑比克。173. 几内亚比绍。175. 乍得。177. 布

27

基纳法索。178. 马里。180. 塞拉利昂。181. 阿富汗。182. 尼日尔[①]。这样高水平国家有14个，中等水平国家28个，低发展水平的国家有14个。分别约占同水平国家的17%、38%和58%，而后10个国家中7个是伊斯兰国家，最后的3个国家也是伊斯兰国家。这其中还没有将伊拉克、科索沃包括其中。这些不同水平的国家分别占伊斯兰国家的25%、50%、25%，从中我们不难看出，高发展水平的国家只有25%，而绝大部分国家是中等和低等水平的国家。

综上所述，世界伊斯兰国家更多的是一个政治概念，而不是一个严格意义的文化概念。这些国家分布广泛，地理位置重要，资源丰富，人口众多，民族、文化、宗教信仰多元，政治复杂，经济相对不很发达，是一个社会发展水平较低的国家群体。

世界主要伊斯兰国家国际经贸法律制度研究

---

① 《联合国开发计划署2009年人类发展指数排名》，大旗网，http://artide.daqi.com/804322.html

第二章　伊斯兰国际经贸概况

一、伊斯兰国际经贸发展的背景

伊斯兰国家是在伊斯兰教兴起后，随着伊斯兰教的传播与发展，在与西方殖民主义抗争的过程中形成的概念。

在伊斯兰国家国际之间经贸的传统较早，这在阿拉伯帝国兴起前后就已经存在了。并且阿拉伯兴起之后，一方面由于自身所处干旱草原地带，另一方面控制了东西方交通要道。商业和东西方交通的中转站，使之成为东西方之间传统国际贸易的载体。但是这些国家逐渐沦为西方国家的殖民地后，其经济成为宗主国经济的附属品，从而也就成为宗主国国际贸易的一部分。上世纪随着这些国家的独立，伊斯兰国家收回了主权，才得以再次回到国际贸易的舞台上。

长达两个多世纪的殖民地历史为这些国家的经济体系建设留下了严重创伤：

（一）经济结构单一。由于宗主国经济发展的需要，殖民地国家通常只作为其原料供应地和消费品市场。而资本主义生产集约化的要求，这些殖民地只能是原材料和初级产品的供应地，例如：埃及为了满足宗主国英国纺织业的发展，逐渐发展成单一的棉花产地。而其他非洲国家则也成为欧洲的黄金、农产品和畜产品的原料供应地。这些国家在独立

29

后，各国为了发展经济，也努力建设起自己的独立经济体系，但是到目前为止，只有埃及等少数国家经济结构相对完整。而一些国家则是由于20世纪新能源的发现与开发，自动跻身于单一经济国家，例如：海湾的石油输出国，其产品只有石油和天然气，国民经济中最基本的生活必需品都只能依赖国际市场。

（二）工业化发展水平不高。在殖民地期间这些国家的民族工业得不到充分发展，仅有的工业只是初级的或为宗主国工业体系服务。大部分国家只能是单一的农业国，例如：马来西亚、孟加拉、叙利亚、黎巴嫩、坦桑尼亚和中东海湾各国。

（三）技术落后。殖民地的落后，才能更好地为宗主国服务。长期工业技术的不发展，使伊斯兰国家技术水平十分落后。直到今日，一些国家的技术水平还是很低的，尤其是非洲许多矿产还没有技术能力开发。另外，从伊斯兰国家进出口状况中也能反映出这个问题，例如：出口产品多为原料和初级产品，而机械设备、仪器、电子、石油制品与工业制成品等，甚至铁路桥梁都要引进外国技术。再如：约旦的许多工厂则是依靠以色列的技术建造的。

（四）缺乏发展资金。在大部分伊斯兰国家，由于落后贫穷，资本的原始积累不足，从而为其发展形成了瓶颈，需要大量的国际资本注入，所以，伊斯兰各国都在通过各种办法和政策吸引国际投资，为其发展提供原始动力。当然，一些中东石油输出国的吸引外资政策更主要是为了提高抵抗国际风险的策略。

以上是殖民主义给伊斯兰国家遗留的问题。同时，伊斯兰国家自身也存在生态环境恶劣和资源匮乏的情况。例如：科摩罗、吉布提、贝宁、塞内加尔和冈比亚等国资源贫乏，土耳其严重缺水等。再如：巴勒斯坦、马尔代夫、黎巴嫩、科摩罗和吉布提等国地域过小等。最终造成了伊斯兰国家对于国际经贸的严重依赖。在许多国家，国际贸易成为其主要经济支柱，通常各国国际经贸收入占其国民收入的20%以上，甚至有的国家达到50%以上，尤其是转口贸易国家。

二、伊斯兰国际贸易市场现状

国际经贸活动主要包括国际贸易和国际投资两大部分。由于伊斯兰国家的人口、资源和社会经济情况造成该市场具有国际贸易市场广阔和投资前景较好的特点。

关于伊斯兰市场国家贸易的额度，前些年一种比较流行的说法是每年5000亿美元，但是谁也无法核实。近年来，因石油等基本产品价格的变动，以及国际金融危机的影响，故此该问题也无法计算。同时，因涉及国家、地区过多，资料匮乏等具体原因，笔者只能就手头查到的资料，编制一个部分国家进出口贸易额的情况表，以起到管中窥豹的效果。

2009年度各国贸易额情况表[①]

单位：亿美元

国名	进口额	出口额	贸易总额
阿富汗08	30.22	4.54	34.76
阿联酋08	1445.36	1746.69	3192.05
阿曼	185.00	276.00	461.00
阿塞拜疆08	71.64	477.56	549.20
巴基斯坦	348.00	177.00	525.00
巴林	170.00	146.00	316.00
巴勒斯坦	27.10	4.26	31.36
哈萨克斯坦	378.89	711.84	1090.73
吉尔吉斯斯坦08	40.57	16.40	56.97

---

① 本表资料来源：外交部网站"国家与组织"。

卡塔尔	275.90	588.60	864.50
科威特	205.00	496.00	701.00
马尔代夫	9.67	1.63	11.30
马来西亚①	4349.00	5533.00	9882.00
孟加拉06	132.00	105.00	237.00
沙特	823.00	1897.00	2720.00
塔吉克斯坦	25.70	10.10	35.80
土耳其	1407.80	1021.70	2429.50
土库曼斯坦08	57.00	119.00	176.00
文莱②	31.66	115.564	147.224
乌兹别克斯坦	94.38	117.70	212.08
叙利亚08	144.90	127.80	272.70③
也门08	72.35	63.55	135.90
伊拉克08	372.00	588.00	960.00
伊朗08年度	558.49	约900.00	1458.49
印尼07	744.73	1141.01	1885.74
约旦	140.95	63.75	204.70
阿尔及利亚	391.00	436.00	827.00
埃及		258.66	
贝宁	15.90	10.56	26.46
多哥	12.91	7.40	20.31
冈比亚	2.852	0.861	3.713
几内亚07	12.176	12.032	24.208
几内亚比绍	1.538	1.217	2.755
布基纳法索	14.30	6.80	21.10
利比亚	227.00	325.00	552.00

① 单位：亿林吉特。
② 单位：亿文莱元。
③ 叙利亚，中国纺织报，http://www.zgfzb.net.cn/ArtideEdit.asp?Artideid=98606

加蓬06[①]	8160.00	31667.00	39827.00
喀麦隆07[②]	21223.00	20948.00	42171.00
科特迪瓦07	59.32	84.76	144.08
马里07	15.99	15.09	31.08
毛里塔尼亚	20.50	15.00	35.50
摩洛哥	312.22	147.49	459.71
尼日尔	16.37	8.46	24.83
塞拉利昂	4.30	2.30	6.60
塞内加尔[③]	25342.00	8930.00	34272.00
索马里07	9.14	3.76	12.90
苏丹08	93.39	121.48	214.87
突尼斯	200.70	152.11	352.81
乌干达	45.30[④]	17.20	62.50
乍得[⑤]06	6500.00	21230.00	27730.00
阿尔巴尼亚	45.56	10.92	56.48
圭亚那08年	13.00	7.98	20.98
苏里南	12.00	13.70	25.70

从上表，我们也能够基本看出各国国家贸易额度之巨大。

在国际投资方面，伊斯兰国家市场也是十分巨大的。这些国家中有的因为经济结构单一，为发展经济和后殖民主义的影响，而在努力发展多元经济；有的国家要摆脱贫困；有的国家则要恢复战争创伤，这样就为国际社会提供了大量的投资机会。其前景是可想而知的。下面笔者只就部分国家的吸引外资情况列一简表，以供参考。

---

① 单位：亿非洲法郎。
② 单位：亿非洲法郎。
③ 单位：亿非洲法郎。
④ 咖啡、渔产品、烟草、玉米、花卉和皮革出口创汇，分别达4.03亿、1.24亿、6650万、2382万、2278万和1811万美元
⑤ 单位：亿非洲法郎。

部分伊斯兰国家引进外资情况表 [①]

国家	吸引外资和国际资本情况
阿曼	主要投资者是英国和海湾国家，投资方向是石油开采和金融业
阿塞拜疆	主要投资者英、美、日。截至目前吸引外资32亿美元
巴基斯坦	吸引外资作为基本政策。2008年到2009年4月，吸引外资约22亿美元
哈萨克斯坦	截至2008年底，累计吸引外资896.6亿美元。主要投资方向：石油、天然气、矿山冶金工业、金融、不动产、加工工业等
吉尔吉斯斯坦	截至2007年，吸引外资7亿美元，主要用在基础设施建设。截至2008年，中国直接投资累计1.5亿美元以上，主要投资方向公路建设、矿产资源勘探开发、通信设备供应、商品分拨、餐饮等
卡塔尔	发展多元经济，注重吸引外资和技术
科威特	发展多元经济，加大对外投资
马尔代夫	积极吸引外资
马来西亚	大力吸引外资作为基本政策。外国投资不断增加，2008年上半年，吸引外资310亿林吉特，主要投资者为日本、荷兰、澳大利亚、美国和新加坡。截至2009年底，中国投资3.79亿美元，马实际对华投资53.6亿美元
孟加拉	吸引外资作为基本政策，积极创建出口加工区。主要直接投资国为美国、英国、马来西亚、日本、中国、沙特阿拉伯、新加坡、挪威、德国、韩国等
沙特	建设多元经济结构，积极吸引外资，保护民族经济
塔吉克斯坦	2009年吸引外资额为1.59亿美元。主要投资国为：俄罗斯、哈萨克斯坦、英国、荷兰和中国
土耳其	吸引外资。2008年吸引外资177.8亿美元，主要投资者为欧盟，仅2008年，土直接投资就达110.08亿美元

---

① 本表资料来源：外交部网站"国家与组织"。

土库曼斯坦	颁布系列法律、优惠政策和成立"阿扎瓦"国家旅游区委员会推动吸引外资。截至2008年底，已吸引约1350家外资企业。主要投资国为土耳其、伊朗、俄罗斯。主要投资方向石油、天然气生产、纺织、建筑等领域
文莱	多元化发展经济，吸引外资。截至2006年9月，共吸引约65亿美元外国直接投资。主要投资者为英国、荷兰、日本、新西兰等。主要投资方向：石油勘探和开采、天然气液化工程及发电站等。目前，东盟国家、香港也投资了饮料厂、服装厂
乌兹别克斯坦	吸引外资作为基本政策。外国直接投资不断增长。2009年吸引外资26亿美元，主要投资于经济结构调整和建立生产性合资企业
叙利亚	吸引外资额不断增加
伊朗	为吸引外资，2002年议会通过"喜迎和保护外国投资法草案总则"，外资投入不断增加，仅2008年3月到10月就吸引外资346亿美元。主要投资者德国、沙特、土耳其、日本、荷兰和法国。主要投资方向：工矿业。目前，中国也是其重要的投资者
印尼	吸引外资是政府的基本政策。金融危机前，年吸引外资约300亿美元。后受金融危机的冲击，2008年外国直接投资83.4亿美元。实际投资的主要国家为新加坡、英国、韩国、日本
约旦	吸引外资作为政府的基本政策。通过修订投资法和改善投资环境，吸引外资，尤其鼓励外商在约旦工业区投资办厂。2009年，吸引外资10.547亿美元
阿尔及利亚	积极吸引外企参与石化工业的发展投资。2008年吸引国外直接投资12亿美元；2009年上半年吸引外资7亿美元。主要投资者为科威特、西班牙、埃及、美国和法国。投资方向：能源、基础设施、消费品生产、石油化工等领域。2008年世界银行报告显示，阿外资吸引力在全球181个国家中列第132位
埃及	吸引外资是政府的基本政策。先后颁布和修订《投资法》、《投资鼓励与保障法》及《实施条例》、《经济特区法》和《实施细则》，改善投资环境，最终成为吸引外国直接投资的速度加快的国家和阿拉伯世界、非洲吸引外资最多的国家。2008/2009财年，吸引外资81亿美元。主要集中在石油、服务、制造、纺织等行业

贝宁	吸引外资是基本政策
几内亚	截至2007年底，外国直接投资总额为1.1亿美元
利比亚	吸引外资是基本政策
加蓬	吸引外资是基本政策。2006年外国直接投资为2680万美元
喀麦隆	吸引外资是基本政策。2002年颁布新的投资法，完善吸引外资的法律制度
科特迪瓦	吸引外资是基本政策。外国投资显著增长，2006年获外国直接投资3.15亿美元。主要领域为石油勘探、电力、电信、农产品加工和交通
马里	外国直接投资增长较快，2006年，获外国直接投资1.85亿美元。主要领域为矿产业
摩洛哥	吸引外资是优先政策之一。颁布《投资法》和《投资指南》，放宽外汇管理，简化投资手续，保证外国投资者的利益。吸引了外资的投入，2007年外国直接投资和私人贷款投资44亿美元。主要投资国为法国、西班牙、沙特、美国、德国等，主要投资方向为旅游、房地产业
莫桑比克	颁布《外国投资法》，吸引外国投资，1993年又简化了投资审批手续。2007年，吸引外资约90亿美元。主要投资者美国、瑞士、毛里求斯、英国、南非等国。主要投资领域为矿业、工业、农业、交通运输和旅游业等
苏丹	1993年和1996年分别发布新经济法规，其中包括鼓励外国投资
坦桑尼亚	吸引外资是基本政策。1990年成立投资促进中心，负责审批投资项目，向国内外投资商提供咨询。1997年颁布《投资法》。2001年后，成立"国家商业协会"和"投资指导委员会"，减免外资企业税费和高科技产品进口税。2007年吸引外资6.4亿美元。主要投资者南非、意大利、印度、加拿大、荷兰、英国和美国
突尼斯	2008年，吸引外国直接投资33.99亿美元。主要投资者欧盟、美国和阿拉伯国家

乌干达	吸引外资是基本政策。为吸引外资，1991年成立投资局。到目前为止，已吸引2000余家外企，实际投资额超过25亿美元。至2010年初，乌方已批准358个外资投资项目，计划投资金额约16亿美元。主要投资方向为园艺、食品加工、纺织和包装业等领域
乍得	因石油开发前景较好，外国投资增多。2005年接受外国直接投资7.05亿美元，主要投资者：美国、马来西亚、世行。主要投资领域石油开发、基础设施建设
阿尔巴尼亚	2009年，外国在阿直接投资9.2亿美元。主要投资国为意大利、希腊、美国、欧盟、德国、土耳其、日本、加拿大等

在国际经贸活动中，除了贸易和投资之外，由于各国劳动力资源的分布不均，在部分国家也出现"劳工荒"。从而劳务输出也成为国际经贸活动的一项内容，在国际经贸活动中也占有重要地位。例如：沙特人有30%的外籍人、阿联酋83%、巴林40%、阿曼约30%、卡塔尔约84%，这些外籍人主要来自印度、巴基斯坦、埃及、叙利亚、巴勒斯坦、孟加拉、伊朗、菲律宾和东南亚其他国家。他们所要承担的义务和权利也都涉及国际性特点，所以也要归到国际经贸活动当中。随着各国的发展，这方面的市场也将是十分巨大的。

三、伊斯兰国际经贸总体特征

伊斯兰国际市场是个特殊的市场，特征是十分明显的。大体概括起来，有以下几方面：

（一）对国际社会的依赖性强。在上文笔者已经提到殖民地的后遗症，造成了伊斯兰国家的发展与国际市场和形势紧密相连。无论资源丰富的国家，还是资源贫乏的国家，国际社会对其影响是巨大的，例如：

伊拉克本是一个重要的石油输出国，但由于国际社会的制裁，最终导致与美国对抗的失败。所以在这些国家中，"富甲"一时的强国，可能顷刻间变成穷国。也可能穷得不能存国的，一旦发现了世界重要资源也会暴富起来，例如：海湾诸国。但一切都是在随着国际市场的变动来变动。

（二）进出口产品的不均衡性。这些国家出口的都是农副产品、原油、天然气、矿产等初级或低端产品，而进口的则主要是机电设备、工业制成品、汽车等深加工产品或高科技产品，实际造成对西方和先进国家的依附关系，再次受到了他们的剥削。

（三）贸易伙伴的多元性与差别对待并存。在伊斯兰国家中，多数坚持自由贸易和多元伙伴的政策，例如：阿富汗与60多个国家和地区有贸易往来，阿联酋与179个国家和地区有贸易关系，巴基斯坦与90多个国家和地区有贸易关系，孟加拉国与130多个国家和地区有贸易关系，土库曼斯坦同世界上96个国家有贸易往来等等，但实际上各国的主要贸易伙伴是有差别性的.。这些国家最大的贸易伙伴还是来自欧盟和美国等发达国家，主要原因有：（1）欧美市场消费能力大，且比较规范。（2）欧美国家技术先进，而伊斯兰国家和其他国家相对落后，所以涉及科技性要求较高和风险较大的农产品、食品类的商品他们多选用欧美地区。（3）许多欧洲国家原为部分伊斯兰国家的宗主国，其在经济上、政治上都保留相当的联系。欧美之外他们的主要贸易伙伴则是近邻，各国都把发展睦邻友好作为主要外交政策，一方面降低贸易成本，另一方可维护区域和谐。例如：埃及一半以上的出口商品是进入沙特。他们的第三大贸易伙伴则是当地的区域性经济合作组织，例如：中亚国家与上合组织成员国、沙特与阿盟、苏里南与加勒比同盟等等。

（四）投资机遇与风险的共存性。理论上和现实上伊斯兰国家的市场都是十分巨大广阔的，但是在这些国家中政体和政治复杂、国际关系复杂、法律制度多样、文化多元。这里集中着第三世界的贫困国家、政治失败的国家、专制的国家和美国所谓的"流氓国家"等等，所以，这里不仅有通常贸易中的市场和金融风险，还有法律风险、政治风险等。

（五）理想价值与国家利益的矛盾并存。伊斯兰国家是人们的一种界定，但实际上他也是一个真实的组织实体。这些国家除了科索沃以外，都是伊斯兰会议组织成员国，该组织的目标就是加强伊斯兰国家的整体性、团结性，形成一种政治与经济的同盟。例如：伊朗在2009年曾在伊斯兰会议组织大会上建议成立伊斯兰国家共同市场[①]。但是实质上该组织在国际经贸活动中影响力不是很大。而各国都是在坚持维护国家利益而运行，伊斯兰整体利益不过只是一种理想和政治号召。例如：各国与以色列的贸易一直在进行着。"以色列中央统计局和出口协会公布的2008年1月到2009年10月出口数字显示，在所有伊斯兰国家都有以色列商品，除伊朗、黎巴嫩、叙利亚外，以色列商品都是直接进入这些国家的，这3国是通过第三方进口以色列商品，而且只在商品上抹去了'以色列制造'字样。以色列统计局长阿瓦达说，以色列与广大阿拉伯国家和伊斯兰国家有直接贸易往来，但有的国家是通过塞浦路斯与以色列进行贸易活动。……以色列向阿拉伯国家主要出口先进技术、农业机械以及蔬菜、水果和柑橘等农产品，从阿拉伯国家进口天然气以及制品。沙特和伊拉克是通过第三方从以色列进口商品。摩洛哥和印尼直接从以色列进口，但把'以色列制造'字样取消了，埃及是直接进口以色列商品，'以色列制造'原样保留。……约旦是另外一种情况，在约旦有一些工厂是以色列人投资建的，因工厂在约旦，厂子生产的产品都印有'约旦制造'。阿瓦达强调，一些伊斯兰国家公开说抵制以色列，但实际上与以色列的贸易往来一直没有停止，而是通过不同的渠道和方式进口以色

---

① 人民网：《伊朗建议成立伊斯兰共同市场》，2009年11月10日，http://world.people.com.cn/GB/103486

列商品"①。因此，在与这些国家进行贸易时，双方都会考虑本国利益，不会过多考虑宗教的价值。沙特和黎巴嫩在改革中，目标就很明确，要保护民族国家利益。

各国进出口产品一览表②

国名	出口产品	进口产品
阿富汗	天然气、地毯、干鲜果品、羊毛、棉花等	各种食品、机动车辆、石油产品和纺织品等
阿联酋	石油、天然气、石油化工产品、铝锭和少量土特产品	粮食、机械和消费品
阿曼	石油、天然气、铜、化工产品、鱼类、椰枣及水果、蔬菜等	机械、运输工具、食品及工业制成品等
阿塞拜疆	石油、石油产品、天然气、食品、烟草、机械产品等	机械和金属制品、轻工产品、石油开采设备和备件、汽车、水泥、小麦、食品、木材等
巴基斯坦	大米、棉花、纺织品、皮革制品和地毯等	石油、石油制品、机械和交通设备、钢铁产品、化肥和电器产品等
巴林	石油、天然气、铝	粮食
巴勒斯坦	水果、蔬菜和橄榄(油)	
哈萨克斯坦	矿产品占73%，金属及其制品15.2%，化工产品、塑料、橡胶占3.5%，食品及其原料占4.2%，机械设备、运输工具、仪器仪表占1.8%	机械设备、交通工具、仪器仪表占40.8%，金属及其制品16.8%，矿产品占15.8%，化工产品、塑料、橡胶10.5%

---

① 人民网《以色列与广大伊斯兰国家都有贸易往来》，中广网2010-01-12
  http://www.cnr.cn/allnews/t20100112_505885283.html
② 本表资料来源外交部网站"国家与组织"。

吉尔吉斯斯坦	主要为贵金属、农产品等	机械设备、化工产品、石油产品、天然气、纺织品等
卡塔尔	石油、液化气、凝析油合成氨、尿素、乙烯等	机械和运输设备、食品、工业原材料及轻工产品、药品等
科威特	石油、化工产品	机械、运输设备、工业制品、粮食和食品等
黎巴嫩	蔬菜、水果、金属制品、纺织品、化工产品、玻璃制品和水泥等	粮食
马尔代夫	海产品和成衣	食品、石油产品、纺织品和生活用品
马来西亚		机械运输设备、食品、烟草和燃料等
孟加拉国	黄麻及其制品、皮革、茶叶、水产、服装等	生产资料、纺织品、石油及石油相关产品、钢铁等基础金属、食用油、棉花等
沙特	以石油和石油产品为主，石化及部分工业产品的出口量也在逐渐增加	机械设备、食品、纺织品等消费品和化工产品
塔吉克斯坦	皮棉、非贵重金属及其制品，占出口总额的59.8%	进口电力、天然气、交通工具机械设备、矿产品及化工产品
土耳其	农产品、食品、纺织品、服装、金属产品、车辆及零配件、钢铁、汽车、家电及机械产品等	原油、天然气、化工产品、有色金属、机械设备、半成品、车辆及零配件等
土库曼斯坦	天然气、原油、石油产品、棉花及棉制品依然是主要出口产品	机械设备、建材、电器和电子产品则是主要进口产品

41

文莱	原油、石油产品和液化天然气	机器和运输设备、工业品、食物、药品等
乌兹别克斯坦	能源、皮棉、黑色金属、有色金属、机械	机械、化工和塑料制品、粮食等
叙利亚	石油和石油产品、棉花和棉花制品、磷酸盐、香料、皮革等	机械、钢材、纺织品、燃料、粮食、罐头、糖、化工原料、文教用品、医药、木材等
也门	石油、棉花、咖啡、烟叶、香料和海产品等	运输工具、机械设备等国内建设所需物资以及大量轻工产品
伊拉克	石油	多数生产资料和生活用品需要
伊朗	金属矿石、皮革、地毯、水果、干果及鱼子酱等	粮油食品、药品、运输工具、机械设备、牲畜、化工原料、饮料及烟草等
印尼	石油、天然气、纺织品和成衣、木材、藤制品、手工艺品、鞋、铜、煤、纸浆和纸制品、电器、棕榈油、橡胶等	机械运输设备、化工产品、汽车及零配件、发电设备、钢铁、塑料及塑料制品、棉花等
约旦	磷酸盐、钾盐、水果。成衣、药品、钾肥、水泥、蔬菜等	粮食、肉类、纺织品、原油、电器、交通和工业器材、钢铁等
阿尔及利亚	石油和天然气,2008年油气出口收入760亿美元	工农业设备、食品、生产原料、非食品消费品等
埃及	矿物燃料(原油及其制品)、棉花、陶瓷、纺织服装、铝及其制品、钢铁、谷物和蔬菜。埃及57.9%的出口商品销往阿拉伯国家	机械设备、谷物、电器设备、矿物燃料、塑料及其制品、钢铁及其制品、木及木制品、车辆、动物饲料等

贝宁	棉花、腰果、棕榈油等初级产品	日用消费品、机械设备、燃料等
多哥	棉花、磷酸盐和咖啡	石油制品、日用消费品和机械设备等
冈比亚	花生制品、蔬菜水果、棉花制品、鱼及鱼制品	食品、机械运输设备、工业制成品、矿产品和燃料润滑油等
吉布提	食盐、牲畜、皮张等	食品饮料、机械设备、电器产品、卡特草、运输设备、石油产品、金属制品、纺织品和鞋类等
几内亚	铝矾土、氧化铝、钻石、黄金等	商品为农产品、食品、化工产品、机械设备等
几内亚比绍	腰果、花生、棉花、冻虾、冻鱼、原木等	粮食、燃料、润滑油、运输设备和建材等
布基纳法索	棉花、黄金和乳油木	生产工业品所需的生产资料、石油制品和食品等
利比亚	石油（产量80%以上供出口）	粮食、食品、机械、建材、运输设备、电器、化工和轻工产品以及武器装备
加蓬	石油、木材和锰	食品、轻工产品、机械设备等
喀麦隆	原油、木材及木材制品、可可豆、棉花等	机械设备、汽车和拖拉机、钢铁制品、电器等工业产品
科摩罗	香料等农产品。香草、丁香、鹰爪兰为三大出口香料	粮食、肉类、石油产品、水泥、钢铁、日用品、交通工具和建筑材料等，几乎全部生活用品
科特迪瓦	可可、原油、咖啡、木材、金枪鱼、棕榈油、棉花、橡胶等	石油制品、机械设备、交通工具、化学制品、建筑材料、电器、食品等
马里	黄金、棉花等	石油、食品和机械设备等

毛里塔尼亚	铁矿砂、渔产品	能源与矿产品、食品与农产品、机械设备和消费品等。所需生产和生活物资80%以上靠进口，其中32%为粮食，25%为机械设备，9%为汽车，其余为化工、建材、石油、轻纺用品等
摩洛哥	磷酸盐（世界第一）、纺织、柑橘、橄榄油、渔业资源	能源
莫桑比克	铝锭、电力、对虾、糖和棉花等	粮食、原材料、石油、机械设备及零配件等
尼日尔	铀、洋葱、牲畜和黄金等	
塞拉利昂	钻石、金红石、可可、咖啡等	燃油、机械、食品、工业制成品等
塞内加尔	渔业产品、花生、磷酸盐、石油产品、棉花和肥料等	粮食、原油、机电和日常消费品等
索马里	活畜(主要有绵羊、山羊、牛和骆驼)、香蕉、皮革、木炭、鱼和乳香	糖、阿拉伯茶、小麦、面粉、大米、食用油、燃油和建材
苏丹	石油、农作物主要有高粱、谷子、玉米和小麦、棉花、花生、芝麻和阿拉伯胶	
坦桑尼亚	棉花、剑麻、腰果、咖啡、烟草、茶叶、丁香、钻石、黄金、纺织品、服装、皮革制品、鞋、树胶、铝制品等	以工业生产资料和工业品为主，主要有仪器、饮料、机械设备、金属制品、交通运输工具、石油等

突尼斯	机械和电子工业品、矿产、磷酸盐及其衍生产品、纺织品、橄榄油等	能源、机电设备、纺织品、农业和食品加工产品等
乌干达	咖啡、渔产品、烟草、玉米、花卉、皮革	成品油、汽车、钢铁、电讯和声像设备、医疗设备和药品等
乍得	原油、畜产品和棉花	石油制品、化工、机电产品、建筑材料、汽车、纺织品、食品、药材等
阿尔巴尼亚	纺织、制鞋等来料加工产品及农副产品	机械设备、矿产品和纺织品等
圭亚那	黄金、糖、海产品、铝土、大米、木材等	燃油、润滑油和消费品等
苏里南	氧化铝、大米、虾、水果、木材等	燃料、工业原材料和半制成品、机械、交通和生活用品

部分伊斯兰国家的贸易伙伴表[①]

国名	主要贸易伙伴
阿富汗	同60多个国家和地区有贸易往来。主要出口对象为巴基斯坦、美国、英国、德国、印度等，主要进口国为中国、巴基斯坦、美国、日本、韩国、土库曼斯坦、印度等
阿联酋	与179个国家和地区有贸易关系
阿曼	主要出口到日本、韩国、中国、泰国等国。进口主要来自阿联酋（转口）、日本、英国、美国等
阿塞拜疆	主要贸易伙伴为意大利（194.09亿美元，占阿外贸总额的35.34%）美国（62.81亿美元，占阿外贸总额的11.44%）、以色列（36.86亿美元，占阿外贸总额的6.71%）和法国（524.56亿美元，占阿外贸总额的4.47%）

---

① 本表资料来源：外交部网站"国家与组织"。

世界主要伊斯兰国家国际经贸法律制度研究

巴基斯坦	与90多个国家和地区有贸易关系
哈萨克斯坦	2008年，俄罗斯、意大利、中国、瑞士等仍是哈的主要贸易伙伴，贸易额在哈外贸总额占比都在10%以上，俄罗斯占比最高，为18.3%。中国对哈贸易额占比（11.2%）与2007年相比，下降0.2%（2007年为11.4%），位次由2007年的第二位下降至第三位。法国、荷兰、德国、乌克兰、美国继续位于对哈贸易前十之列。哈与土耳其贸易增速较快（尤其是对土出口额），2008年土耳其代替伊朗进入前十
吉尔吉斯斯坦	贸易伙伴有：俄罗斯、哈萨克斯坦、中国、瑞士、乌兹别克斯坦、美国、土耳其、德国、荷兰、韩国
卡塔尔	主要贸易伙伴有美国、日本及西欧国家
科威特	主要贸易对象是：美国、日本、英国、韩国、意大利、德国、荷兰、新加坡等
黎巴嫩	主要贸易对象是意大利、美国、法国、沙特阿拉伯、阿联酋、叙利亚、德国等
马尔代夫	2008年主要贸易伙伴有新加坡、阿联酋、印度、马来西亚和泰国
马来西亚	现为世界第18大贸易国。2007年主要出口市场为：美国、新加坡、欧盟、日本和中国
孟加拉国	与130多个国家和地区有贸易关系，主要出口市场有美国、德国、英国、法国、荷兰、意大利、比利时、西班牙、加拿大和中国香港。主要进口市场有印度、中国、新加坡、日本、中国香港、韩国、美国、英国、澳大利亚和泰国
沙特	实行自由贸易和低关税政策。主要贸易伙伴是美国、日本、英国、德国、意大利、法国、韩国等
塔吉克斯坦	主要贸易伙伴国是俄罗斯（8.98亿美元，占外贸总额的25.1%）、中国（6.72亿美元，占18.1%）、土耳其（2.11亿美元，占5.9%）和伊朗（1.28亿美元，占3.6%）
土耳其	随着国民经济的快速发展，对外贸易总值和数量不断增加

土库曼斯坦	同世界上96个国家有贸易往来。主要贸易伙伴有俄罗斯、伊朗、土耳其、德国、法国等
文莱	主要贸易对象为日本、东盟国家、韩国、澳大利亚、中国等
乌兹别克斯坦	鼓励对外贸易。目前与120多个国家有贸易关系。2009年同独联体国家贸易占乌对外贸易总额的37.7%，最大贸易伙伴是俄罗斯。2009年乌前十位贸易伙伴国为：俄罗斯（21%），中国（9.7%），瑞士（7.9%），乌克兰（7.2%），哈萨克斯坦（6.2%），韩国（5.8%），阿富汗（3.3%），土耳其（3.2%），伊朗（2.7%），德国（2.2%）
叙利亚	进口的主要国家为欧盟国家、日本和美国。主要进口国:法国、意大利、德国、土耳其、中国。出口的主要国家为欧盟国家和独联体、东欧等。主要出口国：德国、意大利、法国、沙特、土耳其
也门	主要贸易伙伴有中国、美国、阿联酋、意大利、沙特等。2005年，也大幅降低进口关税，小麦、面粉等81种商品免税进口，另有4000余种商品平均出口税率从25%降至5%
伊拉克	主要贸易伙伴为土耳其、美国、约旦、叙利亚等
伊朗	主要贸易伙伴是欧盟及东亚国家，包括日本、德国、中国、阿联酋、韩国等。2008年，与欧盟贸易总额为254亿欧元，同比增长6%，其中出口141亿欧元，自欧盟进口113亿欧元。主要从欧盟进口工业产品、机械设备，向欧盟出口主要是石油
印尼	2007年4大贸易伙伴为日本、新加坡、中国、美国
约旦	与世界100多个国家和地区有贸易往来。主要贸易伙伴为美国、德国、中国、沙特等
阿尔及利亚	1991年3月宣布放开对外贸易。主要贸易伙伴是西方工业国。政府鼓励非碳化氢产品出口，主张贸易多元化。2008年进口法国16.5%，意大利11%，中国8%；出口美国23.8%，意大利15.2%，西班牙11.4%

47

埃及	埃及同120多个国家和地区有贸易关系，主要贸易伙伴是美国、法国、德国、意大利、英国、日本、沙特、阿联酋等
贝宁	国民经济支柱产业，其产值约占国内生产总值40%，收入占到国家预算收入60%-80%，转口贸易十分活跃，到港货物70%转销到尼日利亚以及尼日尔、布基纳法索等内陆国家。2008年主要进口对象为中国、法国、美国和泰国等，主要出口对象是中国、印度、尼日尔和美国等
多哥	实行自由贸易政策，鼓励进出口贸易。进出口总额占国内生产总值的70%左右。2008年主要出口对象国为加纳、布基纳法索、德国、贝宁；主要进口国为中国、泰国、美国和荷兰
冈比亚	实行自由贸易政策，进口关税较低，向邻国转口贸易活跃。2005年，由于营销策略不当，主要出口产品花生的出口额大幅下降。2008年主要出口对象为印度、比利时、中国、英国、西班牙等，进口主要来自中国、塞内加尔、科特迪瓦、巴西等
吉布提	实行自由贸易政策。港口转口贸易占很大比重。主要贸易伙伴为索马里、沙特阿拉伯、埃塞俄比亚、印度、中国、法国、也门、英国等
几内亚	主要贸易伙伴是西班牙、俄罗斯、乌克兰、德国、中国、法国、荷兰等国。2008年，向西班牙出口占出口总额15.9%，俄罗斯14.8%，乌克兰13.4%，德国10.7%。从中国进口占进口总额28.3%，法国21.5%，荷兰20.8%，西班牙8.2%
几内亚比绍	主要贸易伙伴为印度、塞内加尔、葡萄牙、尼日利亚、意大利等国。2008年，向巴西出口额占出口总额的55.6%，其次为印度（33.2%）、尼日利亚（9.1%）、巴基斯坦（0.3%）、韩国（0.3%）。主要从下列国家进口：葡萄牙（24.2%）、塞内加尔（17%）、巴基斯坦（4.8%）、法国（4.5%）、荷兰（3.7%）
布基纳法索	主要出口国家为新加坡（11.6%）、比利时（9.5%）、中国（8.3%）、泰国（6.7%）。主要进口国为科特迪瓦（23.7%）、法国（17.7%）、多哥（7.1%）、比利时（4.1%）

利比亚	主要贸易对象是意大利、德国、西班牙和土耳其等
加蓬	实行自由贸易政策,与140多个国家和地区建立了贸易关系。2006年主要出口对象国为美国、中国、法国、特立尼达和多巴哥;主要进口来源国为法国、美国、荷兰、喀麦隆
喀麦隆	实行贸易开放政策,强调贸易伙伴多样化。同120多个国家和地区有贸易往来,与30多个国家签有贸易协定。欧盟始终是第一大贸易伙伴,占对外贸易总额的50%以上
科摩罗	主要出口国有法国、土耳其、希腊等,主要进口国有法国、中国、印度、阿联酋等
科特迪瓦	尼日利亚和法国是科主要贸易伙伴。2008年,主要向以下国家出口:德国11.8%,美国10.9%,荷兰10.5%,尼日利亚8.4%等;主要从以下国家进口:尼日利亚27.8%(主要是石油)、法国15.9%、中国7.6%、泰国4.1%等
马里	现同100多个国家和地区有贸易关系。欧盟、塞内加尔、科特迪瓦和中国等是主要贸易伙伴。2008年,主要向以下国家出口:中国3.5%,泰国1.4%,丹麦0.8%,巴基斯坦0.7%;主要从以下国家进口:塞内加尔20.0%,科特迪瓦18.3%,法国17.4%,中国9.0%
毛里塔尼亚	铁矿主要出口欧盟,渔产品出口西班牙、日本、尼日利亚等国。进口商品80%来自欧盟,石油来自阿尔及利亚。主要贸易对象是:中国、法国、意大利、西班牙等。2008年出口中国41.6%、法国10.4%、西班牙7.1%、意大利7%;进口法国17%、中国8.9%、荷兰6.5%、西班牙6.1%
摩洛哥	同90多个国家和地区有贸易往来,主要贸易伙伴为欧洲国家,占进出口总额约70%。法国是最大的贸易伙伴国,主要出口法国、西班牙、英国、德国、意大利等。2004年,摩与突尼斯、埃及、约旦签署了"阿加迪尔协定",宣布成立四国自由贸易区。同年,分别与美国和土耳其签署双边自由贸易协议。2006年1月,摩与美国自贸协定正式生效
尼日尔	主要出口国家为尼日利亚、法国、美国和加纳。主要进口国家为法国、中国和尼日利亚等

49

塞拉利昂	2007年主要出口对象为比利时、美国、荷兰、英国等；进口主要来自中国、科特迪瓦、美国、巴西等
塞内加尔	主要贸易伙伴是法国（系塞最大贸易伙伴，2008年分别占进、出口总额的20%和5.5%）、英国、马里、印度、冈比亚、中国、比利时等
索马里	主要贸易伙伴为沙特阿拉伯、也门、阿拉伯联合酋长国、吉布提、肯尼亚等国
苏丹	中国、日本、阿联酋、沙特、印度、埃及、英国、加拿大、美国、澳大利亚等国家以及欧盟是其主要贸易伙伴
坦桑尼亚	印度、德国、英国、日本、沙特、荷兰、意大利、新加坡、肯尼亚和中国等
突尼斯	欧盟法、意、德
乍得	主要出口对象国是法国、美国、中国、韩国和葡萄牙；主要进口来源国是法国、喀麦隆、美国、比利时、葡萄牙等
阿尔巴尼亚	2009年，前5大贸易伙伴为意大利、希腊、中国、土耳其、德国
波黑	主要贸易伙伴是克罗地亚、意大利、斯洛文尼亚、德国、奥地利等
圭亚那	主要贸易对象是美国、欧盟、加拿大和加勒比共同体国家
苏里南	主要贸易对象是美国、加拿大、挪威和其他加勒比国家。2007年对主要出口国的出口额占总出口额比重分别为：加拿大（24.5%），欧盟（21.3%），挪威（19.5%），美国（8.5%）；2008年从主要进口国进口额占总进口额比重分别为：美国（23.8%），欧盟（23.4%），特立尼达和多巴哥（20.6%），中国（7.9%）

四、中国与伊斯兰国家经贸传统与现状

中国与伊斯兰国家具有悠久的贸易传统，中国历史上的丝绸之路，连接这些伊斯兰国家的纽带。公元651年伊斯兰国家开始与中国建立使节往来关系，伊斯兰教传入中国。而后中国与伊斯兰国家的往来不断，唐宋时期在长安、广州、泉州积聚了大量的穆斯林商人，甚至北方的辽、金、西夏政权也与伊斯兰国家保持政治文化联系。元代由于蒙古西征，大部分穆斯林国家成为大元和伊尔汗国的臣民，而没有征服的地区也被纳入到进行贸易的空间之内。明代初年，伊朗、中亚等国家多次派遣使者前来贸易，郑和也先后七次下西洋与大部分国家建立了贸易关系。此后东南亚地区则成为中国与伊斯兰国家民间贸易的中心。清代以后，一些伊斯兰国家先后沦为西方的殖民地，中国与伊斯兰国家的贸易处于停滞状态，但是在新疆民间贸易却一直在进行着。例如：清代、民国时期在新疆地区有大量的中亚等国的商人存在。

中华人民共和国建立后，也正是伊斯兰国家复兴的时期。在与这些国家建立外交关系的同时，也重新开始了经贸关系。改革开放后，我国与伊斯兰国家的经贸关系得到了更进一步的发展，现在已经开始进入了历史最好时期。目前，中国已经与伊斯兰国家进行了大量的经贸合作，但总体数据难以获得，笔者只能将部分国家近年的情况列表说明以供参考。

51

2009年度与中国贸易情况表①

单位：美元

国别	进口	额度增减	出口	额度增减	总额	额度增减
阿塞拜疆08	6.86亿	同比增长44.4%	1.15亿	同比增长7864.4%	8.01亿	同比增长8.1%
巴基斯坦	55.15亿	同比下降7.7%	12.60亿	同比增长25.3%	67.75亿	同比下降2.9%
吉尔吉斯斯坦08②	92.12亿	同比增长151%	1.21亿	同比增长6.7%	93.33亿	同比增长147%
马来西亚③	196.30亿	同比下降8.5%	323.30亿	同比增长0.7%	519.60亿	同比下降3%
孟加拉07	33.26亿		1.14亿		34.40亿	增长7.9%
塔吉克斯坦	2.70亿		4.05亿		6.75亿	增长44.1%
文莱	1.40亿	增长8.4%	2.80亿	增长217.5%	4.20亿	增长93.5%
叙利亚08④	22.60亿	21.1%	1000万	16.9%	22.70亿	21.1%
科摩罗⑤					数额较小	

① 本表资料来源：外交部网站"国家与组织"。
② 据中国海关统计，吉为中国在独联体内第三大贸易伙伴，中国为吉第二大贸易伙伴。
③ 马来西亚是中国在东盟国家中最大的贸易伙伴。
④ 叙利亚，中国纺织报，http://www.zgfzb.net.cn/ArtideEdit.asp?Artideid=98606
⑤ 中科贸易额较小，基本为中方出口。中国主要向科出口日用百货、纺织品、小农具、电视机等，进口香料。

印尼08					315.20亿	同比增长5.7%
约旦①	19.70亿	增长7.7%	1.10亿	减少8.9%	20.80亿	同比增长6.6%
埃及	51.10亿	同比下降13.1%	7.50亿	同比增长75.4%	58.60亿	同比下降7%
贝宁②					20.40亿	同比下降0.4%
多哥③	11.30亿		4000万		11.70亿	同比下降6.6%
布基纳法索④	4268万		1.16亿		1.5868亿	同比增长6.2%
喀麦隆⑤	4.10亿	同比增长9.6%	4.00亿	同比下降17%	8.10亿	同比下降5.2%
尼日尔	几乎全部为进口				2.84亿	同比增长约70%
坦桑尼亚⑥	9.14亿	同比增长48.9%	1.96亿		11.10亿	同比增长2.6%
乌干达	2.31亿		2000万		2.51亿	同比增长7.7%
乍得⑦	1.489亿	同比增长86.3%	6537万	同比增长57.1%	2.1427亿	同比增长76.3%
圭亚那	5908万	同比下降16.8%	1074万	同比下降38.1%	6982万	同比下降20.9%
苏里南	9616万	1.6%	1191万	−6.4%	1.0807亿	225.4%

① 中国已成为约旦第二大贸易伙伴和第一大商品进口来源国。
② 中国主要出口纺织、机电产品等，进口棉花。
③ 中国对多主要出口机电产品、纺织品、鞋类、茶叶，进口原棉。
④ 主要进口机电产品，出口棉花。
⑤ 喀麦隆还同台湾有贸易往来。2008年喀对台出口994.19万美元，从台进口633.3万美元。
⑥ 中国主要出口机器设备、车辆、日用品等，进口木材、剑麻纤维、生牛皮和海产品等。
⑦ 中国主要进口石油，出口电子器材、茶叶、纺织品等。

通过笔者的研究与分析，中国与伊斯兰国家经贸合作具有很强的进一步发展潜力，并且会成为中国国际贸易的重点地区。

（一）中国经济飞速发展。在国际金融危机之后，中国经济依然保持高速发展。目前，大量的剩余资金和商品流入伊斯兰市场。沙特等地中国小商品充斥市场，而在伊朗大量外资均来自中国，并且中国出口产品的品质在不断升级。中国的发展带来国际影响力的扩大。同时作为13亿的人口大国，其生产、消费能力都已成为伊斯兰国家进出口贸易的目标，例如：中国目前已经成为石油、天然气进口大国。这样中国从战略的角度也愿意与石油输出国建立良好的经贸关系。

（二）政治优势。中国一直奉行和平外交政策，与世界伊斯兰国家保持了良好的外交关系。而欧美等国则为控制石油产区，仍在推行强权政治，引起了伊斯兰国家的反感，亲美国家也在暗自改变对欧美市场过分依赖的局面，想要建立多元贸易伙伴的良好贸易形势。而反美国家则因为美国的限制要从新寻找具有实力的大国，作为自己可依靠的伙伴。例如：伊朗。所以，就目前形势来看，中国具有这方面的优势。

（三）地缘优势。中国与许多伊斯兰国家属于近邻关系，例如：中亚、南亚、东南亚等地，交通较为便利。这些地理优势，使中国成为马来西亚、哈萨克斯坦等国的最大贸易伙伴。

（四）人文、政策优势。在中国有2300多万信仰伊斯兰教的少数民族群众，新疆、宁夏两个省级民族区域自治地方，具有较强的穆斯林文化氛围。目前新疆、宁夏，乃至临夏都在打造清真产业品牌。在此方面国家都给予了高度重视，例如：宁夏已被确定为"中国向西（主要是伊斯兰国家）开放先导区"。这样，中国必然要与伊斯兰国家建立更多的经济文化联系。

此外，伊斯兰国家本身的市场优势。在伊斯兰国家中物产资源丰富，各国对国际贸易依赖性强，贸易壁垒没有欧美国家那么强，自由贸易的机会较多。而且这些市场又可以成为进入欧美市场的跳板。

第三章　伊斯兰国家国际经贸法律制度概述

一、国际经贸法律制度概述

国际经贸法律是规范本国国际经贸活动的法律规范的统称。而根据这些法律规范制定的相关制度则是经贸制度。

国际经贸活动是人类社会早已存在的一种经济现象，但早期的国际经贸活动具有明显的个体行为特点，并且该活动更多地受到国内商贸法律控制，通常国内法与国际法和政治是合一的。例如：在中国古代国际经贸活动，更主要的是一种国家政治活动——朝贡。在国家层面是怀柔远人，薄来厚往。贡使们只能在规定时间和地点进行私人贸易。再如：在《古兰经》、《圣训》和《伟噶业》中关于国际贸易的规定，也比较简单，即保护合法的外国商人、外国商人要交天课和贸易规则与国内贸易一样。

现代国际经贸法律则是在16世纪现代民族国家和资本主义经济发展以后，开始形成的。从此以后国际经贸活动开始上升为国家之间的行为，远远超出了商人的本身范围。这些贸易开始与国家公民身份和国家利益挂靠在一起。商人的形象代表某一国家的形象，他的商事纠纷、权益都与国际事务和国家利益有关。国际贸易的商品与国家的性质、战略意义紧密相联，国家出台相应的法律规范行为而保护国家利益。而国际投资则是国家资本输出的形式，是国家资源的新扩展，关系到国内外政治经济的重大问题等。

因此，伊斯兰国家的经贸法律体系是在民族国家形成以后，逐渐建立起来的，相对比较晚。

二、伊斯兰国家国际经贸法律渊源

伊斯兰国家经贸法律的法律渊源是一个比较复杂的问题。由于伊斯兰国家是伊斯兰教不断传播的产物，并且各地对伊斯兰信仰也有一个不断变化的情况。此外，再加之各伊斯兰国家的历史特殊性，造成了各国国际经贸法律渊源的多样性。

主要渊源有：

（一）伊斯兰教兴起于公元7世纪，但是阿拉伯人是一个游牧民族，同时也是一个商业民族，商事活动是他们的重要经济来源之一。在《古兰经》、《圣训》当中有大量的篇章谈到商事规则，在14世纪形成的《伟噶业》（教法）中对天课（税收）、申请签证、人丁税、股份合作、交易、担保、转账、代理、合伙经营、借贷、优先权和抵押等民商活动进行了法律规范。这些法律，在中世纪影响到西方现代民商法。这些教法在各国法律当中，都有所体现：在伊斯兰为国教的国家则作为最高法律或法律原则来看待。例如：马来西亚、沙特和伊朗等。在世俗化的国家当中，至少也要作为一种民众习惯来看待。

（二）宗主国的法律。伊斯兰国家大部分是从殖民地国家独立出来的，在一二百年的殖民隶属中其经贸法律要在宗主国的法律框架下制定。独立后，又多与宗主国保持一定的经贸联系。这样，宗主国法律也必然成为重要渊源。例如：印尼曾是荷兰殖民地，荷兰法便是其法律渊源之一。

（三）前身联邦法律渊源。这主要指中亚哈萨克斯坦、乌兹别克斯坦、塔吉克斯坦、吉尔吉斯斯坦和土库曼斯坦是前苏联的加盟共和国，其法律在很大程度上保留了前苏联的法律特点，例如：对国贸商品的限制性内容等。

（四）西方国家现代国家法律。在通常的观点中，国际经贸法律是从西方社会发展起来的，具有国际性特点，因此伊斯兰国家不可能不吸收这些法律。

（五）国际人权法律文件。人权问题是当今的国际性问题，人权理念影响到世界各国法律，伊斯兰国家也不可能例外。例如：沙特的《劳动法》对童工和妇女的规定，还是体现人权的内涵的。

（六）国际经贸法律的渊源。目前，伊斯兰国家中，有阿尔巴尼亚、巴林、孟加拉、文莱、布基纳法索、喀麦隆、乍得、吉布提、埃及、加蓬、冈比亚、几内亚比绍、几内亚、圭亚那、印尼、约旦、科威特、吉尔吉斯斯坦、马来西亚、马尔代夫、马里、毛里塔尼亚、摩洛哥、尼日尔、阿曼、巴基斯坦、卡塔尔、塞内加尔、塞拉利昂、苏里南、坦桑尼亚、多哥、突尼斯、土耳其、乌干达、阿联酋[1]等36个国家加入世贸组织，占整个伊斯兰国家的61%，这些国家必须要按照关贸总协定，制定经贸法律。

此外，其法律渊源在具体国家中，还要包括当地的民间法律规则，毕竟伊斯兰教是后传入的宗教，教法也是后传入的，当地民族的传统不可能一点不保留。

总之，伊斯兰国家总体上法律渊源是多元的，就是具体国家也是多元的，所以各国的国际经贸法律是一个混合体。

---

[1] 百度百科"世界贸易组织"。

三、伊斯兰国家经贸法律制度内容及特点

伊斯兰国家国际经贸法律是规范国际间经贸活动的法律，所以它要涉及与此相关的各项内容。主要包括商贸主体的身份、商品贸易种类和许可、商品的质量监督、商贸协定的签署、商品出入境管理、国际信贷、国际投资、外汇管理、货币兑换和国际税收等问题。具体法律涉及国籍法、劳动法、公司法、投资法、海关法、外汇管理法，以及其他民商法等。这些内容与其他类型国家是一样的，在此也没有必要赘述。

现代伊斯兰国家国际经贸是后生事务，其法律制度也必然形成其自身特点，除了法律渊源多样性外，这些特点主要还有以下几个方面：

（一）民族国家利益保护明显。民族国家强化了公民（国民）的身份地位，国家利益便上升为国际交往的首要原则。因此，涉及国家经贸活动的法律，必然将本国或本国人利益放在首位。例如：沙特在对国民与外籍人、国内企业和国外企业的个人所得税和增值税方面是差别对待的。而在阿联酋且不仅强调国内代理人的地位，甚至因商事纠纷提出更换代理人也是比较困难的。再如：对以色列的进出口问题，则也充分反应出国家利益高于一切的原则。

（二）各国法律发展的不均衡性。尽管伊斯兰国家对国际经贸依赖性较强，但是由于各国发展水平不一，各国的法律发展也不均衡。例如：埃及在上个世纪70年代开始有投资法，而其他国家则是比较晚才有的事情。非洲一些国家2000年前后才开始颁布，甚至有的到目前为止，还没有完整的法律法规体系。而有些国家尽管有相关的法律，但是法律层次还比较低，例如：哈萨克斯坦基本是靠《总统令》、《政府令》来规范国际经贸活动，其严肃性受到质疑。

（三）国际化发展趋势更加明显。伊斯兰国家对国际贸易的过分依赖，并且都已加入世贸组织和区域性经贸组织，在各国利益博弈的游戏

中，人们会越来越看重国际通用的规则规范。在这些伊斯兰国家兴起过程中，其经贸法律制度就已经表现出追求国际化的倾向。例如：在原教旨主义和民族主义的影响下，独立后各国法律只是回归公法层面伊斯兰特征，而在民商法方面，则保留西方的法律体系和内容。再如：今年阿联酋再次提出修改国际经贸法律和民商法，其目标就是要与国际接轨。甚至加蓬也提出旅游服务业要与国际接轨的问题。

（四）法律规范的宽容性不断增强。世界文明在不断对话、人权的理念深入人心，宗教、文化、商品的歧视性内容在不断减少。相应的各国法律制度的宽容性也在不断增多。例如：酒类商品在多数国已变成"限制进口"商品，而不是禁止性商品。图像的限制也不十分严格了，例如：中国龙可以出现在中东国家的中国商业区。

（五）民族宗教性的成份保留和规范。伊斯兰国家所打出的旗号就是"伊斯兰精神"，也就是一种民族主义的旗帜。因而，在其国际经贸活动中，各国都会去体现它的精神，在国际贸易法律当中必然又体现出它的特点，例如：在进出口商品的许可、限制会有相关内容反应。在沙特禁止进口的产品中就有"不符合伊斯兰宗教规定的产品以及以下产品：武器、酒精、麻醉药、猪肉、色情制品、酿酒设备以及某些雕塑品等"。[①]尽管这些内容会很少、范围更小，但是会更加规范。例如：中东国家抑制进口欧盟、澳大利亚的食品，但是近年为保证清真的纯洁性，阿联酋、沙特、约旦都出台了相应的标准和法律规范。

当然，各国的国际经贸法律会更加开放与完善，但是我们也要看到国际法、国际经贸法律在具体事务和贸易中有时会表现乏力的情况。例如：在沙特，由于王室最高经济委员会掌握国际经贸的权力，人为的因素也还是比较大的。

---

① 商务部发布的《国别贸易投资环境报告2005》。

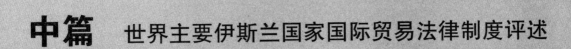

中篇 世界主要伊斯兰国家国际贸易法律制度评述

第四章　东盟自由贸易区国际经贸法律制度

第一节　东盟的区域范围及市场状况

一、区域范围

东盟，全称东南亚国家联盟，1967年泰国在曼谷建立，秘书处设在印度尼西亚首都雅加达。东盟除印度尼西亚、马来西亚、菲律宾、新加坡和泰国5个创始成员国外，文莱（1984年1月8日）、越南（1995年7月28日）、老挝（1997年7月23日）、缅甸（1997年7月23日）和柬埔寨（1999年4月30日）5国先后加入该组织，使东盟发展到目前的10个成员国。

东盟地区总面积约446万平方公里，人口约5.6亿。

东盟是东南亚地区最早的区域整合组织，也是亚洲最紧密的区域经贸组织。成立30多年来，东盟已日益成为东南亚地区以经济合作为基础的政治、经济、安全一体化合作组织，并建立起一系列合作机制。2007年，东盟国家成员国领导人签署了东盟成立以来第一份对全体成员国具有普遍约束力的法律文件——《东盟宪章》，为东盟提供了重要的法律保障。

二、经贸传统及市场现状

东盟各国在政治、经济、社会发展水平上并不同步，贸易投资环境也差别明显。单从经济方面来说，新加坡产业结构具有发达国家特征；马来西亚、菲律宾、印度尼西亚、泰国和文莱的经济发展水平相对较高，产业结构比较合理；越南、老挝、缅甸与柬埔寨则仍属于以农业经济为主的不发达国家，工业体系尚不健全。①

1992年东盟第四次首脑会议通过启动东盟自由贸易区计划，1995年第五次东盟首脑会议通过推行更大的经济一体化计划，为东盟的发展开启了划时代的意义。随着亚洲经济在世界版图中地位的提升，东盟成为一支重要的区域经济力量，在国际舞台上的地位不断上升。

在东盟自由贸易区启动后的三年内，东盟国家的出口从1993年的430.26亿美元增长为1996年的近800亿美元，年平均增长28.3%。在这个过程中，地区内贸易占东盟总贸易的份额从20%增长为近25%。来自东盟国家的游客占该地区游客的比例越来越大。1996年，在抵达东盟的2860万游客中，有1120万或40%来自东盟本身。现在东盟的经济合作涵盖了贸易、投资、工业、服务、金融、农业、林业、能源、交通、通信、知识产权、中小企业、旅游等领域。②

近年来，东盟整体经济稳健增长，虽然受到利率上升、国际油价上涨、汇率波动等不利因素的影响，但大多数国家经济运行状况良好。东盟经济大体呈现三个主要特点：一是以新加坡、马来西亚为代表的老东盟成员国不断对传统经济进行调整，加大对电子信息、生物科学、岸

世
界
主
要
伊
斯
兰
国
家
国
际
经
贸
法
律
制
度
研
究

---

① 许复兴：《东盟市场环境及风险分析》，载《国际工程与劳务》，2007年第10期。
② 王泽编译：《东盟》（东南亚国家经济贸易法律研究丛书），中国法制出版社，2006年版，第3页。

外工程、金融管理以及旅游度假等行业的引导和投入，提高其经济竞争力。目前已开始从新的高利润行业中受惠。二是受益于出口的持续快速增长，该地区国际储备逐年大幅增加。充足的国际储备能在市场波动时期发挥缓冲作用，因此在很大程度上有效地增强了东盟地区经济、金融体系的稳定性。三是吸引外资力度加大，外国直接投资创历史新高。外国直接投资的稳定回升，不仅有力地促进了东盟国家的经济建设，同时也为酝酿中的单一市场以及经济共同体的发展提供了强有力的资金和信誉支持，成为东盟整体经济健康发展、全球竞争能力大幅提高的重要标志。

　　虽然东盟经济近年来有了显著的增长，但也存在一定的风险。首先，由于其自身的经济结构，东盟国家对外部市场的依赖严重，一旦全球经济及金融环境发生变化，东盟各国经济也将遭受严重冲击。一些国家的工业增长多依赖于技术含量低、附加值低的制衣和纺织加工业，在汇率变化、生产成本上升及市场竞争加剧的情况下，也会影响到整个经济发展。其次，东盟的新兴工业国家经济贸易模式是从劳动密集型产品的出口导向转向电子信息产品出口，经济和贸易结构的雷同限制了东盟内各成员国贸易创造效应的发挥，同时，经济结构过于类似、关键行业过于集中也加大了整个地区的系统性风险。再次，由于历史原因，泰国、印度尼西亚、菲律宾等国军事力量干预政治导致政权更迭、政策中断、国际环境恶化的情况屡见不鲜。宗教极端主义、恐怖主义力量和自然灾害也在一定程度上对东盟国家的经济造成长期负面影响。①

①许复兴：《东盟市场环境及风险分析》，载《国际工程与劳务》，2007年第10期。

第二节 马来西亚国际经贸法律制度

一、马来西亚经贸传统和市场

马来西亚（Malaysia），位于亚洲东南部，是东南亚的中心，由两部分组成——东马和西马，东马与印度尼西亚接壤；西马位于马来半岛，南接新加坡，北联泰国，是全马经济最发达的地区。马来西亚坐拥闻名世界的马六甲海峡，是沟通大西洋和印度洋的咽喉要道，同时是东盟的创始国之一，世界重要的贸易国，也是进入东盟市场和前往中东澳新的桥梁。

马来西亚总人口超过2.1亿，是个种族多元国家，全国有32个民族，但主要为三大种族：马来人（占66.1%）、华人（占25.1%）、印度人（占7.5%）。马来西亚是伊斯兰世界中现代化最成功的国家，被西方媒体称为伊斯兰世界的民主典范。种族文化是马来西亚的一大特色，三大种族有各自的宗教、文化，在马来西亚到处可见清真寺、佛教寺庙、印度教寺庙、教堂，不同种族的人都保留着自己的民族特色，相互间又交融共处。

马来西亚农业、林业、渔业、矿产与油气等资源丰富多样，既拥有丰富的石油等矿产资源和橡胶、棕榈等热带作物资源，又拥有较高素质的人力资源。马政府仍在不断采取协调一致的手段来扩建和升级其公路、快速路、铁路、港口、机场和电信系统，增强其交通通信设施。

马来西亚实行开放的市场经济和外币自由兑换政策，经济稳步发展，是世界上最大的微芯片制造国和多种制成品的输出国。2009年，在全球经济严重衰退的情况下，中国与马来西亚的贸易额仍然达到了519.6亿美元。

二、马来西亚国际经贸法律制度概述

马来西亚经济贸易方面的法律主要有《海关法》、《海关进口管制条例》、《海关出口管制条例》、《海关估价规定》、《植物检疫法》、《保护植物新品种法》、《反补贴和反倾销法》、《反补贴和反倾销实施条例》、《2006年保障措施法》、《促进投资法》、《外汇管理法令》、《外商投资指导方针》、《工业产权法》、《专利法》、《通信与多媒体法》和《营养标签及标识规定》等。

马来西亚投资法律制度方面的法律主要有《1986年投资促进法》、《1967年所得税法》、《1967年海关法》、《1972年销售税法》、《1976年消费税法》以及《1990年自由区域法》是马政府各项投资鼓励政策的依据。这些法律涵盖了对制造业、农业和旅游业（包括宾馆）的投资活动，以及对研发、培训和环境保护行为等领域投资活动的批准。这些投资鼓励政策都是以直接或间接的减税的形式出现的。

马来西亚主管国际贸易的政府部门是国际贸易和工业部（MITI）。该部除了内设10个司局外，还管理6个独立的执行局，其中对外贸易发展局（MATRADE）是外贸出口的促进机构，工业发展局（MIDA）负责外国直接投资的制造业的审批和管理。

马来西亚国际贸易和工业部主要负责对贸易规则和政策的制定和执行、配额管理，并负责一般产品、机动车辆的进出口许可证发放事务。马来西亚对外贸易发展局负责促进和推动马来西亚制成品和半制成品的对外出口，为马来西亚产品出口提供相关服务。马来西亚国际贸易和工业部下属的贸易事务局专门负责反倾销、反补贴调查。马来西亚海关负

67

责监管产品进出口、关税征收等事务，并提供有关进出口许可证和关税的信息。

此外，各行业产品的进出口许可证的发放主要由有关行业的管理部门负责，如农业部负责植物及植物产品，原子能许可局负责放射性物质及产生辐射的仪器，兽医服务局负责动物及动物产品等。

马来西亚国家银行是马来西亚对外投资的主要管理机构，马来西亚重大的海外投资工业项目需得到国家银行的批准。其下属的工业发展管理局全面负责制造业的吸引外资工作。外资委员会主要负责审批外资的持股比例，并负责除家具外的制造业外资申请业务。①

三、国际商事交易法律制度

马来西亚调整商事交易的法律主要为《公司法》。

马来西亚的公司均受1965年《马来西亚公司法》的规制，该法规定公司有三类：股份有限公司（可以分为私人或公开公司）、担保有限公司和无限公司。马来西亚的大部份外资业务，均以私人股份有限公司的形式经营。

希望在马来西亚境内设立营业场所或从事业务的外国公司，须向公司登记司申请登记，并获得国内贸易暨消费者事务部之核准。于获得核准后，须向公司登记司提交下列文件：

份经过证明之公司注册证书之副本（或具有同等效力之文件）；

一份经过证明之其组织大纲及章程，或其他规范性或描述其组织章程之正式文件之副本；

一份董事名册及与其有关之某些法定细节；

---

① 相关数据及信息来自商务部发布《国别贸易投资环境报告2006》。

若有本地董事时，一份记述此等董事之权力之备忘录；

一份任命状或授权书，用以授权一个或多个居住在马来西亚境内之个人代表公司接受送达之法律令状及任何应交予该公司之通知；

公司代理人依规定格式编制之法定声明书。

该指定代理人须负责履行依1965年公司法之规定该公司必须执行一切行动。代理人如有任何变更，应向公司登记司报备。

每一外国公司应于其在马来西亚境内设立营业场所或开始执行业务后一个月内，向公司登记司提出登记，以规定格式说明其在马来西亚境内之注册办事处之情形。

外国设立之公司，每年须于其年度股东大会后一个月内，提出一份年度报告之副本，并于其年度股东大会后两个月内，提出一份总公司资产负债表之副本，以及一份经证实稽核之文件载明其在马来西亚所使用之资产，及因在马来西亚营运而生之负债，以及经证实稽核之损益表。

四、投资贸易法律制度 ①

（一）税收制度

1. 所得税。公司所得税：外国公司与马来西亚企业都有纳税的义务。一般而言，公司应对其一切收入课税，外资企业所得税与国内企业一样同为28%，获新兴工业地位的公司可按有关规定获得优惠。从事石油生产的公司，所得税税率为38%。

个人所得税：居民在马取得的收入和自马境外汇入国内的收入以及非居民在马工作期间取得的收入均应缴纳所得税。居民个人所得税率采用0%－28%的累进税率，非居民个人的所得税率为28%（在马短期逗留

---

① 投资贸易法律的内容相关资料、数据来自中华人民共和国驻马来西亚大使馆经济商务参赞处网站 http://my.mofcom.gov.cn

和工作不满60天的非居民取得的收入可予免税）。同时，马来西亚法律还规定，非居民个人在马期间取得特定收入，如提供专利的所得、银行存款利息所得和大众演出的所得等，须预先交纳规定比率的所得税。

2. 进口税。大多数进口货物需缴付进口税，税率分为按值计税和特定税率。按值计税的进口税率介于2%－300%之间。

3. 销售税。销售税为单阶段从价税，所有在马制造的产品和进口的商品（除可免税商品外）均须缴纳销售税，税率为0－25%，但用来制造课税货物的原料性产品、基本粮食、建筑材料、农业用具与机械通常可获得免税。一些非主要的食品与建筑材料的税率为5%，烟草和酒类的税率分别为25%和20%。

4. 服务税。某些机构在提供服务或销售物品时须缴纳服务税，税率通常为在服务收费或产品售价上另加5%。目前，所有大型饭店、会议（表演）场地、律师、会计师和测绘师等提供的专业服务、保险和电信服务、休闲服务等，均须缴纳服务税。

5. 印花税。针对某些票据和文件，根据票据及文件的种类以及所涉及的交易额采用不同的税率。对于企业来说，其资产首次达到10万马币的，征收1%的印花税，超过该金额的，征收2%的印花税。对于如提货单和版权专利商标等权益转让的票据，免征印花税。

（二）投资管理制度

马来西亚正在逐步放宽外资投资政策，开始允许外资在部分领域设立全资控股公司。马来西亚对外资投资后的撤资时间没有限制。

1. 外商投资鼓励政策。马来西亚鼓励投资的优惠措施包括减免公司所得税和投资税，减免进口税及销售税。

为了成为全球信息与通信技术产业的中心，马来西亚政府在吉隆坡专门划出区域设立"多媒体超级走廊"，积极引进外资从事电子、信息和通信科技开发、产品研制及技术服务等。所有取得多媒体超级走廊地位的公司都可享受马来西亚政府提供的一系列财税、金融鼓励政策及保障，主要包括：提供世界级的硬体及资讯基础设施；无限制地聘请国内外员工；公司所有权自由化；长达10年的税收豁免政策或5年的财税津贴等。

马来西亚政府在清真食品和生物科技领域也出台了一些鼓励措施。例如，鼓励申请清真认证机制，规定凡生产清真食品的下列公司（使用先进生产设备或技术生产清真食品的新建企业；通过投资额外的机械设备或先进技术对现有企业进行升级或扩大的企业；现有公司对其生产清真食品多样化改造的企业），自符合规定的第一笔资本支出之日起5年内所发生符合规定资本支出的100％，可享受投资税赋抵减。

2. 外商投资限制规定。关税限制：马来西亚对最惠国的简单平均关税（NTR）约为8.56％，但是对于本国重要产品的领域仍然存在高关税，主要集中在汽车、纺织品、衣服和皮革制品、食物和饮料等同当地具有竞争性的产品。其中关税超过20％的税目占总税目的16.9％，个别产品的关税高达100％。

投资限制：通常，外国企业要在马来西亚从事贸易活动，必须与当地企业合作或注册分公司。马来西亚法律规定，企业要取得制造业的经营许可，需向马来西亚工业发展管理局提交申请，但审查没有一个明确的标准，管理局具有一定的自由裁量权。当出现本土企业和外资企业对相同项目同时提交申请的情况时，当地企业往往比较容易获得批准。

进口产品的卫生限制：马来西亚规定，进口禽畜产品需向马来西亚农业部下属的兽医局或马来西亚国家检疫局提出书面申请，获得进口准证后才能办理其他进口手续。此外，进口马来西亚的肉类及其加工产品、家禽等都必须通过Halal认证，该认证由马来西亚兽医局和伊斯兰发展局（JAKIM）在现场检查后联合做出，但Halal认证过程缺乏足够的透明度。

政府采购的限制：马来西亚要求政府采购要有助于国内公共政策的实施，如解决劳动就业，向当地工业转移先进技术，减少外汇的流出，提高马来西亚的出口能力等。因而，在政府采购领域外国公司不能与本土公司享有相同的竞争机会。

服务贸易方面的限制：马来西亚对金融、建筑、劳务等服务领域也存在较大的限制。在金融领域，马来西亚允许外资入股本地保险公司及银行，但银行业的外资股权不得超过30%，保险业外资股权不得超过51%；在建筑和工程领域，马来西亚法律规定外国建筑公司不能成为马来西亚建筑公司的注册合伙人，只能作为特定项目的合营方在马来西亚从事建筑服务，并需要得到马来西亚建筑局的批准。外国建筑师在马来西亚一般不能获得执业资格，在一些特定的项目中，经承揽该项目的马来西亚公司的担保并经马来西亚工程师局批准才能获得该项目的执业资格；在劳务领域，马来西亚政府限制企业雇佣海外侨民的数量，同时，政府对企业招收雇员的程序进行监督，以保证企业员工种族结构的平衡。马来西亚未对中国开放普通劳务市场，并且严格限制中国派驻马来西亚公司的工作人员及技术劳务人员的人数，中国人员较难在马来西亚获得工作许可证。

五、国际经贸（商品进出口）管理制度 [1]

马来西亚实行自由开放的对外贸易政策，部分商品的进出口会受到许可证或其他限制。

（一）进口管理

1998年马来西亚海关禁止进口令规定了四类不同级别的限制进口。

---

[1] 该部分内容参照商务部网站《马来西亚投资环境报告》。

第一类是14种禁止进口品，包括含有冰片、附子成分的中成药，45种植物药以及13种动物及矿物质药。第二类是需要许可证的进口产品，主要涉及卫生、检验检疫、安全、环境保护等领域。包括禽类和牛肉（还必须符合清真认证）、蛋、大米、糖、水泥熟料、烟花、录音录像带、爆炸物、木材、安全头盔、钻石、碾米机、彩色复印机、一些电信设备、武器、军火以及糖精。目前大约有27％的税目产品需要进口许可证。第三类是为保护国内产业而实行临时进口限制的产品，包括牛奶、咖啡、谷类粉、部分电线电缆以及部分钢铁产品。第四类是符合一定特别条件后可自由进口的产品，包括动物、动物产品、植物及植物产品、香烟、土壤、动物肥料、防弹背心、电子设备、安全带及仿制武器等。

根据马来西亚2005年7月1日起开始执行的《营养标签及标识规定》，进口食物要进行营养标识，在对营养进行说明时，禁止采用医疗用语。该规定涉及到的产品包括：本地生产和进口的精制谷物食品；各类甜食面点；各种奶类及奶粉制品以及各种类型的软饮料，包括植物性饮料、豆奶和大豆饮料等50多种普通消费食品。

为了保护敏感产业和战略产业，马来西亚对部分商品实施非自动进口许可管理。在马来西亚进口商品海关总税目中，约有27％的税目下的产品受到非自动进口许可管理，主要涉及动物与植物产品、木材、机械、车辆及相关运输设备等。所有重型建筑设备进口须经国际贸易和工业部批准，在马来西亚当地企业无法生产的情况下方可进口。

进口许可证由马来西亚海关负责发放，国际贸易及工业部及其他部门负责进口许可证的日常管理工作。

（二）出口管理

马来西亚法律规定，大部分商品可以自由出口至任何国家，小部分商品需获得政府部门的出口许可，包括：短缺物品、敏感或战略性或危险性产品，以及受国家公约控制或禁止进出口的野生保护物种。

此外，马来西亚《1988年海关令（禁止出口）》规定了对三类商品的出口管理措施。第一类为禁止出口产品，包括军火、珊瑚、海龟蛋和藤条等。第二类为实行出口许可管理的产品，主要包括动物及动物产品、大米、食糖、橡胶、纺织品和钢铁等。第三类为自由出口产品。第二和第三类商品大多数为初级产品，如牲畜及其产品、谷类、矿物、有害废弃物。

马来西亚国际贸易与工业部及国内贸易与消费者事务部负责商品出口许可证的管理。

六、马来西亚经贸法律名录

《销售税法》、《反补贴和反倾销法》、《反补贴和反倾销细则》、《公司法修订案》、《海关法》、《海关进口管理条例》、《海关估价规定》、《促进投资法》、《外商投资指导方针》、《外汇管理法令》、《工业产权法》、《专利法》、《关税（豁免）法令》、《中央银行法》、《版权法修正案》。

第三节　印度尼西亚国际经贸法律制度

一、印度尼西亚贸易传统和市场概况

印度尼西亚（Indonesia）位于亚洲东南部，地跨赤道，横跨两大洋，地处印度洋和太平洋、亚洲和澳洲之间，是东西方海上交通的关口，扼守亚太地区最具战略价值的黄金水道——马六甲海峡，被誉为

74

"扼守世界经济动脉的门户";同时也是东南亚面积最大,也是世界面积最大的群岛国家,称"千岛之国"。

印尼拥有2.4亿人口,是世界第四大人口大国,也是世界上穆斯林最多的国家,号称世界上第三大民主国家。印尼拥有东盟市场40%的消费者,无疑是一个充满商机的市场;印尼的华人有500万之多,约占全国人口的3%,是世界上海外华人聚居最多的国家,这无疑给中国投资者管理企业、了解当地市场以及熟悉与此密切相关的文化习俗、消费习惯等提供了方便。

印尼辽阔的国土和海洋蕴藏着极其丰富的资源,石油、天然气和锡的储量在世界上占有重要地位,是世界石油输出国组织(OPEC)的成员国;锡、铀、镍、铜、铬、铝矾土、金刚石等储量也很丰富。印尼的森林资源、生物资源、渔业资源和农业资源潜力极大,优势极其突出。

印尼曾被视为东南亚经济腾飞的龙头,20世纪90年代初期经济增长尤为强劲,亚洲金融危机爆发后,印尼政治、经济、社会问题全面爆发,外国投资一落千丈。近些年,印尼政局相对稳定,经济逐渐恢复,电力、通信、交通等基础设施建设不断加强,投资环境有所改善,投资风险不断降低,政府为吸引外商投资进一步放宽外商投资的控制,取消限制措施。在新的世界经济发展形势下,印尼软硬件投资环境不断改善,风险不断降低,更加凸现其固有的能源、资源、市场等优势。

印度尼西亚的经贸投资法律法规较为健全,主要包括:《贸易法(修订)》、《海关法》、《外国投资法》、《外国投资法(修正)》、《公司法》、《关于股份份额的政府法规》、《公共健康法》、《精神药品法》、《麻醉药品法》、《环境保护法》和《投资法(2007年新)》。《2007年关于有条件的封闭式和开放式投资行业的标准与条件的第76号总统决定》和《2007年关于有条件的封闭式和开放式行业名单的第77号总统决定》是重要的单行法规。

二、国际商事交易法律制度

印尼调整商事交易的法律主要为1998年《有限责任公司条例》。

根据该条例，有限责任公司的创始人或其代理人必须将公司章程及下列文件通过民政事务司司长向司法和立法部部长呈递：

（一）一份根据有关规定草拟的、贴有印花税的公司章程及贴有印花税的全部公司章程修改条款（若存在）；（二）一份与公司章程有关的各种数据，并由公证师在印花税纸上草拟并签名；（三）一份由银行出具的投资存款证明；（四）一份公司纳税登记注册号复印件；（五）一份在国家印刷厂出版的政府公报附录上刊登公司章程预付款的收据证明；（六）一份根据司法部部长第M.01–UM.01.06/1993号令支付法律服务的非纳税国家财政收入付款证明；（七）一份由投资协调委员会（BKPM）对具有资金投资功能的有限责任公司的批准文件复印件；（八）一份由财政部部长对经营银行业务的有限责任公司特批的经营许可证复印件；（九）一份由信息部电台、电视和电影司司长对开办非政府广播电台的有限责任公司的推荐信；（十）对公司创建者中有集体企业的新公司，一份由集体和小企业发展部、或由该部驻地方机构、或该部办公室出具的推荐信；（十一）在报纸上刊登股权支付（非现金）广告两份；（十二）根据现行法律的有关规定所需的其他文件。

上述第四、七和八点中所要求的文件复印件必须由公证人公证和签字，以确认与原件一致。

在收到确认公司章程申请书之日起六十天内，法律和立法部部长将批准或驳回申请。①

---

① 该部分内容根据杨眉主编：《印度尼西亚共和国经济贸易法律选编》，中国法制出版社2006年版的相关内容组织。

三、国际经贸（商品进出口）管理制度

印尼主管贸易的政府部门是工业与贸易部，由该部门进行划分进出口产品管理类别、进口许可证的申请管理、指定进口商和分派配额等事务。

印尼的进口管理主要靠《1934年贸易法》来规范。印尼政府对某些产品实行进口许可管理制度，包括自动许可和非自动许可。在实施进口管理时，主要采用配额和许可证两种形式。实行配额管理的主要是酒精饮料及包含酒精的直接原材料，其进口配额只发给批准的国内企业。实行许可证管理的企业只能将许可的产品用于本企业的生产，这些产品包括工业用盐、乙烯和丙烯、爆炸物、机动车、废物废品、危险物品。其中，危险物品、酒精饮料及包含酒精的直接原材料、工业用盐、乙烯和丙烯、爆炸物及其直接原材料、废物废品、旧衣服等九类进口产品主要使用自动许可管理；丁香、纺织品、钢铁、合成润滑油、糖类、农用手工工具等六类产品主要使用非自动许可管理。所有进口食品必须注册，进口商必须向印尼药品食品管理局申请注册号，并由其进行检测，检测过程繁琐且费用昂贵，特别是要求提供详尽的产品配料和加工工艺情况说明。[1]

印尼的出口货物必须持有商业企业注册号或由印尼技术部根据有关法律签发的商业许可，以及企业注册证。出口货物被分为四类：[2]

一是受管制的货物：咖啡、藤、林业产品、钻石和棒状铅；二是受监视的货物：奶牛与水牛、鳄鱼皮、野生动植物、拿破仑鱼、棕榈油、

① 商务部《国别贸易投资环境报告2010（印度尼西亚）》。
② 资料来自中国-印尼经贸合作网http://www.cic.mofcom.gov.cn/ciweb/cic/info/Article.jsp?a_no=205276&col_no=460

石油与天然气、纯金银、铜、黄铜和铝废料；三是严禁出口的货物：幼鱼与金龙鱼等，未加工藤以及原料来自天然森林未加工藤的半成品，圆木头，列车铁轨或木轨以及锯木，天然砂，海砂，水泥土，上层土（包括表面土），白铅矿石及其化合物、粉，含有砷、金属或其化合物以及主要含有白铅的残留物，宝石（除钻石），未加工符合质量标准的橡胶，原皮，受国家保护野生动植物，铁制品废料（源自巴淡岛的除外）和古董；四是免检出口货物：除以上受管制、监视和严禁出口的货物外，其余均属免检出口货物。

四、投资贸易环境及法律制度 [①]

投资有关的法律制度

（一）税收制度

印度尼西亚实行中央和地方两级课税制度，税收立法权和征收权主要集中在中央。中央课税的主要税种有：公司所得税、个人所得税、增值税、奢侈品销售税、土地和建筑物税、离境税、印花税。地方政府开征的税种包括：娱乐税、电台与电视税、道路税、狗税、机动车税、自行车税、广告税、外国人税和发展税等。

1.所得税。印度尼西亚的所得税是渐增的，对个人与企业均适用。

公司所得税：印度尼西亚公司所得税的纳税人，包括设在本国的公司和外国公司设在本国的分支机构及常设机构。外国公司设在印度尼西亚的分支机构和常设机构就其在印度尼西亚所从事经营活动取得的有关所得纳税，除按公司所得税税率纳税外，税后所得还要缴纳20％的预提

---

① 本部分资料及数据来自三方面：1. 中国–印尼经贸合作网http://www.cic.mofcom.gov.cn. 2. 杨眉主编：《印度尼西亚共和国经济贸易法律选编》，中国法制出版社2006年版。3. 商务部《国别贸易投资环境报告（印度尼西亚）》。

税（有协定的国家按协定规定的税率纳税），如果税后所得用于在印尼再投资，则可免缴20%的预提税。石油、天然气和采矿公司按照合同的规定纳税。

个人所得税：印度尼西亚个人所得税的纳税人为居民和非居民个人。个人在12个月中居住在印尼的时间超过183天，则视为印尼居民。居民个人就其来源于全世界的所得纳税，非居民个人就其来源于印尼的所得按20%的税率纳税。个人在一个纳税期内的应纳税所得按照与公司税相同的税率征税。

个人税率	
应税年收入	所得税率
2500万卢比以内	5%
2500万-5000万卢比	10%
5000万-1亿卢比	15%
1亿以上-2亿卢比	25%
2亿卢比以上	35%

2. 增值税。一般情况下，对进口、制成品和大多数劳务征收10%的增值税。免征增值税的项目主要有：经加工的商品（如农产品等），金融、保险、租赁和证券业务，社会、健康、宗教和教育服务，公共交通、邮电服务、电台和电视广播，旅馆和饭店业，提供劳动力，电力、自来水。

3. 奢侈品销售税。这种税主要是对某些进口或国内生产的奢侈品征收的。根据政府确定的奢侈品的类型，税率分别为10%、20%、35%。出口奢侈品税率为零。

4. 离境税。居民离开印尼要缴纳离境税。乘飞机税额为25万印尼盾，如果是雇主代为缴纳，则这笔税款就作为预缴的公司税。乘船税额为10万印尼盾。

5. 印花税。印花税对特定的商事凭证征税，税率分为两档，即1000印尼盾和2000印尼盾，商事凭证包括收据、合同、委托书等。

（二）投资贸易管理制度

2007年4月26日，印尼颁布第25号《投资法》，取代1967年《外国投资法》和1968年的《国内投资法》，成为一部统一规范国内外投资的法律，明确规定"公正地、无差别地对待外来投资"，外资和内资享有同等法律地位。

此法律相比旧法有以下几方面的亮点：

1. 新法大幅延长土地权的法定期限，其中商业用途土地使用权最长95年（旧法60年），建筑物土地使用权最长80年（旧法50年），其他土地使用权最长70年（旧法25年）。

2. 国内外投资者可在除涉及国家稳定和机密的交通、采矿、传播和武器装备等4个领域外，自由投资任何营业部门。此外，外资只能在与交通有关的公司和项目中持有最高达45％的股权，在传播领域方面则不能拥有超过20％的股权。

3. 新法明确其"投资协调委员会"负责协调和执行"一站式综合窗口服务"批准公司成立和核发执照，协助投资者获得服务救济、财政便利和投资资讯。2007年8月，印尼中央与地方政府开始实行投资审批一站式服务。实行一站式服务之后，每个部门都会派代表到投资统筹机构办事处，以便加快办理审批手续。2008年，印尼首都雅加达专区实施简化投资手续后，执照办理过程由156天缩短为38天，申请许可证的程序也相应地由19项减为8项。

4. 新法规定，政府与投资者之间的争端应通过协商解决；如协商不成，可由双方同意的国际仲裁机构仲裁或通过诉讼程序解决。争端解决机制的明确，在相当大程度上保护了投资者特别是外国投资者的利益。

五、印尼经贸法律名录

《有限责任公司条例》、《投资法》、《关于投资优惠的政府条例》、《所得税修正案》、《矿产和煤炭法》、《矿产和煤炭法实施条例》、《关于禁止和限制投资领域的政府条例》、《修订禁止和限制投资领域的条例》、《关于修改投资优惠的政府条例》、《关于禁止和限制投资领域的政府条例》、《关于危险品的采购、分销和监督规定》、《关于含酒精饮料的采购、分销、销售、监管和控制》、《关于货物与/或服务的监督方式和规定》、《关于信息通信和电子产品印尼语用户手册和售后保证书注册的规定》、《关于购买和销售供给农业用有补贴化肥》、《关于简单包装的棕榈食用油》和《关于非新式资本货物进口规定》。

第五章 阿拉伯国家联盟国际经贸法律制度

第一节 阿盟的区域范围及市场状况

一、区域范围

1944年9月，在埃及倡议下，阿拉伯各国外长在亚历山大港举行会议，拟订了《亚历山大议定书》，并决定成立阿拉伯国家联盟。1945年3月22日，埃及、叙利亚、伊拉克、黎巴嫩、沙特阿拉伯、也门和约旦7个阿拉伯国家代表在埃及首都开罗举行会议，拟订并通过了《阿拉伯国家联盟宪章》，宣告阿盟正式成立。阿拉伯人的统一由于他们加入阿拉伯国家联盟而得到加强与发展。阿拉伯国家联盟是世界上最早的区域组织之一，建于1945年3月22日联合总部正式建立之前。 其宗旨是在政治、经济、社会服务诸领域，在教育、通信乃至发展、技术、工业等方面，组织、协调阿拉伯各国的活动，使它们结合为一个整体。阿拉伯国家联盟简称"阿盟" (League of Arab States —— LAS)，是阿拉伯世界最具代表性和影响力的组织，也是世界上最早成立的地区性组织之一。[①] 阿拉

---

① 转引自：辉煌中国网。

伯国家共有22个，分为西亚12国和北非10国，包括阿拉伯联合酋长国、阿曼、也门、沙特阿拉伯、科威特、巴林、卡塔尔、伊拉克、约旦、黎巴嫩、叙利亚、巴勒斯坦、埃及、利比亚、突尼斯、阿尔及利亚、摩洛哥、毛里塔尼亚、苏丹、索马里、吉布提和西撒哈拉，总面积约1400多万平方公里，人口总数约3.3亿。[①]

阿拉伯世界西起大西洋东至阿拉伯海，北起地中海南至非洲中部，面积约为1420万平方公里，位于亚、非两大洲的结合部，其非洲部分占 72%，亚洲部分占 28%，具有重要的战略地理位置。阿拉伯世界有宽广的海岸线，如大西洋、地中海、阿拉伯湾、阿拉伯海、亚丁湾、红海和印度洋等水域的海岸线，该地区曾经孕育了一些著名的古代文明，如埃及古文明、亚述文明、巴比伦文明、腓尼基文明等。这些文明不仅在当时，而且直到现在都有传奇性，所有考古发掘都未能找到它们完整的古迹。

在上述历史时期产生了三个传统的天启的宗教：犹太教、基督教和伊斯兰教，它们在全世界传播开来。

目前，阿盟各国居民以信奉伊斯兰教为主，另有部分居民信奉基督教及其他宗教。

阿拉伯人大多数都聚居在海岸地区和河谷周围。最突出的例子是埃及，那里有90%的居民生活在面积只有5%的土地上。

农业是阿拉伯世界主要经济部门，该地区居民消费的主要粮食作物有小麦、燕麦、稻米、玉米和高粱。出口的农产品有棉花、甘蔗、甜菜和芝麻。阿拉伯世界只有少数国家拥有石油和天然气资源，这与关于阿拉伯国家都有丰富的石油和天然气资源的想法不同。阿拉伯世界的自然资源中还有铁、铜、磷酸盐和锰。

---

① 转引自：http://wenwen.soso.com/z/q126451319.htm

今天的阿拉伯世界是一个多样性社会，居住着若干不同种族、不同语言和不同习俗的群体，但是伊斯兰教和阿拉伯语是整个阿拉伯世界的两个占主导地位的文化现象。阿拉伯人生活在一片宽广的土地上，统一的历史和传统将他们联系在一起。尽管他们是22个国家成员，但他们都认为自己是同一个民族的一部分。他们有统一的语言——阿拉伯语，有统一的文化和风俗习惯，绝大部分人信奉伊斯兰教。

二、经贸传统及市场现状

（一）阿拉伯自由贸易区的起源和创立

自阿拉伯国家联盟（简称阿盟）于1945年3月成立以来，阿拉伯世界开展经济合作并最终实现阿拉伯经济一体化一直是其主要工作之一。

1951年，阿盟成员签署了联合防御和经济合作条约，在条约框架下成立了由各国外长组成的经济社会理事会负责成员国经济事务。在当年召开的阿拉伯商会联盟成立大会上，阿拉伯共同市场的概念首次被提出。

1957年，经社理事会讨论通过了《阿拉伯经济统一协定》。根据该协定，阿盟经济一体化理事会于1964年成立，负责推动所有阿盟成员国的经济一体化。1964年该理事会批准通过了《阿拉伯共同市场（ACM—Arab Common Market）计划》。埃及、伊拉克、约旦、叙利亚、利比亚、苏丹、也门、黎巴嫩和毛里塔尼亚等国先后加入。由于成员国之间未能就允许自由流动的商品种类达成一致，该组织一直未能实现既定的目标。

1981年，阿盟经社理事会通过了《促进和发展阿拉伯国家间贸易交流协定》，除阿尔及利亚、埃及（于1996年签署了该协定）、吉布提、毛里塔尼亚、阿曼之外的所有阿拉伯国家签署了该协定。协定内容包括：各国间农产品和畜产品贸易自动根据海关规则进行自由化，无须进一步谈判；逐步完全取消阿拉伯国家间关税、各项税费以及非关税壁垒；采取共同关税标准，将关税和各项限制降到最低；增值40%的产品可作为阿拉伯国家产品享受进口优惠待遇。由于没有制订具体的实施时间表，所以该协定未真正得以实施。

20世纪90年代，阿拉伯世界经济一体化热潮再起。在1995年9月阿盟经济社会理事会第56次会议上，埃及提出建立阿拉伯自由贸易区(AFTA—Arab Free Trade Agreement)的建议。1996年6月第21次阿拉伯国家首脑会议上，埃及提出了一项建立阿拉伯自由贸易区的计划草案，得到会议的采纳。会议决定：通过建立阿拉伯自由贸易区代替名存实亡的阿拉伯共同市场，以重新启动阿拉伯贸易和经济一体化进程。

1997年2月17日，经社理事会成员国在突尼斯达成了《发展和促进阿拉伯贸易往来协定》。阿拉伯世界终于开始在经济一体化、关税同盟、阿拉伯自由贸易区等一系列发展问题上达成一致，准备行动。

1998年1月1日，阿盟宣布阿拉伯自由贸易区开始启动，在10年内逐步实现阿拉伯内部农业、畜牧业、原材料和工业制成品贸易自由化——实现零关税。

除阿尔及利亚、毛里塔尼亚和吉布提之外的其他19个阿拉伯国家均签署了AFTA协定。阿拉伯自由贸易区总人口1.8亿，GDP产值6210亿美元，人均收入3000美元；成员国外贸总额3140万美元，成员国之间的贸易额270亿美元；对外投资额8000亿美元，成员国之间的投资额130亿美元。

（二）阿拉伯自由贸易区计划的主要内容

1. 组织协调机构：阿盟经济社会理事会是AFTA的主要管理机构，负责AFTA战略的制定、方案的拟定和政策的实施，对执行过程中的争端处理有最终决定权。阿盟首脑会议为经济一体化的最高决策机构。经

85

社理事会组建了4个运作委员会：执行委员会、商务谈判委员会、仲裁委员会和原产地委员会。

2. 实施步骤：先在双边基础上达成自由贸易协议，再逐步扩大到由多个国家参与的自由贸易区，最终实现所有阿拉伯国家参与的AFTA，即按照双边自由贸易区——阶段性阿拉伯自由贸易区——阿拉伯自由贸易区——共同市场的道路来推进阿拉伯国家的经济一体化。

3. 关税：除因卫生、安全或环境原因禁止进口的商品外，享受贸易自由化优惠的商品关税每年降低10％，且不得征收额外关税，也不得设置非关税壁垒。以下三类商品被列入逐步降税计划：加工或未加工的农产品和畜产品，农产品在收获高峰季节可以暂停降税；加工或未加工的矿产品和非矿产原材料；理事会批准的其他商品。

4. 原产地问题：AFTA原产地增值要求比例是40％，从其他成员国进口的原材料可以累计增值，还要求其原产地原则与欧洲—地中海自由贸易协议原则协调一致。

（三）阿拉伯自由贸易区建设取得的进展

1. 14个成员国（埃及、叙利亚、利比亚、突尼斯、黎巴嫩、约旦、摩洛哥、伊拉克和6个海湾国家）执行了降税计划。到2001年初的4年间，成员国之间的关税降幅达40％；埃及、利比亚和伊拉克等一些国家已经消除了相互间的关税。按照阿曼首脑会议的提议，阿拉伯经济一体化委员会决定将实施AFTA的过渡期缩短到8年，于2006年初正式启动AFTA。

2. 统一了原产地标准并在阿拉伯国家贸易中付诸实施。针对阿盟国家没有共同的原产地规则的问题，阿拉伯经社理事会授命阿拉伯工业和农业发展组织起草了原产地证的标准细节。该标准于2000年2月起开始实施。阿盟建立了一个通用的原产地标准，标准规定，产品中含有40％的当地成分含量即可视为阿拉伯原产。

3. 双边经贸合作取得一定进展。目前，大部分阿拉伯国家相互间都签署了双边自由贸易协议。这类协议一般先列出部分免税商品并逐步扩大免税范围，同时对其他商品制定出分阶段的降税计划，最终使全部商品实现零关税。

4. 阿拉伯国家区域经济合作呈现出新趋势。在双边自由贸易发展的同时，2001年，出现了由多个阿拉伯国家参与的区域性合作组织。如：环地中海阿拉伯国家自由贸易区（Free Trade Area for Arab Mediterranean Countries）：这一自由贸易区将包括地中海沿岸10个阿拉伯国家。摩洛哥、突尼斯、约旦、埃及和黎巴嫩等5国已签署协议，其他5国（阿尔及利亚、利比亚、毛里塔尼亚、叙利亚和巴勒斯坦）尚未完成谈判程序。阶段性阿拉伯共同市场：由伊拉克、叙利亚、埃及和利比亚等4国发起。①

第二节　沙特阿拉伯国际经贸法律制度

一、沙特经贸传统与市场、法律制度现状概述

沙特全称沙特阿拉伯王国(Kingdom of Saudi Arabia)，是穆斯林国家之一。位于亚洲西南部的阿拉伯半岛，东濒波斯湾，西临红海，同约旦、伊拉克、科威特、阿拉伯联合酋长国、阿曼和也门等国接壤。沙特领土面积约 225万平方公里。地势西高东低,沙漠约占全国面积的一半。西部高原属地中海式气候；其他广大地区属亚热带沙漠气候，炎热干

---

① 转引自：中华人民共和国商务部网站。

燥。人口约2460万（2006年），其中外籍人口约占30％，绝大部分为阿拉伯人。官方语言为阿拉伯语，通用英语。沙特以伊斯兰教为国教，其中逊尼派约占85％，什叶派约占15％。沙特的资源丰富，主要有石油、天然气、金、铜、铁、锡、铝、锌和磷酸盐等，其中石油的储量和产量均居世界第一位。

沙特实行自由经济政策，石油和石化工业是沙特的经济命脉。近年来，经济迅速发展，2006年，沙特人均国内生产总值为14983美元，在世界上经济处于领先地位，进出口贸易发达。经济迅速发展使得沙特经济贸易方面立法逐步完善，从进出口贸易管理法律到外贸投资法律，从海关税收法律到市场准入法律，以及食品等方面的标准制定法律等等，构成了沙特经济贸易法律体系，有力地促进和推动了沙特经济的发展。①

沙特外贸法律具体可以分为以下四大类：

一是涉及税收及相关外贸管理规定的法律：主要有《关税评估程序》（Customs Valuation Procedures），《所得税法》（The Law of Income Tax），以调节税收为目的。

二是在商业运行的法律：《商业竞争法》（Competition Law），《关于执行商业资料法的规定》（Implimenting Regulations of Commercial Data），《商业资料法》（The Law of Commercial Data），《商业注册法》（The Law Of Commercial Register）《商业账簿法》（The Law Of Commercial Books），《关于保护商业信息机密的规定》（Regulations for the Protection of Confidential Commercial Information），通过这些法律，保护正常的商业运行，促进贸易发展和繁荣。

三是在外贸进出口领域：由于沙特是伊斯兰国家，对待宗教性

---

① 数字来源于沙特贸工部。

商品有着特殊规定，体现在《进口许可指南》（Import Licensing Guidelines）《进口许可获取程序》（Import Licensing Procedures）《沙特动植物卫生检疫规定》（SPS regulations in Saudi Arabia）等法律中。

四是为吸引外商投资，创造良好的投资环境，沙特加大投资领域的立法，主要有《外商投资法》（Foreign Investment Law），《外商投资法实行条例》（The Executive Rules of the Foreign Investment Act）。

目前正在制定和审议中的法律包括以下几种：《商业机构法》、《公司法》、《不公平竞争法》、《海关估价指导方针》、《劳工法》、《住宅和赞助法》及《旅游指导方针》。

二、国际商事交易法律制度

沙特是政教合一的君主制王国，无宪法，无政党活动。国王是国家元首，又是教长，沙特王室掌握着国家的政治、经济、军事大权。内阁决议，与外国签订的条约和协议均需国王最后批准。《古兰经》和穆罕默德的《圣训》是国家执法的依据。这是沙特政治文化独具特色的一面。

沙特对外贸易法律。2005年12月11日沙特阿拉伯成为WTO第149位成员，开始全面执行相关的WTO协议。为此，沙特阿拉伯政府在近几年颁布了一些与贸易投资有关的法律，主要有：（1）在进出口贸易方面，有《贸易信息法》、《进口许可指南程序》、《卫生和植物检疫措施》和《反倾销法》。这些法律是对沙特进出口贸易相关程序和外贸规则及其范围进行规范。（2）涉及投资领域内的法律有《外国投资法》、《禁止外商投资目录》和《外商投资法执行条例》，上述法律对外商投资范围和投资领域进行了规范。（3）涉及资本市场和固定资产领域的法律有《 非沙特阿拉伯公民拥有房地产法》、《沙特标准组织技术指示》、《反洗钱法》、《税法》、《房地产法》和《资本市场法》。这些法律主要以调整市场秩序和资本、资产管理为目的，使对外贸易有序发展。（4）与WTO成员国及其他相关经济组织签署的相关协议，主要是为促进经济贸易发展，创造经济发展环境，推动各国之间的贸易往来，从而促进经济发展。

沙特根据国内市场情况，按商品征收不同的关税。对食糖（保护性）、香烟（惩罚性）以及钢材、水泥、家具和洗涤剂等少数进口商品征收20％关税。绝大部分一般性商品的标准关税均为12％，其他商品的进口关税已降至5％。医疗设备的关税为4％。沙特对其农业的发展实施保护性措施。值沙特生产季节（旺季）时，蔬菜的进口关税为25％，平时为12％。水果与虾类产品均为12％的关税。但取得与外合资经营许可证的公司不在关税征收之列。

对下述物品免征关税：

食品（家禽、牛、羊及骆驼）的肉食、冷藏及冷冻肉食、咖啡、小豆蔻、茶、大麦、玉米、大米和婴儿饮用的牛奶；沙资、合资及外商独资公司企业所进口的机器、设备和物料、医院日用品（血清、测试药剂、物料及医疗器具等）以及医药；科学书籍、字典、课本、报章杂志、日刊、月刊和年报等； 黄金、白银；军事设备和军品等。

此外，在资本市场方面，沙特有7家证券交易所，根据《沙特金融市场条例》规定，对沙特股票市场的开放，这为投资者提供了新的融资渠道。不断健全的相关法律法规以及市场本身的快速发展已经使得越来越多的公司通过股票市场实现了资本扩张。股票市场的资金来源渠道不断拓宽，使得沙特股票市场成为商业投资增长中不可或缺的因素。

三、沙特对外贸易管理制度

沙特实行自由竞争的贸易政策，没有配额限制和关税壁垒；没有外汇管制，本国货币可以随时兑换成自由外汇，外汇可以自由汇出，没有任何限制；政府订货通常采用招标方式，由中标单位组织进口。外国公司必须通过当地代理公司（商）才能参加投标；一般进出口商品，不需申办许可证。一些特殊商品，如药品类，则需卫生部签发许可证；进口商品须符合沙的标准，检验较严格。如机械、电器、车辆等，进口时须经沙标准局检验。检验合格后的商品，可在该局登记，以后进口同类商品免检；农畜产品，如牛羊须由沙农水部所属农业和畜类检疫所检验，如发现问题，不准进口，并将影响今后的进口。沙亦经常根据世界卫生组织宣布的消息，公布禁止从某个国家进口畜禽肉类和活牛羊等；武器、弹药、军事器材装备由政府控制，不准私营。沙特颁布的对外贸易法规有：《关税法》、《商业代理法》、《商业注册法》、《商标法》和《仲裁法》等。

沙特对外贸易主管部门机构有：沙特最高经济委员会（Kingdom of Saudi Arabia Supreme Economic Council），成立于1999年8月28日，是沙特负责研究、制定、执行、管理经贸和金融决策的沙特政府最高官方机构，涉及外贸领域。具体职能部门有沙特商工部，主要负责沙特全国贸易政策的制定和调整、企业注册、进出口商品检验检疫、进口商品许可审批、产品认证等。是沙特对外贸易的主管机构。其次涉及有沙特海关，主要负责沙特进出口商品通关管理。 沙特标准局（SASO），负责制定沙特国家标准。 沙特农业部：农产品进口管理，进口许可审批等。 沙特卫生部：负责药品、化妆品等的进口许可审批等。沙特商会：企业管理。通过以上机构，构成了沙特外贸管理体系。

关税制度方面。沙特阿拉伯的平均关税为5%（根据"CIF"计算

91

从价税），并根据国内市场情况，按商品类别征收不同的关税。沙特阿拉伯对多数基本消费品免税，如糖、大米、茶叶、未经焙烧的咖啡、豆蔻、大麦、玉米、牲畜以及肉类（鲜肉或冻肉）。最高关税为20%，以此保护沙特自己的产业，如家具、食盐、矿泉水等的生产。还有一些进口商品的海关关税是按照重量或体积，而不是按价计算，关税可能更低。对海湾阿拉伯国家合作委员会成员国，只要出具原产地证明或认证证书即免征关税。签有贸易促进协议的阿盟成员国可享受优惠的关税，签有双边经贸协定的阿拉伯国家享有更优惠的关税。

进出口贸易的管理方面。沙特进出口管理制度比较完备，根据产品种类的不同，实行不同的贸易政策。

（一）一般产品

涉及一般产品则实行自由贸易政策，对进口商品没有数量或价格限制。但法律禁止进口不符合伊斯兰宗教规定的产品以及以下产品：武器、酒精、麻醉药、猪肉、色情制品、酿酒设备以及某些雕塑品等。经济贸易带有伊斯兰特色。

（二）食品方面

进口食品都要遵守有关健康和卫生法规。沙特阿拉伯商业与工业部已发布一系列指示，防止超过保质期的食品进口，并要求有原产地标识。作为伊斯兰国家，沙特阿拉伯在食品进口时要求制造商出具的成分证书和消费者保护证书。进口家畜只能是公羊和公牛的新鲜或冷冻肉，同时还需提供按照伊斯兰方式屠宰的证明和官方卫生检疫证明。对于谷类、种子、动物饲料、家畜、宠物、马匹、水果、蔬菜和电器设备等产品的进口需要持有特殊的相关文件。

（三）特殊商品

某些商品进口需经沙特阿拉伯有关当局的特别批准，其中包括：农用种子、活动物和新鲜及冷冻肉、书籍、杂志、电影和磁带、宗教书籍和磁带、化学及危险物品、药品、无线设备、马匹、含酒精产品（如香水）和天然沥青等。①

外来贸易企业要在沙特设立、注册贸易公司，开设银行账户时必须由本地的商贸公司作为代理（即担保人），以当地商贸公司的名义设立、注册公司和开设银行账户，进行各类经济、商贸活动。外国公司可在沙特阿拉伯开办技术服务、售后服务项目，但不能直接从事商品贸易。

最具代表的事由沙特商业代理。沙特《沙特商业代理规定及执行细则（the Commercial Agencies Regulations and the related Implementing Rules (Royal Decree No. M/11, as amended by Royal decree No. M/32; Ministry of Commerce Decision No. 1897)) 》规定，在沙特的任何贸易活动，需通过沙特人或者全资的沙特公司来垄断从事。所谓商业活动包括进口及采购本地商品再零售。因此，要从事上述贸易活动的外国公司，必须指定沙特代理或经销商，代理协议要在沙特商工部进行登记。代理必须持有有效的允许其从事代理业务的商业登记证，方可从事代理业务。从事代理业务的主管人员或代表，必须是沙特人。《商业代理规定》禁止"借壳代理（shell agent）"，即代理权直接或间接被外国委托人掌控。因此，沙特代理不需独立于外国委托人。代理不一定是唯一的，但商工部通常不会为同一个外国委托人注册一个以上的代理协议。《商业代理规定》中还明确了终止代理协议要为代理提供补偿。依据商工部代理协议样本，在业务已经取得明显成功的情况下终止代理协议，应给予代理合理的补偿。②

外汇管理。货币总署是沙特阿拉伯的中央银行，负责发行沙特货币，监督商业银行，管理外汇储备，实施货币政策，稳定价格和汇率，促进金融系统的稳定和发展等。由于与以色列的关系，沙特除禁止与以

---

① 商务部发布的《国别贸易投资环境报告2005》。
② 中国驻沙特阿拉伯大使馆经商处。

色列进行交易外，在资本项下不论是对本国居民还是对非本国居民都没有外汇限制。沙特阿拉伯实际上实施的是将其货币"里亚尔"（Riyal）盯住美元的政策。

四、沙特投资贸易环境及法律制度

2008年10月，世行发布的兴业报告，将沙特评为181个国家中投资环境最具竞争力的第十六名，此后联合国贸易与发展大会发布的世界投资报告将沙特评为中东及西亚国家吸引外资最多的国家，全球排名第十八位。投资环境的改善促进沙特吸引外资能力的增强，沙特投资总局自2004年提出"10X10"发展战略开始，一直把在2010年使沙特成为世界上投资环境最具竞争力的前十位国家而努力。[①]

为了便于投资，1999年8月28日，沙特成立了沙特最高经济委员会（Kingdom of Saudi Arabia Supreme Economic Council）。负责研究、制定、执行、管理经贸和金融决策的沙特政府最高官方机构。随着沙特经济的发展，2004年4月10日根据沙特最高经济委员会决议成立的沙特投资总局（SAGIA）是直接负责协调沙特政府各部门处理沙特境内外商投资事务的官方机构。其宗旨是改善沙特国内投资环境，提高对外资的吸引力，为境内外投资者提供全方位的服务，尤其鼓励在能源、运输及知识产业领域的投资。

它的主要职责为：

（一）为国家制定在发展和加强外国投资领域的政策做准备，并提交最高经济委员会。

（二）对改善沙特阿拉伯投资环境的执行计划和保证制度提出建

---

① 中国驻沙特阿拉伯大使馆经商处。

议，并提交最高经济委员会。

（三）对外国投资申请做出是否同意的决定。

（四）监督和评估本国和外国投资的实施，定期准备报告。

（五）对禁止外国投资的领域提出建议清单，并提交最高经济委员会。

沙特投资贸易环境良好，健全的外贸法律为投资者提供了有力的保障。在沙特，与投资相关的主要法律法规有：《进口许可指南程序》、《卫生和植物检疫措施》、《外国投资法》、《非沙特阿拉伯公民拥有房地产法》、《沙特标准组织技术指示》、《禁止外商投资目录》、《贸易信息法》、《反洗钱法》、《外商投资法执行条例》、《税法》、《房地产法》和《资本市场法》。正在制定中的法律包括：《商业机构法》、《公司法》、《不公平竞争法》、《反倾销法》和《海关估价指导方针》。

1. 《外商投资法》（Foreign Investment Law）及其执行条例（The Executive Rules of the Foreign Investment Act）。2000年4月10日发布了修改过的《外国投资法》，以便同此前颁布的满足现阶段要求的一些法律和决定相协调。随后成立投资总局，这是沙特外贸投资领域与投资者利益联系最为密切的法律。

根据《外商投资法》（Foreign Investment Law）规定，允许设立外商以独资或合资的方式在沙特投资，允许外资在进入的行业领域设立公司、工厂或开设办事处，但这些机构无经营权限。外资企业投资受《禁止外商投资目录》规定限制，目录规定以外的其他行业，如农业项目最低投资额为2500万里亚尔（约合5333万人民币），工业项目为500万里亚尔（约合1066万人民币），服务项目为200万里亚尔（约合427万人民币）。外国投资者不需要寻找当地合伙人，可拥有公司经营所需的财产。外资独资企业可向"沙特阿拉伯工业发展基金会"申请贷款。

据沙特阿拉伯2003年颁布的《禁止外商投资目录》，外商投资不得进入的领域包括：石油探测、钻井和生产，军用设备、装置和制服，民用炸药等3项制造业；军队伙食供应、保安和侦探服务、保险业、在麦加和麦地那的房地产投资、房地产经纪、出版业和电信服务等16项服务业。

2. 《所得税法》（The Law of Income Tax）及其执行条例、《非沙特公民拥有房产及投资法》、《投资天然气税务法》和《反洗钱法》。同时对低收入群体提供资金帮助，2010年，为刺激经济发展，沙特阿拉伯表示，将向低收入借款人提供约23亿美元的贷款，此举是为了缓解全球信贷危机对沙特公民的不利影响，促进消费市场发展，带动经济复苏。

为增加在沙特的投资，沙特政府实行了给予外国投资者的税收鼓励政策。沙特曾经在2001年实行外国投资者可以无限期结转亏损，这在以前是不可能的。同时规定，对于公司年利润超过10万沙特里亚尔的公司，超过部分给予15%的退税。

为保障企业在沙特健康运行，沙特政府制定了《联合保险公司监督法》、《公司法》、《沙特金融市场条例》和《天然气供应及定价条例》等法律法规，从市场监管到价格管理等微观经济领域入手，促进沙特对外贸易发展。此外，还涉及到知识产权和环境法领域，如《商标法》、《著作及发行权发》和《环境保护法》等。除此之外，沙特政府为改善投资环境，吸引国内外的投资，最近投资总局拟订了17项有关协议给各政府部门，沙特国王阿卜杜拉已批准了这17项协议。

近年来，沙特政府在经贸领域的新动向反映在产品标准方面管理和税收减免上。

2010年1月5日和6日，沙特阿拉伯标准委员会（SASO）在首都利雅得总部举办了为期两天的研讨会，专门对电子产品及相关产品健康、安全和环境方面标准进行了论证，以加强产品标准方面的管理。对上述法律和规定原文均可在沙特投资总局查询。

2010年3月沙特政府决定，海合会国家今年年初开始逐步取消90种信息技术产品关税。旨在致力于在世界范围内发展知识经济，以此带动国民经济的发展。对信息技术产品免除关税，可降低本国信息技术产品成本，提高该产业竞争力。该协议免税产品主要包括：电脑、打印机、光学扫描仪、电脑显示屏、硬盘、发电机、电脑配件、通信产品、传真和网络用品等。

贸易保护，沙特贸易保护有以下几个方面：

（1）企业方面。沙特阿拉伯本国公司只缴纳2%左右的宗教课税，不征收个人所得税；对外国公司的盈利税虽然已从45%降至20%，但仍远高于本国公司。中方对中资企业在沙特未获得国民待遇表示关注，要求沙方缩小中国公司与沙特阿拉伯本地公司在税收方面的差异。

（2）特殊产品方面。作为伊斯兰国家，沙特阿拉伯在食品进口时要求制造商出具的成分证书和消费者保护证书。进口家畜只能是公羊和公牛的新鲜或冷冻肉，同时还需提供按照伊斯兰方式屠宰的证明和官方卫生检疫证明。对于谷类、种子、动物饲料、家畜、宠物、马匹、水果、蔬菜和电器设备等产品的进口需要持有特殊的相关文件。对于金额小于2000美元的货物则可免去相关文件。

2004年9月4日，沙特阿拉伯商工部宣布根据欧盟对进口禽类产品的检验检疫标准暂停进口来自中国香港及台湾地区、柬埔寨和老挝的鸡肉产品，以防止上述国家（地区）出现的禽流感蔓延。在此之前，由于相同原因，沙特阿拉伯已经停止从韩国、中国、日本、越南、泰国、菲律宾、巴基斯坦和印度尼西亚进口鸡肉产品。

总体来说，沙特贸易投资良好。沙特投资总局报告显示：投资服务、市场、项目推介和投资吸引力的增强，以及地区经济发展和投资环境的改善是沙特直接利用外资增加的主要因素。

五、沙特阿拉伯经贸法律名录

《分期付款买卖法》、《商业抵押法》、《商业反欺诈法》、《阿拉伯海湾国家合作委员会国家反倾销及赔偿和预防措施统一法》、《关税评估程序（Customs Valuation Procedures）》、《所得税法（The Law of Income Tax）》、《合作保险公司管理法（Cooperative Insurance Companies Control Law)》、《执法准则（The Code of law Practice）》、《关于合作保险公司管理法执行规定（Implementing Regulations of Cooperative Insurance Companies Control Law）》、《商标法（The Law of Trade Marks）》、《商标名称法（The Law of Trade Names）》、《关于执行商标法的规定（Implementing Regulations of Trademarks Law）》、《关于执行商标名称法的规定（Implementing Regulations of the Law of Trade Names）》、《版权法(Copyright Law）》、《关于执行版权法的规定（Implementing Regulations of Copyright Law）》、《专利、集成电设计图案、植物种类和工业模型法（Law of Patents, Layout Designs of Integrated Circuits, Plant Varieties, and Industrial Models）》、《商业竞争法（Competition Law）》、《关于执行商业资料法的规定（Implimenting Regulations of Commercial Data）》、《商业资料法（The Law of Commercial Data）》、《商业注册法（The Law Of Commercial Register）》、《商业账簿法（The Law Of Commercial Books）》、《反洗钱法（The Law of Combating Money Laundering）》、《关于保护商业信息机密的规定（Regulations for the Protection of Confidential Commercial Information）》、《保护商标和版权知识产权的边境手

续(Border Procedures for Protection of Intellectual Property rights regarding Trademarks and Copyright)》、《进口许可指南(Import Licensing Guidelines）》、《进口许可获取程序(Import Licensing Procedures)》、《沙特动植物卫生检疫规定 (SPS regulations in Saudi Arabia）》、《沙特投资总署法令（SAGIA Statute）》、《外商投资法（Foreign Investment Law）》、《外商投资法实行条例（The Executive Rules of the Foreign Investment Act）。

第三节 阿拉伯联合酋长国国际经贸法律制度研究

一、阿拉伯联合酋长国国际经贸法律制度概述

阿联酋全称为阿拉伯联合酋长国（The United Arab Emirates），位于阿拉伯半岛东部的波斯湾南岸，西北与卡塔尔为邻，西南与沙特阿拉伯为邻，东和北与阿曼交界。由7个酋长国组成。国土面积83600平方公里，其中面积最大的是阿布扎比酋长国，为6.7万平方公里；其次是迪拜酋长国，面积为3900平方公里；再次是沙迦酋长国，2600平方公里。

阿联酋拥有较为丰富的石油资源，其经济受石油市场的发展影响较大。近年来，随着国际石油市场的持续发展，阿联酋的经济发展也呈现出高速增长的态势。阿联酋FDI主要集中于其自由区的发展。随着直接投资的进入，阿非石油经济亦有大的发展。

阿联酋国内各酋长国经济发展不平衡。

2001年-2004年阿联酋各酋长国GDP表

单位：亿美元

酋长国	阿布扎比	迪拜	沙迦	阿治曼	乌姆盖万	哈伊马角	富查伊拉	合计
2001	405.57	180.40	65.72	11.56	3.93	17.26	10.19	694.63
2002	410.11	219.93	69.27	12.20	4.22	18.53	11.24	745.50
2003	488.63	267.06	73.81	13.46	4.45	19.66	12.03	879.10
2004	595.89	302.33	83.12	14.24	4.78	21.40	13.10	1034.86
2004年比重	57.58%	29.21%	8.03%	1.38%	0.46%	2.07%	1.27%	100%

资料来源：阿联酋参赞处网站，中恒远策收集整理。

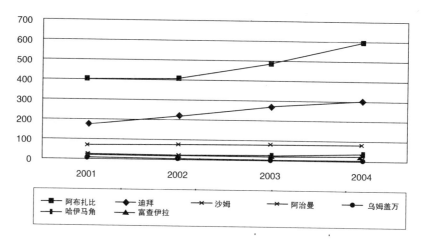

图　各酋长国GDP变动轨迹

从以上数据可以看出，阿布扎比和迪拜是阿联酋GDP最高的两个酋长国，二者的GDP之和占阿联酋GDP总数的86.79%。

近年来，阿联酋工业领域吸引外商投资额大幅增加，2005年全国工业领域吸引各类外商投资总额达到186.4亿美元，较2000年增长140%。与此同时，阿联酋全国各类工业公司数量也由5年前的2334家增加到目前的3294家，营业规模扩大41%，工业领域从业人数也随之攀升了

30.4%。工业投资增长主要集中在食品加工和工业原材料生产行业，其中由于常住人口激增而导致的建材和家具制造业飞速发展对阿联酋就业市场贡献突出，成为阿联酋同期吸纳就业人数最多的行业。

据商务部统计，2003年，中国公司在阿联酋完成承包工程营业额1.3亿美元，新签合同额1.2亿美元；完成劳务合作合同额2958万美元，新签合同额2980万美元。截至2003年底，中国公司在阿联酋累计完成承包工程营业额4.6亿美元，签订合同额72亿美元；完成劳务合作合同额1.8亿美元，签订合同额2.6亿美元。

2003年，经商务部批准或备案，中国在阿联酋设立非金融类中资企业8家，投资额293.2万美元。截至2003年底，中国在阿联酋累计投资设立非金融类中资企业78家，中方协议投资总额5010.7万美元。[①]

二、阿联酋主要国际商事交易法律制度

阿联酋的国际交易法律制度主要集中体现在《阿联酋商业公司法》《代理法》上。《阿联酋商业公司法》于1985年1月1日生效，为进一步加强与完善此法，在1988年12月26日又通过了《阿联酋联邦法案1988年第13号》（刊载于1989年1月8日《联邦官方公报》）。此法并未对前法做实质性的更改，主要目的是把对各类型公司建立与监督管理的权力从联邦政府下放到各酋长国。7个酋长国之一的阿布扎比酋长国已开始依据《阿联酋商业公司法》接受当地组建的公司有关注册与变更的申请。阿布扎比政府已采纳经贸部制定的合营公司、有限合营公司和有限责任公司的注册规定。其他酋长国采用的程序尚待考察。《阿联酋商业公司法》的出台大大便利了外国企业在阿联酋的投资，该法涉及广泛，共有

---

① 转引自：北京中恒远策信息咨询有限公司专供EC网。

有329项条款。除明确了可依据该法在阿组建公司的实体形式外，该法还涉及合伙人、股东及其他与公司有关人员的权利与义务；公司的变更、兼并与清算问题；以及政府对公司的监督和检查问题。该法不仅规范阿联酋国内公司的设立并且对国外投资者在阿组建的商业公司或是在阿开展主要业务的公司都同样适用。下面简单介绍一下《阿联酋商业公司法》的相关规定：

《公司法》规定所有在阿联酋建立的公司必须采用以下七种公司形式之一：（一）普通合伙公司（GENERAL PARTNERSHIP）；（二）合伙有限公司（LIMITED PARTNERSHIP）；（三）合资公司（JOINT VENTURE）；（四）公开合股公司（PUBLIC JOINT-STOCK COMPANY）；（五）不公开合股公司（PRIVATE JOINT-STOCK COMPANY）；（六）责任有限公司（LIMITED LIABILITY COMPANY）；（七）股份合伙有限公司（PARTNERSHIP LIMITED BY SHARES）。

《阿联酋商业公司法》第6条款规定了如果一个公司不采用以上七种形式中的任何一中，将被视为无效。[①]

阿联酋是一个商业活动非常活跃的地区，特别是迪拜，是中东地区的商品集散地，商品销售和转口贸易业务量非常大，商机很多。在当地作生意的有很多外国人和外国公司。根据阿联酋《商业代理法》的规定，外国公司或外国人必须通过阿联酋国籍的商业代理商，才能在阿联酋市场销售产品或提供服务；商业代理商必须为阿联酋独资公司。在销售时，必须起草商业代理协议，规定商品和合同覆盖的区域，由委托人和代理人双方签署协议。这份协议必须在联邦经济与商业部和商业活动所在的酋长国登记，如在迪拜签署协议，则还须由宫廷公证人公证。然

① 转引自：http://www.lrn.cn/invest/internationalinvest/200808/t20080819_266601.htm.

后要请在阿联酋持照并已宣誓的翻译人员将协议译成阿拉伯文。如果协议是在阿联酋国土以外签字，必须由当地公证人进行公证，这种当地公证人的签名印鉴必须得到该国外交部的认可。外国委托人可以挑选一个代理人处理全国业务，也可以在每个或几个酋长国中指定一个代理人。向代表人支付的佣金数量或佣金的计算方法应在协议中明确规定。

如果外国公司或外国人要解除与阿联酋籍代理商的代理关系，必须征得阿联酋籍代理商的同意，并提出实质性理由，该理由还需得到阿联酋当地法院的认可；如没有经当地法院认可的实质性理由而解除代理关系，外国公司或外国人需向当地代理商支付高额赔偿，或退出阿联酋市场。[①]

下面简单介绍《代理法》的相关规定：

《代理法》规定：外国公司产品可通过指定当地企业作为产品在阿联酋境内一个酋长国、多个酋长国或阿全国的独家代理，在阿境内销售自己的产品。阿联酋的法律保护当地代理商的利益，代理协议一旦签署就很难解除，即使协议到期，除非争得代理商同意。

1. 商业代理： 外国公司可以通过指定商业代理向阿联酋迪拜及其他酋长国出口公司产品。代理须为阿联酋公民，或阿联酋公民100％持股的公司。

2. 一般程序： 起草代理协议，注明代理的产品和代理的领域（可指定一个酋长国、几个酋长国或指定阿联酋境内代理）； 协议须由经批准的翻译人士译成阿文；向阿联酋商业注册部门登记注册。

3. 注意事项：代理协议签署后，须向阿联酋经济商务部商业代理注册部门登记注册。 代理协议的公证、鉴定机构包括： 在被代理人所在国、公证人、外交部、阿联酋领事（如果没有，可以是阿拉伯使团成员

---

① 转引自：信息来源：技术壁垒资源网。

国内的任何阿拉伯领事）； 在代理人所在国：外交部。

4. 代理协议的解除：根据阿联酋有关代理法及修改规定，被代理人不得终止或拒绝顺延代理协议，除非终止或顺延协议有合理的理由。不允许在商业代理注册机构以其他代理人名义重新注册代理，除非原协议经代理人和被代理人同意解除。

5. 纠纷解决：被代理人和代理人之间的任何争议均在阿联酋（各酋长国）法院的管辖范围之内。任何与此相违背的协议均不得承认。①

三、阿联酋国际经贸（商品进出口）管理制度

2000 年以来阿联酋进出口贸易均稳步增长，2001年商品进出口总额约合858.74 亿美元，其中商品出口额485.80 亿美元，进口额372.94 亿美元。2004 年进出口总额约达1446.20 亿美元，其中出口额830.33 亿美元，进口额615.87 亿美元。这三项指标在5年间的平均增长率分别为18.98％，19.56％和18.20％。② 从以上数据中我们可以看出，阿联酋的商品进出口还是非常活跃的。为促进本国经济的发展，阿联酋一直坚持实行无配额、无贸易壁垒的自由贸易制度，无内、外贸之分。也无反倾销法律，更无反倾销的先例。不过，最近该国也注意到相关方面所面临的问题，有可能会在相关方面出台法律法规，但目前还没有这方面的进一步消息。以下对阿联酋的进口管理进行介绍。

（一）阿联酋的进口管理制度概述

打算向阿联酋出售商品的外国公司（包括中国的外贸公司）必须通过商业代理进行销售。在销售时，必须起草商业代理协议，规定商品

---

① 转引自：黑龙江省企业网。
② 武芳：《试论新世纪初阿联酋的经济与贸易发展》，载《阿拉伯世界研究》，2006 年第2 期总第103 期。

和合同覆盖的区域，由委托人和代理人双方签署协议。这份协议必须在联邦经济与商业部和商业活动所在的酋长国登记，如在迪拜签署协议，则还须由宫廷公证人公证。然后要请在阿联酋持照并已宣誓的翻译人员将协议译成阿拉伯文。如果协议是在阿联酋国土以外签字，必须由当地公证人进行公证，这种当地公证人的签名印鉴必须得到该国外交部的认可。外国委托人可以挑选一个代理人处理全国业务，也可以在每个或几个酋长国中指定一个代理人。向代表人支付的佣金数量或佣金的计算方法应在协议中明确规定。

（二）阿联酋禁止和限制进口产品的规定

作为一个伊斯兰国家，在阿联酋，有些商品是禁止进口到该国的，而对某些商品的进口是进行了极为严格的限制的，这也符合阿联酋的国情和宗教信仰。

1. 禁止进口的产品。药品（海洛因、可卡因和麻醉剂等）；伪造及复制的货币；与宗教、道德不符或旨在引起社会动荡的出版物、照片、油画、卡片、书籍、杂志及雕刻都是禁止进口到该国的。

2. 限制进口的产品。有一部分商品非经政府有关部门同意，不准进口，具体包括：一切武器及军火，酒精及酒，治疗用药品，化学品、有机肥料、农业用定色剂及致命流感植物（agricultural fixers, and lethal plant epidemics），种子及农业植物，医学用药，出版物、可视及可听磁带，电话交换设备，一切食品，活蜂及蜂王，烟花及爆炸物，骆驼，猎鹰，马科动物（马、驴、骡、马驹及斑马）。[①]

---

① 转引自：中国机电出口指南。

四、投资贸易环境及法律制度

（一）阿联酋投资贸易环境分析

近年来，阿联酋工业领域吸引外商投资额大幅增加，2005年全国工业领域吸引各类外商投资总额达到186.4亿美元，较2000年上涨140％。与此同时，阿联酋全国各类工业公司数量也由5年前的2334家增加到目前的3294家，营业规模扩大41％，工业领域从业人数也随之攀升了30.4％。工业投资增长主要集中在食品加工和工业原材料生产行业，其中由于常住人口激增而导致的建材和家具制造业飞速发展对阿联酋就业市场贡献突出，成为阿联酋同期吸纳就业人数最多的行业。

据商务部统计，2003年，中国公司在阿联酋完成承包工程营业额1.3亿美元，新签合同额1.2亿美元；完成劳务合作合同额2958万美元，新签合同额2980万美元。截至2003年底，中国公司在阿联酋累计完成承包工程营业额4.6亿美元，签订合同额72亿美元；完成劳务合作合同额1.8亿美元，签订合同额2.6亿美元。

2003年，经商务部批准或备案，中国在阿联酋设立非金融类中资企业8家，投资额293.2万美元。截至2003年底，中国在阿联酋累计投资设立非金融类中资企业78家，中方协议投资总额5010.7万美元。

据中国海关统计，2003年中国与阿联酋双边贸易总额为58.1亿美元，同比增长49.1％。其中，中国对阿联酋出口50.4亿美元，同比增长46％；自阿联酋进口7.7亿美元，同比增长73.7％。中方顺差42.7亿美元。中国对阿联酋出口的主要产品为机电产品、电器及电子产品、原电池、纺织纱线及制品、服装及衣着附件、玩具等；中国自阿联酋进口的主要

① 转引自：中国机电出口指南。

产品为液化石油气、原油、成品油、其他燃料油等。据商务部统计，2003年，中国公司在阿联酋完成承包工程营业额1.3亿美元，新签合同额1.2亿美元；完成劳务合作合同额2958万美元，新签合同额2980万美元。截至2003年底，中国公司在阿联酋累计完成承包工程营业额4.6亿美元，签订合同额2亿美元；完成劳务合作合同额1.8亿美元，签订合同额2.6亿美元。据商务部统计，2003年，阿联酋对华投资项目94个，合同金额1.7亿美元，实际使用金额0.7亿美元。截至2003年底，阿联酋累计对华直接投资项目351个，合同金额3.7亿美元，实际投入1.5亿美元。[1]

（二）贸易投资管理法律制度概述

阿联酋不鼓励对外投资，但积极吸引外资近几年，在多项优惠政策的鼓励下，外商私人投资呈不断上涨趋势。具体法律规定外国投资者在自由贸易区内投资设立公司可以拥有100%的股权，但在自由贸易区外设立公司，必须遵守"保人条款"。"保人条款"指新设立的有限责任公司必须要有阿联酋当地人担当"保人"，并且保人要持有至少51%的股权，外国投资者最多只能拥有49%的股权，并且公司各项经营管理业务必须经过保人签字过问。商品进口和分销业务只能由阿联酋人独资的公司或阿联酋人占51%股份的有限责任公司进行。阿联酋正在修改与外国投资有关的法律，规定非GCC国家公民不得购买阿联酋的土地和股票，但可以在有限范围内投资一些共同基金。[2]

1. 贸易投资法律体系

阿联酋涉及对外贸易及投资的相关法律主要包括：《公司法》、《商业代理法》、《商标法》、《保险法》、《审计法》、《商品交易法》和《劳动法》。[3]

---

① 转引自：中国国际工程咨询协会网。
② 转引自：http://www.chinamall.ae/fw/96.html.
③ 转引自：中国国际工程咨询协会网。

2. 贸易管理制度

（1）关税政策。阿联酋整体关税水平较低。自2003年1月1日起，根据海湾关税同盟的规定，阿联酋各酋长国将一般商品的进口关税统一为5%。阿联酋对少数产品征收较高关税(如香烟、烟草制品和各种酒精饮料的关税高达25%—70%)，并保留征收附加进口税的权力。阿联酋对进口样品不征收关税，对进口食品、本地工业生产所需的原材料和有关设备、药品、钢铁、化肥、农药、农产品免征关税。

（2）外汇管理。阿联酋货币迪拉姆可自由兑换，汇率直接与美元挂钩。目前，迪拉姆兑换美元的汇率为：1美元＝3.66迪拉姆。商业银行提供外汇贷款不必获得央行批准。外国公司或个人可将红利、利息、工资收入和营业利润等自由汇出境外，无须任何批准手续，但外国银行在将其利润汇出境外时必须事先获得阿联酋中央银行的同意。

3. 投资管理制度

阿联酋根据1984年颁布的《商业公司法》对外商投资活动进行管理。该法主要规定：综合贸易公司只能由阿联酋本国居民经营；在自由贸易区外设立的其他各类合资公司须由阿联酋本国居民持股51%以上；外国公司在阿联酋设立分公司或代表处时必须由本国居民担保，并每年向担保人缴纳一定的担保费用；外国公司在阿联酋设立的代表处不允许直接从事贸易等经营活动；外国人必须以当地担保人或代理人的名义在阿联酋开展对外贸易。1996年，阿布扎比酋长国政府开始允许外国代表处开展贸易和销售活动。

为吸引外资和引进先进管理技术，阿联酋政府在其境内推行自由贸易区政策。1985年，迪拜率先建立了杰拜勒·阿里自由贸易区。阿联酋现已建成12个不同规模的自由贸易区，贸易区制定的优惠政策和鼓励措施基本相似，主要包括：100%外资所有权；15年内免征公司税，期满后可延期15年；资本和收入可自由汇出；免征个人所得税；进口产品免征关税；无货币汇入汇出限制；无注册资本限制等。

4. 贸易投资管理部门

阿联酋由7个酋长国组成。联邦政府负责外交和国防事务，并制定国家的总体经济政策，各酋长国政府负责制定和实施各自的经济发展战略、政策、措施、法规，并承担具体的经济管理工作。阿联酋联邦政府负责对外贸易投资管理的部门主要包括经济贸易部、财政工业部和外交部。

经济贸易部的职能主要包括：制定经济贸易政策；制定规范经济贸易活动的法律法规；协调政府部门和企业间的关系；代表联邦政府开展政府间的贸易谈判。政府间避免双重征税和投资保护协定等方面的工作由财政工业部负责。与经济有关的外交事务由外交部负责。

除以上政府部门外，阿联酋7个酋长国均设有商工会，商工会属半官方机构，主要职能包括：贯彻执行本酋长国有关工商业政策，管理本酋长国私人公司和企业，负责公司和企业的登记注册，发放营业执照和商工会会员证书等事宜，为本酋长国商工会会员提供有关经济贸易和市场等方面的信息，介绍客户。7个酋长国商工会联合组成阿联酋联邦商工会，总部设在阿布扎比，主要负责协调各酋长国商工会之间的关系、组织参加酋长国间商工会活动、推动阿联酋企业家对外交往与合作。①

（三）贸易壁垒

1. 卫生与植物卫生措施

2001年10月，阿联酋农业水产部发布《第109号行政决定》，转发《海湾合作委员会国家第460号动物检疫规定》，对进口各类动物及动物源性产品规定了严格的检验检疫程序及通关办法，并规定进口动物及动

① 转引自：中国国际工程咨询协会网。

物源性产品必须符合欧盟标准，且须由进口商事先向农业水产部申领进口许可证，阿联酋各酋长国政府均有权视具体情况对当地口岸进口的动物及动物源性产品实施进口禁令。

2001年中国香港特别行政区发生禽流感后，迪拜酋长国政府对自香港进口的冻鸡和活鸡实施了长达1年多的进口禁令。2002年6月和9月，迪拜酋长国政府仅以欧盟称检测出中国出口的禽类产品氯霉素残留超标为由，两次颁布禁令，禁止进口原产于中国香港及中国内地的禽肉及其制品。

2003年9月，阿联酋农业水产部为了防止动植物疾病在阿联酋国内传染，再次发布了一系列禁止进口农业原料及活牲畜的规定。该规定涉及部分食品、活牲畜、饲料和肥料的进口。根据该规定：为防止流行性鸟类疾病及其他传染病的传播，禁止进口来自荷兰、比利时、德国、中国香港、印度及其他亚洲国家和地区的鸟、家禽及其种蛋；除获得农业水产部兽检局的允许外，禁止进口濒临灭绝的动物；进口饲料必须是非蛋白型，不得含有抗生素及其他有毒有害物质，且该饲料应在原产国普遍使用；沙子和土壤禁止进口，自然肥料及杀虫剂的进口实行许可证管理。

2. 服务贸易壁垒

（1）工程承包。阿联酋不允许外国独资公司和阿联酋方持股比例低于51%的合资公司参与工程承包。阿联酋规定，除100%独资的阿联酋籍公司外，其他任何性质的公司每新购一台设备就必须从当地租赁公司租借一台同类设备(包括能上路的设备，如吊车、推土机、装载机等)，且这类设备必须由100%独资的阿联酋籍公司经营和租赁。外国公司如在工地使用塔吊之类的设备，需阿联酋当地专业公司负责安装、维修以及派遣驾驶人员。此外，阿联酋对工程项目施工材料实行供货名单制管理，要求所有施工材料均须从名单所列的供货商处购买。阿联酋上述做法限制了中国公司进入阿联酋建筑市场。

（2）通信业。阿联酋未开放通信业。目前，阿联酋的通信业务由阿联酋电信公司ETISALAT垄断经营。

（3）金融业。阿联酋目前已有25家外资银行，5家外国投资公司，但近20年来阿联酋未发放新的银行许可证。阿联酋的证券市场只对本国人开放，外国人不允许购买股票。

3. 关于销售代理制问题

根据阿联酋《商业代理法》的规定，外国公司或外国人必须通过阿联酋国籍的商业代理商，才能在阿联酋市场销售产品或提供服务；商业代理商必须为阿联酋独资公司。如果外国公司或外国人要解除与阿联酋籍代理商的代理关系，必须征得阿联酋籍代理商的同意，并提出实质性理由，该理由还需得到阿联酋当地法院的认可；如没有经当地法院认可的实质性理由而解除代理关系，外国公司或外国人需向当地代理支付高额赔偿，或退出阿联酋市场。

（四）投资壁垒

阿联酋政府近年来出台了一系列限制外来劳工数量的措施。1998年，阿联酋政府规定：凡在阿联酋注册的外国公司，必须向阿联酋劳动就业部门提交半年以上空缺岗位名单，以便安排阿联酋籍人补缺。尤其是银行业，凡是有空缺的岗位必须优先录用阿联酋本国居民。[①]

阿联酋是海湾地区重要国家油气资源丰富、宏观经济运行良好、外贸潜力巨大，同时其经贸发展面临着国际和国内双重挑战。前者如世界油气市场不稳定，主要贸易伙伴经济不景气和国际市场竞争日趋激烈等。在这样的形势下我们研究阿联酋的经贸法律制度是认识到了上述机遇和挑战。我们的研究既有助于阿联酋调整经贸法律制度，也有益于中

---

① 转引自：中国国际工程咨询协会网。

国同阿联酋加强经贸合作、探索投资新模式、最大限度地发挥双方的贸易潜力。

五、阿联酋经贸法律名录

《阿联酋商业公司法》、《破产法（迪拜国际金融中心法）》、《有限责任合伙企业法（迪拜国际金融中心法）（Limited Liability Partnership Law）》、《阿联酋商业代理法》、《商业代理法实施细则》、《阿联酋联邦商标法》、《阿联酋劳动法》、《个人财产法（迪拜国际金融中心法）》、《阿联酋禁止从所有亚洲国家进口家禽及其产品法案》、《阿联酋禁止进口中国偶蹄动物及产品法案》、《阿联酋进口免税商品目录》、《阿联酋进口关税及禁止和限制进口产品的规定》。

第四节 埃及国际经贸法律制度

一、埃及经贸传统与市场概述

埃及全称阿拉伯埃及共和国，位于非洲大陆东北部。北隔地中海与欧洲相望，西南部直通非洲大陆腹地，苏伊士运河又是连接地中海和红海、沟通大西洋和印度洋的重要通道。埃及有与欧、亚、非各国相连的海运、空运及同非洲各国相连的陆路交通网，交通便利。埃及铁路总里程为4955公里，公路总长6.4万公里，各个主要城市之间均有准高速公路相连，且拥有亚历山大、塞得等5个重要现代化港口和90座机场，对外联系极为便利。[1] 埃及与周边国家经贸关系密切，是多个区域性经济组织的成员，一并享受多种经贸优惠政策。[2]

埃及既是阿拉伯自由贸易区成员之一，又加入了东南非共同市场（COMESA），其输往欧盟的工业品也享受免关税待遇。据埃及和埃及所参加的区域性组织的相关规定，外资企业产品在埃境内增值40%-50%即可以使用埃及原产地证，从而享受本国产品对外出口时的一切优惠待遇。基础设施比较健全，国内市场潜力巨大且劳动力充足。在一些成熟的工业区内，基础设施更加齐备；埃及人口众多，拥有6000多万人口的大市场，潜力巨大，开发前景广阔；每年约有100万人口需要就业，劳动力充足且价廉[3]，吸引外资的优势较为明显。

埃及航运发达，埃主要港口有位于地中海的亚历山大港、塞得港、杜姆亚特港和位于红海的苏伊士港和塞法杰港。自然资源丰富，主要有石油、天然气、磷酸盐和铁等。埃及是传统农业国，农业在国民经济中占有重要地位，农业人口约占全国总人口的55%，农业产值约占国民生产总值的18%。[4] 盛产棉花、小麦、水稻和柑橘等农产品。苏伊士运河收入、旅游收入、侨汇和石油收入等构成埃及外汇收入的四大支柱。

埃及对外贸易总额多年来一直在160亿美元左右，每年的贸易逆差为70亿至90亿美元，因有旅游、运河、侨汇等近百亿美元的非贸易性收入，埃及的外汇收支基本可以保持平衡。埃及的出口产品中，原油及其

---

① 李汀：《埃及投资环境综述》，[2001-01-07].http://www.chinaeco.org.eg/zt/2001/zt104.htm.
② 牛雪峰，杨兴礼：《简论埃及投资环境及中国对埃及的投资取向》，载《阿拉伯世界研究》，2007年第1期。
③ 艾利斯：《寻求纺织领域多元合作"——专访埃及投资与贸易协会副会长沙诺比先生》，载《中国纺织》，2005年第5期。
④ 牛雪峰，杨兴礼：《简论埃及投资环境及中国对埃及的投资取向》，载《阿拉伯世界研究》，2007年第1期。

制成品约占其出口总额的将近一半。①

埃及的主要贸易伙伴是美国和西欧国家，与这些国家的贸易额约占其贸易总额的75％上。其主要出口产品有石油及其副产品、棉花、棉纱、磷酸盐、皮革制品、水果和香料等。进口商品范围较广，机电产品及工业原材料的进口约占60％，粮食和食品约占30％。②

埃及的进口金额约占国家GDP的16％。主要进口产品包括机电设备、汽车及零部件、金属制品及材料，占进口总额的1／3左右；小麦及面粉、玉米、食油、奶、糖、蔬菜和肉类等食品，占进口总额近1／4；化工品及原料、木材和纸张，占进口总额近1／5；还有纺织原料、建材和轻工产品等。③

二、埃及国际经贸法律制度概述

由于埃及是以伊斯兰教为国教的国家，立法的主要根据是其教规，具有鲜明的伊斯兰特色。近年来，埃及在经济贸易法律方面发展迅速，经贸法律日趋完善。企业设立和运行方面的法律主要有：1. 公司设立和运行方面有《公司法》、《公司法及其实施细则》、《公共事业公司法及其实施条例》和《埃及海运总公司法》。2. 为保护企业之间竞争，埃及颁布了《埃及保护竞争及禁止垄断行为法》、《埃及保护竞争及禁止垄断行为法实施条例》和《埃及股份公司、合股公司和有限责任公司法执行条例》。

埃及《公司法》在企业设立和运行方面具有重要作用，埃及政府于1981年颁布了《公司法》，随着埃及经济发展，这部法律已经不能适应

世界主要伊斯兰国家国际经贸法律制度研究

---

① 中华人民共和国商务部《国别贸易投资报告2010》。
② 驻埃及使馆经商处：《中资企业在埃及投资的总体情况及相关建议》. http://eg.mofcom.gov.cn/aarticle/ztdy/hzjj/200508/20050800330815.html.
③ 中华人民共和国商务部《国别贸易投资报告2010》。

埃及发展需要，2005年，埃及又对《公司法》进行了修改。2010年埃及政府又对《公司法实施条例》进行调整，允许企业员工和管理人员拥有公司的部分股权。调整的目的在于给予企业员工和管理者更多的经济优惠，进一步增加他们对企业运营的信心，提高企业的经营水平。

在劳动就业方面，其中涉及到贸易方面内容。2003年4月埃及新颁布《劳动法》，该法规定外国人不得从事职业介绍和为企业招募员工等经营活动。在允许外国投资者涉足的建筑和运输服务领域，埃及政府规定此类公司必须是合资企业，外籍雇员不得超过10%，且外资股权不得超过49%。

投资方面最具代表性的法律便是埃及于1997年颁布的《投资保护鼓励法》。随着埃及经济贸易发展，2004年，埃及颁布《1247号总理决定》，修改了1997年《投资保护鼓励法》实施条例中的部分条款。按照《投资保护鼓励法》规定以工业区模式投资可以享受优惠的政策，外国在埃投资受政府保护外国投资者所获得的利润和投资成本可以自由汇出，不受外贸管制限制。同时在税收等其他方面享有各种优惠，旨在吸引投资者在埃及投资，促进埃及经济贸易发展。

贸易方面，最具代表的是2002年埃及政府颁布了第83号《经济特区法》，允许建立出口导向型的经济特区，开展工业、农业和其他服务活动。埃及经济特区各种优惠政策，特区企业无需进行出口登记，无须获得进出口许可进行贸易活动，进出口自己生产的产品。在土地使用费方面按年缴纳，企业的土地试用期长达50年，并可以延长。

进出口方面，埃及于1975年颁布的《进出口法》于2005年又进行修改。内容更加完善。以宰杀的鸟类、家禽和肉类为例，《进出口法》规定宰杀的鸟类、家禽和肉类商品应使用符合卫生标准的密封袋包装，每袋内放置卡片、在袋外和包装外以阿拉伯语（可以两种语言书写，其中须包括阿拉伯语）用持久材料写明以下内容：1.产地。2.生产商名称和商标（如有）。3. 屠宰厂名称。4. 屠宰日期。5. 进口商名称和地址。6. 根据伊斯兰教义进行屠宰的单位名称，该单位应得到驻生产国商务处的认可。

税收方面，2005年埃及实施了《所得税法》。2008年，实施《不动产税法》。根据2005年《所得税法》的规定，埃及对社会发展基金提供资金支持的创业项目将免征5年所得税；对个体从业人员自开业起免除3年所得税等。关税作为埃及主要税收之一，埃及政府2005年修订的《海关法》，2006年颁布的《海关法实施条例》是《海关法》的第一部配套实施条例。根据《海关法》规定，埃及关税基本按从价税计征。税种包括工资税、收入代扣税、个人收入统一税、公司利润税、房地产税、海关税、销售税、印花税和开发税等。出口商品可享受退税政策，但按埃及现行税法的规定，不适用建立在自由区的项目。[①]

此外还涉及到经贸法律有2002年第82号《知识产权保护法》、2008年修改的《保险法》、《经济法庭法》，1960年89号《外国人进出境及定居法》，为埃及外贸发展具有辅助性作用。

三、国际商事交易法律制度

在国际商事交易法律中，首先是进出口贸易方面的法律，埃及于1974年颁布的第138号《关于进出口及货币特殊规定的法律》，1975年颁布的《进出口法》，1999年埃及又颁布了《贸易法》，2002年第155号《出口促进法》；2005年又对《进出口法》进行修改。进一步完善了埃及进出口方面的法律。其次是海关方面法律，保障了埃及贸易交往的顺利进行。埃及于1963年颁布的《海关法》，2005年修订的《海关

---

① 中华人民共和国商务部《国别贸易投资报告2010》。

法》，2006年颁布的《海关法实施条例》与《海关法》配套实施。随着埃及经济的发展，1981年埃及又颁布了《公司法》，这样构成了埃及涉及国际商事交易的基本法律。

随着世界经济一体化进程加快，为吸引外资在埃及投资，克服以往法律在投资方面的不足。1997年颁布了《投资保护鼓励法》及其实施细则，2002年颁布实施《经济特区法》。2004年又进行了修改，[①]以便进一步适应国际经济发展的需要。

在埃及商事交易法律中，具有典型代表的有《经济特区法》，该法于2002年颁布实施。旨在对特区统一管理，提供世界水平的优质服务及最高技术水平的服务设施，实施在经济、社会各领域确保发挥投资和开发效益的机制、优惠和豁免，提供相应的经过培训的人力干部资源，为吸引投资提供良好的环境，达到建立和开发隶属于特区的机构，吸引投资，建立具有与世界类似项目同等竞争力的农业、工业和服务业项目的目的。增加埃及在国际贸易中的份额。

2005年埃及还对《进出口法》以及新的《进出口法实施条例》修改，为旅游企业、承包工程企业等服务型行业进口设备提供便利，简化进口商清关单证手续和原产地证发放体制，允许从非产地国进口新车及二手车。对于已经取消进口禁令的纺织品、服装及衣着附件，同时在新条例中，埃及要求所有进口货物必须附有国际编号商标。[②]除此之外在贸易招标方面，对外国投资者做了专门的规定。根据埃及1998年颁布的《招标法》规定，相对于外国投标者，埃及投标者可享受优惠政策。招投标时，若埃及投标者报价高于国外投标者15％，仍视为同等价格水平。

---

① 中华人民共和国商务部《国别贸易投资报告2010》。
②《公共商务信息导报》。

117

为调整和促进商业交往，1976年埃及颁布《商业注册法》及《商业注册法实施细则》，对在埃及注册的企业及其企业运行做了较为详尽的规定。其中对涉及国际商事法律规定，对1976年34号法生效时已进行商业注册的外国人，只要符合以下三点可继续从事商业活动：1. 注册的为同一类型的商业活动。2. 受重新登记的司法约束，不能进行变更，不管是增加新的外国合伙人，即使是商人的亲属、子女或妻妾。不得因为任何行为包括赠与行为而改变商业注册内容。3. 如果外国商人不再从事商业活动，或离开埃及或去世，则撤消商业注册。

1981年的《公司法》是规制埃及国内各类公司的组织形式、基本要求、设立条件和程序的基本法律。而依据《投资法》设立的公司由投资法进行调整。《公司法》共包括7 部分，200 余条。第一部分规定了该法所管辖的公司包括股份公司、合股公司和有限责任公司3 种类型，并对设立公司作出详细规定；第二部分为3种公司的日常管理；第三部分规定了公司的监督和检查制度。该法将在埃及进行商业活动的公司的组织形式分为三类：联合股份公司（Joint Stock Company）、有限责任公司（Limited Liability Company）、股份制有限合伙公司（Limited Partnerships by Shares Company）。1998年埃及政府对《公司法》进行了部分修订，对《投资保护鼓励法》中未涵盖的相关投资行为进行了补充。修订后的《公司法》负责管辖所有的埃及公司和外国公司在埃分公司、代表处的成立、注册和改组。为了贯彻埃及政府鼓励投资的政策，为投资者提供便利，该法进一步明确了相关政府部门的职责，简化了审批手续，提供"一站式"服务。为埃及经济贸易发展具有重要意义。

1998年颁布了《国际贸易中不良做法影响下的国家经济保护法》及其实施细则，它是埃及贸易救济的基本制度，对维护埃及经济利益和保护埃及对外贸易具有重要作用。《国际贸易中不良做法影响下的国家经济保护法》对于反倾销、反补贴及保障措施等贸易救济调查的相关程序和相关措施做出了明确规定。具体的负责机关根据埃及《贸易法》等相关法律精神，由埃及主管对外贸易的埃及贸易与工业部下属的国际贸易政策司专门负责反补贴、保障措施和反倾销的调查事务。

四、国际经贸（商品进出口）管理制度

经贸管理机构。埃及经济和外贸部为全国对外贸易的主管部门。该部下辖外贸局、进出口监管局、商务代表处、反倾销局等机构。随着外贸体制改革实行政企分开，所有国营外贸公司（包括实行私有化，国有股份仍占50％以上的外贸公司），均由国家外贸控股公司管理。此外参与经贸政策法规的研究咨询和贸易投资促进的民间机构主要有：埃及商会联合会、埃及企业家协会和埃及工业联合会等。为推动出口，近年来还设立了出口促进中心、埃及出口协会和埃及出口信贷担保公司等官方或半官方机构，制订了扩大出口的政策措施，减少收汇风险，弥补了政府资源的不足。[①]

贸易管理制度。埃及政府对外贸易管理方面的主要法律包括1975年第118号《进出口法》，1963年第6号《海关法》以及1999年17号《贸易法》。埃及还于1998年颁布了《国际贸易中不良做法影响下的国家经济保护法》及其执行规则，对反倾销、反补贴及保障措施等方面做出了规定。2005年实施的《关于进出口和进出口商品监督检验制度法的实施条例》。

贸易管理方面法律。主要包括《民商诉讼法》、《海商法》、《商业注册法》、《埃及商业注册法及实施细则》、《贸易法》和《国际贸

---

① 埃及贸易网，http://www.egtrade.com/.

易中不良做法影响下的国家经济保护法》等。这些法律主要围绕埃及贸易管理、贸易交往和贸易竞争方面来规范埃及贸易交易，促进贸易市场健康发展。

关税制度方面。埃及海关税收方面主要涉及法律有《海关法》，其中涉及到达旅客及海关规定，到达旅客检查程序等15个部分。

在埃及，根据2005年修订的《海关法》和2006年颁布的《海关法实施条例》，埃及关税制度体现了鼓励进口原料、初级产品和短缺的、本国不能生产的进口产品这一原则。投资者在不同的区域设立投资项目享受不同的优惠政策。在工业区(包括新城区)进口用于投资项目的机器设备、仪器征收5%的关税，免缴海关手续费，10%的销售税10年内缓缴；企业所得税10年免税，期满后按32%纳税(2005年6月以后注册的企业所得税取消免税，按20%纳税)；产品销售税税率为10%。项目合同从注册起3年内免除印花税。为加快贸易自由化进程，埃及对其税率和关税结构进行了较大的调整。埃及于2004年发布了第300号总统令，将其关税税类下调至6大类，取消了国内市场短缺的25种产品的出口税，并取消了对所有进口商品征收的海关行政事业性收费。

进出口管理制度。埃及在进出口贸易方面进行了专门的立法，主要有《出口促进法》和《进出口法实施条例》。根据上述法律规定，对于初级材料、半成品、生产出口商品的原材辅料等进口商品，埃及海关通过风险管理和抽样检查的方式实施临时放行制度，依据相关法律规定，进口的商品无须海关进口审批，但必须缴纳相当于进口关税的保证金。为进一步促进埃及贸易发展，2002年埃及根据其颁布的《出口促进法》和《进出口法实施条例》，将为旅游企业、承包工程企业等服务型行业进口设备提供便利，简化进口商清关单证手续和原产地证发放体制，允许从非产地国进口新车及二手车。对于已经取消进口禁令的纺织品、服装及衣着附件，2005年实施的《关于进出口和进出口商品监督检验制度法的实施条例》规定，本法令生效前三年年均出口额达500万美元的出口商可免于提交出口从业证。

所有产自埃及的产品均可自由出口，无须出口许可。为了鼓励本国企业积极参与国际竞争，2002年埃及根据其颁布的《出口促进法》，设立了"鼓励出口基金"以鼓励产品出口，提升本国产品在外国市场的份额。[①]《出口促进法》制订确保出口发展的原则和措施。从而增加出口规模，扩大出口领域，开辟新的出口市场，提高在国际市场的竞争力，消除出口中遇到的障碍。为扩大出口，在提交总理审核后，可以对对外贸易和进出口方面的现行法律规定颁布实施决定。

其他相关制度。根据关于临时放行和退税的总理令，埃及各海关口岸开始实施向出口商提供退税的简化手续。埃及海关于2005年年底开设了大型进口商清关服务中心，为登记注册的进口商提供快捷、便利的清关服务，为每一名进口商配备一名工作人员，协助办理相关手续。2008年5月，埃及通过《反洗钱法修改草案》，对出入埃及境内的旅客携带外国货币做出了要求。修改之后的《反洗钱法》规定，所有旅客携带10000美元或等值货币出入埃及时，须向海关申报。

五、投资贸易环境及法律制度

投资贸易方面法律有：《投资法》和《投标法及其实施条例》，《对于自然资源、公共设施投资给予优惠法及其优惠条件的变更》，2002年实施的《经济特区法》，以及《投资保护鼓励法》和《投资保护鼓励法及其实施细则》，此外，在资本市场方面完善立法，于1992年颁布95号的《资本市场法》及《资本市场法实施条例》，2008年又对《资

---

① 来自中华人民共和国商务部配额许可证事务局考察交流栏目中。

本市场法》进行了修改。2000年93号《金融证券统一存储登记法及其实施条例》和1991年第203号《国营企业法》，构成了埃及资本市场立法体系，为贸易投资奠定了基础。通过上述方面的相关法律法规，来规范贸易投资。

埃及政府将吸引外资作为经济政策的重点之一，采取有力措施，加大行政管理改革力度，改善投资环境，增强投资者信心。投资优惠政策具体包括以下几个方面：

（一）投资税收优惠。对企业和个人税收方面，埃及实施了《所得税法》、《销售税法》，2008年修订的《不动产税法》。在埃及投资，均可从开始投产或开展公司活动的第一个财年起享受5年免除商业、工业收入所得税或利润税，在新城区和工业区投资可享受10年免税，在边远地区和南部地区投资可享受20年免税。此外，进口投资项目所需物资和设备（汽车除外）均按价值统一征收5%的关税。[1]

（二）投资行业优惠。除军工生产、烟草工业及西奈半岛的投资等仍须审批，且进出口贸易、开垦沙漠等少数领域须由埃及人占多数股份外，埃及政府对投资领域和外资比例基本没有限制，金融、保险、通信和BOT基础设施建设等领域都已全面放开。[2]

（三）投资法律保护。埃政府规定，依照《投资法》建立的外商投资企业不被征收或国有化，任何扣留外来投资项目资产的行为都将通过法庭判决实施。外汇自由兑换，资本和利润亦可自由回流，且允许外国公司由原先的4个月甚至1年压缩为3天购买和拥有土地。[3]

（四）投资鼓励政策。埃及、阿拉伯国家和外国的投资者有权单独或共同从事《投资法》所规定的投资领域业务，对埃方资本金也无最低

---

[1] 张怀印：《埃及投资法律体系及其特点》，载《西亚非洲》，2006年第3期。
[2] 中国驻埃及使馆经商处：《埃及对外国投资者的鼓励政策》，载《世界机电经贸信息》，2001年第6期。
[3] 张怀印：《埃及投资法律体系及其特点》，载《西亚非洲》，2006年第3期。

限制。外商投资企业无须在进出口登记处进行登记即可进口机械设备、零部件，出口产品亦如此。埃及在投资总局设立了"一站式"管理机构。依据2004 年13 号法令规定，"一站式"的投资管理部门已于2005 年1 月开始运作，目前在埃及投资，仅需3天就可以办好所有手续，减轻了投资者的负担，简化了繁琐的注册手续，并大大提高了工作效率。①

贸易投资管理机构。埃及外贸与工业部为全国对外贸易的主管部门，其下属的进出口监管总局负责所有进口商品的检验。埃及投资部负责国外投资政策，协调与投资有关的各相关部门，并为投资者提供争端解决服务。下设资本市场总局、埃及保险监管局及投资和自由区总局。投资和自由区总局为投资最高委员会的下属机构，是投资的执行机构。该机构统管外资项目和自由区，具体负责制定和修改投资法，改善外资环境，审批外资项目，提供管理和咨询服务以及对外宣传等。②

贸易投资法律。为鼓励外国投资，埃及制定了一系列涉及外国直接投资的法律和法规，主要有《投资保障与鼓励法》。该法规定了投资的基本政策、法规和优惠条款，鼓励境内外对埃及进行投资，投资领域集中在工业、技术和软件业、基础设施、新兴建设区的发展、石油产品(勘探、挖掘、油井和设备的维护)等。2002年，埃及政府颁布了《经济特区法》，允许建立出口导向型的经济特区，开展工业、农业和其他服务活动，主要适用于在埃及苏伊士湾西北经济区投资加工贸易等。其他涉及投资的法律有《房地产投资法》、《海关法修正案》、《知识产权法》、《保护竞争和反垄断法》和《新统一劳动法》等。2008年，埃及对《资本市场法》、《保险法》、《经济法庭法》和《不动产税法》进行了修订，成为其投资管理方面的主要法律。

① 牛雪峰、杨兴礼：《简论埃及投资环境及中国对埃及的投资取向》，载《阿拉伯世界研究》，2007年第1期。
② 驻埃及使馆经商处：《中埃双边贸易情况统计表》. http://eg.mofcom.gov.cn/aarticle/nxhn/tjsj/200502/2005020034502/html.

埃及政府于1997年颁布的第8号法令《投资保护鼓励法》及其实施条例是目前埃及主要的投资管理法律，2004年《1247号总理决定》对该法实施条例的部分条款进行了修订。对于外国投资并没有特别的法律规定，外国投资者可以根据不同的优惠政策及投资地区选择根据《公司法》或《投资保护鼓励法》，通过合资、有限责任公司、合作和内陆投资的方式进行投资。《公司法》适用于所有投资，《投资保护鼓励法》只适用于特定行业和部门的国内或国外投资。

《投资保护鼓励法》为外国投资者规定了一些鼓励政策。外国投资者要享受这些优惠和特权并得到埃及政府必要的许可，必须办理一定的手续。投资管理局是负责审查所有投资申请的政府机构。一旦外国公司投资项目资格得到认定并取得必要的埃及政府的许可，保障和鼓励政策即告生效。

《投资保护鼓励法》是一部行业法，规定了凡符合法律规定的行业，不管设立在什么地方，都能享受法律规定的保护和优惠（如果有更优惠的投资鼓励政策除外）。基本涵盖所有工业领域、建筑领域、交通运输、工程服务、旅游行业、为工业项目提出服务的行业、农业开发和农产品加工等行业。并不断扩大，最后包括了除金融业和零售商业以及对外贸易以外的几乎所有行业。法律公布后，政府以总理决定的方式规定了执行和享受该法的实施细则。规定的投资鼓励政策主要有：1. 享受10年免税。2. 进口企业自用的机器、仪器、仪表和工具，减按5%缴纳海关关税，免缴海关于续费，10年内缓交进口销售税；进口生产用原材辅料照章征税。3. 出口退税。为生产出口产品而进口的原材辅料，可以执行类似国内的进料加工制度，称为临时放行制度。4. 以低廉价格获得生产经营所需土地的所有权。

1981年埃及颁布《股份公司、合股公司和有限责任公司法》(1998年进行修订)。为鼓励除现金和实物出资的实质性投资以外的其他形式的投资，进一步开放服务贸易，埃及政府又先后在1992年颁布了95号法《资本市场法》，设立证券交易所；在1995年颁布了《融资租赁法》，将租赁性质的投资列为国家鼓励项目。在这种情况下，为适应情况的不断变化，更加有利于吸引投资。

《埃及经济特区法》于2002年发布，旨在通过对特区统一管理，提供世界水平的优质服务和最高技术水平的服务设施，实施在经济、社会各领域确保发挥投资和开发效益的机制，优惠和豁免、提供相应的经过培训的人力干部资源，为吸引投资提供良好的环境，达到建立和开发隶属于特区的机构，吸引投资，建立具有与世界类似项目同等竞争力的农业、工业和服务业项目的目的。增加埃及在国际贸易中的分额。《埃及政府总理关于颁布经济特区法实施条例的决定》作为补充。埃及政府给予特区特殊的政策和待遇，以提高区内企业的国际市场竞争力。特区内企业与埃及境内企业发生往来时视同进口，按进口业务进行管理。[①]

以上投资法律，主要通过以下方式来激励投资，促进埃及经济贸易发展：1.财产的没收和强制定价防护。2.股息和利息汇回的绝对权利。3.出口不受任何约束。4.企业税和所得税减少以及特殊行业的免税。5.简化投资程序。通过上述措施，使埃及投资方面迅速发展。

六、埃及经贸法律名录

《出口促进法》、《关于进出口和进出口商品监督检验制度法的实施条例》、《环地中海阿拉伯国家间建立自由贸易区协议草案》、《关于进出口法执行条例的部分调整（2005年第174号令）》、《埃及产地证法规》、《进出口法执行细则》、《商业代理和中介活动法》、《商

---

① 来自阿拉伯埃及共和国投资部《2010年埃及投资指南》。

业注册法》、《商业注册法实施细则》、《投资保障与鼓励法实施细
则》、《股份公司、合股公司和有限责任公司法》、《股份公司、合股
公司和有限责任公司法执行条例》、《经济特区法》、《投资保护、鼓
励法》、《投资保护、鼓励法实施细则》、《海关豁免法》、《海关豁
免法实施条例》、《所得税法》、《统一销售税法》、《统一销售税法
实施细则》。

第五节 约旦国国际经贸法律制度研究

一、约旦国际经贸法律制度概述

约旦原是巴勒斯坦的一部分。公元7世纪初属阿拉伯帝国。公元
1517年归属奥斯曼帝国。一次世界大战后沦为英国委任统治地。1948
年5月第一次阿以战争中，约占领了约旦河西岸4800平方公里的土地。
1950年4月，外约旦同西岸合并，改称约旦哈希姆王国。1967年第三次
阿以战争中，以色列占领西岸。1988年7月，约旦国王侯赛因宣布中断同
约旦河西岸地区的"法律和行政联系"。1994年10月，约旦同以色列签署
了和平条约， 11月双方建立大使级外交关系。1995年2月9日，约收回被
以占领的约340平方公里失地。①

约旦自然资源贫乏，工农业规模和发展水平较落后，外援、侨汇和
旅游业一直是国民收入的主要来源，经济对外依赖严重。近年来，约旦
政府采取改革措施，加速私有化进程，改善投资环境，吸引外资，增加

---

① 转引自：中华人民共和国外交部网站。

收入来源，拓宽就业渠道等以求改善经济状况，但由于和平进程停滞、油价下跌和亚洲金融危机影响，经济仍未走出低谷，1998年GDP增长率仅2.2％，为73.8亿美元。①

对外贸易在约经济中占有重要地位，1999年约旦外贸总额达55.2亿美元，占GDP的74％。由于生产资料和生活用品大部分依靠进口，约旦外贸长期逆差，1999年贸易逆差为19.4亿美元，1998年为20.3亿美元，1997年为22.6亿美元，1996年为24.7亿美元。

1999年约旦进口37.2亿美元，比上年下降2.6％，主要进口商品为：石油及燃料、食品、日用消费品、耐用消费品、建筑材料、机械及运输设备等。进口主要国别是伊拉克、埃及以及欧共体。出口14.6亿美元，同比下降2.8％，主要出口商品为：磷酸盐、钾盐、化工、医药及水果、纺织品、食品等。主要出口国别是伊拉克、沙特、印度和埃及等。

1991年至1998年约旦外贸统计

单位：亿美元

年份	出口	进口	总额
1991	10.99	24.40	35.39
1992	11.83	31.58	43.41
1993	12.33	35.00	47.33
1994	14.19	33.70	47.89
1995	17.70	36.95	54.65
1996	18.16	42.92	61.08
1997	18.35	41.01	59.36
1998	17.99	38.29	56.28

1999年3月阿卜杜拉即位以来，把解决失业和贫困作为首要经济目

---

① 转引自：http://www.cofortune.com.cn/moftec_cn/dsbgx/asia/ydan_c.html.

标，加速经济和法律等多方面改革，着力推动自由区、工业区和经济特区的建设。对外扩大经贸交往，力图减免外债和吸引外资，尤其重视外资对信息技术和高技术领域的投资，追赶世界经济发展的步伐。目前，约旦经济发展的外部环境有所改善，1999年12月17日，约旦被接纳为WTO的第136个成员国，2000年10月25日与美国签署自由贸易协议，计划于2001年1月将亚喀巴自由区转为经济特区，提出1998年至2002年五年计划并推出一批吸引外资的项目。

为促进经济发展，近年来约旦采取了一些有力措施：1. 降低政府预算开支达10％以上，严格控制政府官员出国；2. 1999年6月通过税法修正案，销售锐增至13％；3. 1998年内阁通过了私有化方案，改国有企业为股份有限公司，将航空、电信、水泥、电力公司的部分股份推向国内外市场出售（国家控股51％）；4. 计划于2001年1月将亚喀巴自由区转为经济特区。加快工业区和自由区建设，伊尔比德等5个工业区已获得QIZ资格（QIZ指美国政府指定的合格工业区，在QIZ区域内生产的产品在一定条件下可以免税、免配额进入美国市场），另四个工业区正在申请QIZ资格。已建成萨哈卜自由区和阿丽娅王后国际机场自由区；5. 进一步修改投资法、证券法和公司法等；6. 提出1998年至2002年五年计划，推出一批吸引外资的项目。[①]

二、约旦主要国际商事交易法律制度

约旦公司法规定，约旦境内的公司分普通公司和股份有限公司两类。组建普通公司，应该由两个或两个以上、20个以下的合伙人共同签订协议组成，而且必须根据公司法的有关规定办理登记注册。合伙人必

---

① 转引自：http://www.cofortune.com.cn/moftec_cn/dsbgx/asia/ydan_c.html

须履行公司的一切合同和义务，分别和共同偿还公司的债务。另外，约旦的普通公司中还包括一种所谓"普通有限公司"，其开业条件与普通公司并无二致，但其合伙人分为"合伙头人"和"有限责任合伙人"。合伙头人有权参与公司的管理，负责偿还在其管理期间的公司债务，而有限责任合伙人不能参与公司的管理，但拥有查看公司账簿、了解公司经营状况等权利。[①]

约旦新公司法草案已经出台。根据新法案，有限责任公司注册资本将由3万约第（4.2万美元）降到3000约第（4230美元）。草案文本下周将在约旦公司管理部门网站（www.ccd.gov.jo）公布，一个月后，有关方面将根据公众意见对草案进行修改。

约公司管理部门负责人Mohmoud Ababneh称，此举有助于提高约旦在全球国家竞争力报告中的排名，埃及、摩洛哥和其他阿拉伯国家也已降低了有限责任公司最低注册资本。

新法简化了公司注册程序，加强了对公司的管理，引入公司管理新概念，并根据经济发展现状和实践操作中存在的问题对原法进行了32处修改。主要的变化有以下几点：

一是为鼓励企业兼并，新法规定如果以兼并为目的召开的临时大会推迟举行，参加第二次会议的股东最低人数要求由原法规定的三分之二变为50%。

二是为使管理和所有权分离，新法规定总经理或执行主席和董事会主席不可兼任。

三是董事会成员最低人数由3人变为5人。

四是为体现开办公司的严肃性，公共有限公司开办人必须认购注册资本20%以上。原法无最低限额。

[①] 姜明新：《约旦的外资政策与工商、进口管理制度》，载《西亚非洲》，1995年第2期。

五是公共有限公司（PLC）交清全部资本的时限缩短为两年。

六是转换为公共控股公司的公司股票交易至少一年后方可进行。

七是拥有公司10%以上股份的股东有权对公司账务提请审计。（原法规定为15%）。

八是拥有公司20%以上股份的股东有权解职董事会主席或其他董事会成员。（原法规定为30%）。

九是证券征募为法定有效投资手段。

十是强调审计作用，公司有权用计算机处理审计结果和账务。

目前，约旦共有117336家公司，注册资本总额76.7亿约第（约合108.1亿美元）。其中，公共控股公司443家，注册资本总额37.6亿约第（约合53亿美元）。投资额由2004年的4亿约第跃升到2005年的8亿约第，继而在2006年突破10亿约第大关。政府收取的公司注册收入也由2004年的400万约第上升到2005年的1400万约第和2006年的1500万约第。①

三、约旦国际经贸（商品进出口）管理制度

（一）关税制度

目前约旦实行单一税制，并以从价税为主。税率平均在45%—49%之间。基本项目如粮食、原料、资本设备和零配件通常免税或者征收很低的关税。但约旦也实行保护关税以保护本国工业生产的某些产品。免交关税和进口税的项目包括：王宫、外交使团；约旦王家航空公司进口的项目；个人和家庭财物、转运或运往自由贸易区的货物；科技、宗教和慈善机构所需的设备和物资等。由政府部门、军队或者为政府部门、军队

---

① 中国找法网，http://china.findlaw.cn/gongsifa gongsifa/gongsialongtai/5327. html.

进口的货物应当保证关税，但是部长会议可以决定免征其关税。在实际运作中，通常这类货物都是免税进关。根据外国公司注册第46号法令，在约旦设有办公机构的公司，其办公用具和设备、外籍雇员的私人机动车辆及个人财物，以及商品样品，可以免税进关，所需证明由约旦工贸部发给。[①]

（二）进口制度

1. 约旦对部分进口商品实施许可证管理制度，目前须申领进口许可证的商品有：旅行者携带进关的商品其价值超过2000第纳尔，而该商品并未获得有效的进口卡；外国香烟；根据内阁的决定而组成的各委员会特殊安排的进口商品，包括工业用奶粉、旧轮胎；各种饼干；矿泉水；经工贸部事先许可方可进口的商品，事先许可视为进口许可。为遵守财政安排及监控与阿拉伯叙利亚共和国之间的贸易平衡，下列商品必须符合进口通告：各种服装、布匹、鞋；各种饼干、巧克力、糖；马赛克石板，但游泳池用砖除外；卫生纸；混合饮料及气体饮料；铁及塑料制方板。

2. 无须申请进口许可证的商品：暂存、临时带入的商品；残疾人车；海关仓库储藏的货物；原油及其副产品（约旦石油冶炼公司从协议国进口的原油及其副产品无须获得进口许可，但矿物油除外）。

3. 进口许可证的申请和签发。约旦工贸部是进口许可证的唯一签发机关，任何个人或组织均须向工贸部申请许可证。进口许可证的有效期为一年，从签发之日算起；应进口人要求，许可证有效期可延长一年。[②]

进口许可证包括以下内容：

（1）进口人名称；（2）进口商品种类；（3）进口货物的数量和

---

① 姜明新：《约旦的外资政策与工商、进口管理制度》，载《西亚非洲》，1995年第2期。
② 徐伟：《投资约旦》，商情。

价值；（4）货物原产地；（5）装运港；（6）清关地点；（7）许可证的签发日期和有效期；（8）工贸部要求的其他内容。

须经事先批准方可进口的货物。

如下表所示，在某些情况下，一些商品的进口须经有关授权机关或机构事先批准后，才能申领进口许可证。

须有关方面事先许可方能进口的商品：①

世界主要伊斯兰国家国际经贸法律制度研究

需事先许可进口的商品目录

序号	许可部门	商品名称
1	工贸部	大米
2	工贸部	精面粉
3	工贸部	糖
4	工贸部	小麦、大麦、玉米
5	农业部	冷冻动物精液
6	农业部、工贸部会签	活畜
7	农业部	新鲜、冷藏或冻肉
8	农业部	野生动物标本
9	农业部	从协议国家进口的奶制品
10	农业部销售分公司	马铃薯、洋葱、大蒜
11	农业部销售分公司	从协议国家进口的新鲜水果蔬菜
12	公安司	硝酸铵
13	内政部公安司	武器弹药
14	内政部公安司	各种炸药
15	内政部公安司	弹簧折刀
16	内政部公安司	燃油玩具汽车
17	内政部公安司	无线遥控玩具飞机

① 转引自：中小企业贸易促进网。

18	内政部公安司	商业用途的电子或电动玩具
19	内政部公安司	电子防身器
20	能源和矿产资源部	名利放射性材料或铀
21	电信行业管理委员会	无线电收发器材
22	电信行业管理委员会	无线报警装置
23	电信行业管理委员会	各种无线遥控装置（电视、录像机除外）
24	电信行业管理委员会	方位探侧仪
25	电信行业管理委员会	无线电收发站
26	电信行业管理委员会	无线通信器材
27	电信行业管理委员会	无线电话器材
28	电信行业管理委员会	手提电话
29	电信行业管理委员会 军事安全司会签	玩具飞机的无线遥控装置
30	电信行业管理委员会	二手或更新的通信终端设备
31	电信行业管理委员会	无线遥控玩具飞机
32	电信行业管理委员会	无论暂时进口或进口消费的移动电视发射器材及发射站
33	邮政通信部	邮政票据交换设备
34	通信电视公司	译码器
35	通信电视公司	卫星传送接收机
36	约旦中央银行	彩色复印机
37	卫生部	各类药品及抗菌素，包括血及血制品、血清、疫苗
38	卫生部	供运动员服用的营养品
39	卫生部	溴化钾
40	卫生部	食用色素
41	卫生部	石棉管、石棉板
42	卫生部	儿童食用奶及食品
43	卫生部	冷冻冰激凌

44	卫生部	激光笔
45	卫生部	氧气、一氧化二氮
46	环境保护协会	氟里昂
47	环境保护协会	卤化物
48	水利灌溉部	手动钻井设备
49	武装部队司令部	军服
50	军事安全司	小型监视照相机

禁止进口的商品。

根据工贸部有关规定，下列商品禁止进口：

禁止进口的商品目录

1	废塑料
2	食盐
3	出厂超过5年的小轿车、巴士
4	非汽油燃料小轿车
5	货车（出厂已超过10年的拖斗车、斗拖斗车）
6	卡特（一种原产也门的茶）

实行统一经营的商品。

如下表所示，某些进口商品必须由指定公司专营。

统一经营的商品目录

序号	商品种类	指定专营公司
1	生皮	约旦制革公司
2	石油及其制品（矿物油除外）	约旦炼油公司
3	液化气钢瓶	约旦炼油公司
4	普通水泥	约旦水泥厂
5	炸药、雷管、黑色火药	约旦磷酸盐公司

| 6 | 磷酸盐 | 约旦磷酸盐公司 |
| 7 | 旧轮胎 | 各轮胎翻修公司 |

根据内阁决定实施免除进口税的商品：

免除进口税的商品目录

序号	商品名称
1	活畜
2	可食用的肉、内脏、翅膀（鸡除外）
3	冷藏的鲜鱼，冷冻鱼，腌、干、熏鱼
4	保存奶及乳皮
5	黄油
6	种蛋
7	蚕豆、扁豆、埃及豆
8	小麦、大麦、玉米、大米
9	粗面粉
10	糠
11	麦子渣
12	麦麸
13	油枯（豆饼）
14	小牛用干奶
15	抗菌制剂
16	免疫性血浆
17	皮肤学及兽医学应用的搞菌制剂
18	治疗肺病的药剂
19	兽医学应用的药物、药剂
20	灰肥
21	橄榄汁

22	新闻纸
23	书
24	报纸、杂志
25	邮票
26	金锭
27	农用机械发动机
28	水泵
29	农产品压榨机、农产品分液器
30	耙子、勺子
31	精炼黄金（首相1984/8/8日8037/1/12/31号函）
32	烹调器具（首相1991/10/19日11181/4/11/12号函）
33	马铃薯生长激素（首相1974/10/31日11336/4/11/12号函）
34	烟雾器（首相1986/1/12日暧74/4/11/12号函）
35	原材料、生产必需品（首相1988/8/17日712/4/11/12号函）
36	农业用铁犁
37	收割机、打谷机、机械制动机
38	农用拖拉机
39	驻我国各外国航空公司进口的、非卖的样品或印刷品
40	殡葬车（首相1979/12/17日是否3140/42/96/15号函）
41	双手驾驶的残疾人专用车
42	干麦秸、干苜蓿
43	儿童用奶
44	农业用马铃薯生长激素
45	大蒜

4. 支付方式——信用证 。根据工贸部发布的《1993年第74号进出口条例》第20款之规定，要想从国外进口商品，必须通过银行开立信用

证。进口方向银行申请开立信用证的程序如下：

（1）填写跟单信用证申请表；

（2）支付相当于信用证金额20%的保证金；

（3）提交所要进口货物的保险单；

（4）对于国家限制入境的商品，如有必要，还须提交授权机关同意进口该批货物的批准文件；

（5）同银行签订一份贸易融资协议，在协议内容上银行与银行间是有区别的。[①]

（三）出口控制

1993年第14号《进出口法》和1993年第74号《进出口规则》规定，由金融海关部和工商业部负责对常规出口的管理。约旦法律规定，金融海关部对进出境结关商品实行直接管制。根据进出口法规定，凡约旦本国产品、过境商品、自由贸易区商品、再出口商品或临时入境商品都不需要出口许可证。然而，直到工商业部颁布透明性出口指令前，海关部一直要求约旦的所有出口商品和再出口商品提交出口申请。所需的文件包括出口申请、出口报告和其他一切商业单据，包括一个详细的报关单。

四、约旦投资贸易环境及法律制度

（一）约旦投资环境分析

1. 约旦具有优惠政策及良好的人力资源背景。为吸引海外投资者，截至目前，约旦一直沿用1995年制定的《投资鼓励法》，该法中关税的免除涉及水、天然气、石油、管道运输、工业、农业、酒店、医院、海上

[①] 转引自：中小企业贸易促进网。

运输、铁路和休闲娱乐综合设施等领域。除保税区外，在约旦王国设立的3个发展区域的公司企业还会得到25%–75%不等的10年所得税减免。

2. 约旦具有良好的语言环境。作为以阿拉伯语为通用语言的阿拉伯地区，约旦是唯一一个英语得到广泛应用的国家。这就使其自然成为外商与其他阿拉伯国家交流的"语言绿色通道"。为加强中约合作伙伴关系，近年来，约旦国在语言教育方面逐步加强对中文的学习。这为中国投资者在约旦投资提供了良好的语言平台。

3. 约旦拥有灵活的转出口通道。目前，约旦是仅有的几个与美国建立自由贸易协定的国家之一。到2010年，两国贸易可实现完全免税。外国产品如果直接进入美国关税会较高。而约旦与美国的自由贸易协定及QIZ（即美国合格工业园区）在一定条件可实现产品免关税、免配额出口美国。这一政策不光为国外投资者进行转出口业务提供便利，还能节约大量资金。

4. 约旦有丰富的投资空间。目前，约旦在制药业、教育培训、医疗保健、采矿业、信息通信技术产业、死海产品、纺织服装业、旅游业及汽车工业领域急需海外投资者的加盟。

约旦目前有两个投资项目亟待海外投资者的加盟。其一"死海工程"。因死海面积的逐年递减，红海至死海引水工程及相关衍生产业急需国外投资者的积极参与。其次是"能源工程"。针对石油资源日益紧缺的大环境，约旦对水、太阳能等非传统能源领域的开发，也亟待国外投资者的加盟。[1]

（二）贸易投资管理法律制度概述

约旦政府致力于改善投资环境，不断制订和完善投资法规，积极吸引外资，尤其鼓励外商在约旦工业区投资办厂。[2]

---

[1] 转引自：http://ccn.mofcom.gov.cn/spbg/show.php?id=6575&ids=4
[2] 转引自：阿拉伯信息交流中心网站。

1. 投资促进法：约旦对下述行业实行税收和关税优惠待遇：工业，农业，宾馆，医院，海路和铁路运输，休闲和娱乐场所，会议和展览中心，管道运输，水、汽和石油产品的销售和开发。目前，约旦政府提出战略产业政策，鼓励投资者投资信息产业、制药业、食品工业、死海和采矿业、服装和纺织业、旅游业和汽车工业。

2. 关税优惠：

（1）用于投资项目的固定资产进口时免征关税和相关费用。这些固定资产包括：机器、设备和用于投资项目的物资，包括宾馆和医院的家具和设备。

（2）对不超过固定资产价值15％的投资项目零部件，进口时免征关税和相关费用。

（3）如果投资项目的扩建、开发和现代化能够使该项目的生产能力提高不少于25％，那么对为此目的进口的固定资产免征关税和相关费用。

（4）对宾馆和医院项目每隔7年为现代化和更新所购买的家具和设备免征关税和相关费用。

（5）对由于固定资产原产地价格上涨，或者由于运输费用增加和汇率变化造成的增值部分免征关税和相关费用。

（6）经投资促进委员会同意，投资者可将获减免税的固定资产再出口。

（7）经投资促进委员会同意，投资者可出售获减免税的固定资产或在经过付费或完税后，将固定资产转让给投资促进法未包括的投资者。

3. 税收优惠：《投资促进法》将约旦全境分为A、B、C 3个发展区域，分别给予不同的税收减免。位于这些区域的项目，服务业项目从开业之日起，制造业从开始生产之日起，按下述比例减免所得税和社会服务税：A区：25％，B区：50％，C区：75％。至于国内一般公司的所得税

139

征税标准，依其营业性质而有所不同。如：矿产业、工业、宾馆和医院为15％；保险和金融机构为35％；其他行业为25％；农业项目为0％。

4. 给予外国投资者的保证：

（1）当地投资者和外国投资者享有同等待遇。

（2）除投资于建筑业、贸易或矿产开采等法律规定的行业要求有约旦合伙人之外，允许非约旦投资人拥有项目的全部和部分产权。

（3）除参与公共股份公司，非约旦人投资不得少于5万约第（合7万美元）。

（4）投资者有权以自己的方式经营公司，或通过委派的人管理投资项目。

（5）非约旦投资者有权不受延误，以可兑换货币形式，将投资资本、利润、收入、投资清算收益及项目部分或全部售出，收益自由汇出。

（6）为投资项目工作的非约旦技术人员和行政人员可以将工资和报酬汇往国外。

（7）除非为了公众利益并给予合理补偿，否则不得征用项目或采取类似措施。给予非约旦投资者的补偿必须以可兑换货币的形式。

（8）外国投资者和约旦政府机构之间发生的争端，可以通过友好协商解决，如果在6个月内不能通过友好协商方式解决，可以通过诉讼或通过投资争议和解国际中心解决（ICSID）。[①]

五、约旦经贸法律名录

《公司法及其修正案》、《进口与再出口商品统一费税法（修正）》、《约旦保护民族产品法》、《综合销售税法（修正）》、《商

---

① 转引自：驻约旦经商参处网站。

业代理法》、《海关法（1999年修正）》、《建筑承包商法》、《工业与贸易法（1998年第18号法令）》、《进出口法》、《外汇管制法及实施条例》、《鼓励投资法》、《普通营业税法》、《所得税法》、《统一关税法》、《亚喀巴经济特区法》、《劳动法及其修正案》。

第六章　中亚自由贸易区国际
经贸法律制度

第一节　中亚自由贸易区概述

一、中亚自由贸易区的概念与范围

英国著名地缘政治学家麦金德的著名三段理论指出："谁统治东欧及中亚，谁就控制大陆心脏；谁统治大陆心脏，谁就控制世界岛；谁控制世界岛，谁就控制全世界。"[①] 可见，中亚在控制世界中的重要作用。然而，"中亚"一词在不同历史时期不同文化背景下有不同的范围。目前，人们普遍接受的中亚范围是指以阿姆河和锡尔河两河流域为中心，包括哈萨克斯坦、乌兹别克斯坦、吉尔吉斯斯坦、土库曼斯坦和塔吉克斯坦这五个国家，即中亚五国。

随着世界经济一体化趋势的进一步加强，世界各国之间、各地区之间的经贸关系进入世界经济危机之后的相互渗透、广泛合作、利益共享的新阶段。处于亚太地区中心位置的中亚各国也积极采取全方位的开放

---

① ［英］麦金德（Halford J.Mackimder）林尔蔚、陈江译：《历史的地理枢纽》，商务印书馆，1985年版第13页。

政策,力求加强对外经济联系,广泛开展国际经济合作,特别是积极与各周边国家建立自由贸易区开展自由贸易。

中亚自由贸易区全称应为"中国—中亚五国自由贸易区",具体指中国、哈萨克斯坦、乌兹别克斯坦、吉尔吉斯斯坦、土库曼斯坦和塔吉克斯坦,依照谈判协议而建立起来的相互之间取消进口关税及其他贸易壁垒形式的经济一体化组织类型。中亚自由贸易区的范围涉及的国家即中国、哈萨克斯坦、乌兹别克斯坦、吉尔吉斯斯坦、土库曼斯坦和塔吉克斯坦。本章的中亚自由贸易区内容主要涉及中亚五国。

二、中亚自由贸易区各国的市场及经贸法律现状

中亚自由贸易区是在上海合作组织框架下形成的,是上海合作组织在地区经贸合作领域的终极目标。中亚五国石油、天然气、有色金属、水力等自然资源丰富,被称为21世纪的战略能源和资源基地。中亚五国也是原苏联重要的商品粮基地和欧亚大陆重要的优质长绒棉产区,农业和畜牧业基础相对发达。但农业与工业的发展比例都不协调,轻工业体系薄弱,第三产业都较落后。由于中亚五国在原苏联经济体中是作为一个整体来看待的,导致中亚五国之间在经济结构、产业结构等方面具有极强的相似性和同构性,相互之间在更深层次和更广领域的经贸合作具有很大的局限性。近年来,中亚五国结合本国实际,积极开展经济体制改革,实施对外开放政策,特别是在世界经济一体化进程加快、国际市场能源和原材料价格不断攀升的有利形势下,中亚五国通过产业调整,依靠石油、天然气和有色金属等传统贸易使得各国财政状况不断好转,经济实力不断增强。

(一)中亚自由贸易区的市场现状

中亚五国自1991年相继独立以来,各国结合本国经济现状,积极深

化产业结构，实施开放政策，通过吸引外资深入发展本国优势产业。实践表明，中亚国家经济兼有转轨国家和发展中国家的特点，并以此为起点迎接着经济全球化的考验。但由于中亚国家的经济基础薄弱，由计划经济向市场经济的改革并不十分成功，出现了很多问题，市场状况表现如下：

1. 面向市场经济的产业结构有待进一步优化。中亚五国由于基础设施陈旧，经济结构呈现单一化模式。虽然五国都有所调整，出现了一些轻工业，但由于调整不够彻底，工业化程度低，第三产业发展落后。这导致经济结构不合理，产业比例失衡，这不利于依靠自身资源开拓国内外市场。因此，中亚国家仍需要改造不合理的经济结构，实现产业升级，增强科技创新能力，改善投资环境，提高在国际市场上的竞争力。

2. 商品市场观念有待增强。由于受文化因素影响，人们缺乏商品市场观念，这阻碍了向市场经济过渡的步伐，出现了市场交易和非正式市场交易并存的现象。这集中表现在消费品市场。非正规的商品交易自由度高，价格很低，使得中亚国家中生活贫困的多数居民更易于接受。但从市场经济角度而言，在非正规的商品交易中流通的产品，其商品化程度低，这也会给政府的管理、税收造成了许多漏洞。

3. 适应市场的法律制度有待完善。由于经济发展起步晚，市场发育很不成熟，行政干预比较多。具体体现为法律法规不健全、操作不规范、信息不通畅。无论是生产资料市场、消费品市场，还是资本市场、劳动力市场都很不完善。但中亚各国为适应市场经济，正在不断地完善法律法规，其开发潜力比较大。

4. 各种市场特别是生产资料市场和消费品市场对外依赖比较严重。独立初期，中亚国家的市场短缺现象十分严重，特别是消费品供应不足。近些年，各国重视轻工业生产和第三产业的发展，但绝大多数生产企业的技术、设备普遍老化，产品的品种、档次和质量都有待扩大和提高。在本国产品无法满足需要的情况下，国外的商品大量涌入改善了供应状况，但也造成了对国外消费品市场的依赖。

（二）中亚自由贸易区的经贸法律现状

1. 哈萨克斯坦共和国

（1）哈萨克斯坦共和国经济结构概况

哈萨克斯坦的总面积约270多万平方公里，是中亚五国中面积最大的国家，2007年人口为1556.5万。哈萨克斯坦是多民族国家，其中哈萨克斯坦族人数最多。哈萨克斯坦民众主要信奉伊斯兰教。首都阿斯塔纳是哈萨克斯坦的政治中心、全国铁路交通枢纽，也是哈萨克斯坦主要的工农业生产基地。从经济实力来看，哈萨克斯坦一直居于中亚五国首位，也是独联体中经济发展最快的国家之一。

哈萨克斯坦自然资源丰富，品种繁多，经济以石油、采矿、煤炭和农牧业产业为主。其中油气资源非常丰富，陆上石油探明储量40亿吨，居世界第七位、独联体第二位。根据美国能源部能源信息署公布的材料，哈萨克斯坦所属里海地区石油储量约 1010亿–1096亿桶，占整个里海地区总储量的一半，天然气储量为153.3万亿立方米，占总储量的三分之一。目前，哈萨克斯坦所属里海地区石油探明储量80亿吨，其中仅最大的卡沙干油田石油可采储量达10亿吨，天然气可采储量超过1万亿立方米。石油开采业作为哈萨克斯坦经济的支柱产业，近年来产值占到哈萨克斯坦GDP的30％左右。金属矿藏也丰富，境内已探明的矿藏有90多种，许多矿种储量占全球储量的比例很高，其中钨的储量居世界第一位，铬和磷矿石居世界第二位，铜、锌、钼的储量占亚洲第一位，因而享有"能源和原材料基地"之誉。此外，哈萨克斯坦铀矿储量非常丰富，已探明储量约150万吨，占全球储量的19％左右，居世界第二位，仅次于澳大利亚。近年来哈萨克斯坦政府加大对生产设备和工艺进行更新改造的资金投入，使得该矿藏领域的开采、加工、冶炼工业基础得到进一步巩固和加强。哈萨克斯坦的煤炭地质储量为1700亿吨，主要分布在卡拉甘达州和东哈州等地，是世界10大产煤国之一。[①]

农牧业方面，哈萨克斯坦农作物主要包括小麦、棉花、玉米、大麦、燕麦、黑麦和水稻等。哈萨克斯坦既是粮食生产大国，也是粮食出口大国，主要出口产品是小麦和面粉。作为世界产棉大国之一，棉花种植区域遍布全国，棉花也成了哈萨克斯坦主要出口创汇产品之一。畜牧业基础相对发达，牧场占农业用地80%。羊只总头数和羊毛产量在经济中均占重要地位。哈萨克斯坦纺织工业基础薄弱，不能充分吸收和加工本国出产的棉花，导致轻纺产品需要进口。

（2）哈萨克斯坦共和国的国际经贸法律制度

哈萨克斯坦原有经济结构不合理，产业比例不平衡。为了改善经济结构，增强本国经济实力，为走向世界市场开拓道路，独立后，哈萨克斯坦开始实施全方位的对外开放政策，积极发展对外贸易，通过制定一系列优惠政策努力吸引外资和国外先进科技。

独立初期，哈萨克斯坦为摆脱经济困境吸引外资，于1991年颁布了《外国投资法》、《对外活动基本法》、《自由贸易区法》和《外汇调节法》等一系列促进对外贸易的法律法规及大量具有同等法律效力的总统令。随着哈萨克斯坦经济形势的好转和市场经济体制改革的不断深化，独立初期颁布的法律存在指导思想不明确，内容抽象，可操作性差的弊端日趋明显。为此，哈萨克斯坦在进一步开放市场吸引外资的同时，为维护本国最大利益，对之前的一些经贸法律进行了较大规模的调整。如1995年《工商登记法》、《总统关于放宽对外经济活动的条例》、《关于外国人法律地位的命令》、《关于调整和发展1995年哈萨

---

① 中国驻哈萨克使馆经商参处http://kz.mofcom.gov.cn/index.shtml.

克斯坦外汇市场的总统令》和《关于对哈萨克斯坦吸收外资过程加强国家有效管理和调节办法的总统令》；1996年颁布的《关于经济特区的总统令》；1997年颁布的《国家直接投资法》、《总统关于确定吸引国外直接投资的重点经济部门名单的命令》和《投资基金法》等；1998年颁布的《有限责任公司和补充责任公司法》；2000年颁布的《劳动法》；2001年颁布的《税收法》、《外汇调节法》、《许可证法》、《标准法》、《补贴与反补贴法》、《反倾销法》、《保障措施法》、《专利法》、《商标、服务标记及原产地名称法》、《著作权法》、《集成电路拓扑图保护法》、《不公平竞争法》、《银行法》、《融资租赁法》、《金融市场及金融机构监管法》、《建筑法》、《电信法》、《谷物法》、《交通法》和《反垄断与价格法》等；2003年颁布的《海关事务法》、《土地法》和《投资法》等，其中《投资法》颁布后又于1995年颁布了《外国投资法》和1997年颁布的《国家直接投资法》。[①]近年来，哈萨克斯坦为适应新形势的需要，每年都有新的法律法规或总统令出台。哈萨克斯坦的重点国际经贸法律制度将在下节详述，在此不予赘述。

2. 乌兹别克斯坦共和国

（1）乌兹别克斯坦共和国经济结构概况

乌兹别克斯坦总面积为44万多平方公里，2006年人口2649万，是中亚人口最多的国家。乌兹别克斯坦有129个民族，乌兹别克族占一半以上，居民大多信奉伊斯兰教，官方语言为乌兹别克语，俄语为通用语。首都塔什干是一座新型的欧洲化的城市，是中亚地区第一大城市和重要的经济和文化中心。

从地理学角度分析，乌兹别克斯坦处于中亚腹地，是欧亚大陆的交通

---

① 中国驻哈萨克使馆经商参处http://kz.mofcom.gov.cn/index.shtml.

要塞，古代也曾是重要的商队之路的会合点，著名的"丝绸之路"途经之地。

乌兹别克斯坦的传统产业是农业，主要产品有棉花、小麦、大米，其中棉花产量位居世界第五位，出口产量位居世界第二位。乌兹别克斯坦的畜牧业历史悠久，以生产毛、肉为主，并生产和出口大量羔皮。其中年产高质量的卡拉库尔羔皮约70万张，占世界第二位。粗羊毛年产量2万吨左右。乌兹别克斯坦养蚕业发达，年产蚕茧约1.6万吨，占世界第六位。

乌兹别克斯坦的能源资源主要有石油、天然气和煤炭，其中天然气的储量使其成为世界上15个拥有丰富天然气资源的国家之一，在中亚仅次于土库曼斯坦，居独联体第三位。油气资源分布面积大，可以分为5个主要的石油天然气区域，即乌斯秋尔特油气区、布哈拉－希瓦油气区、吉萨尔西南部油气区、苏尔汉河油气区、费尔干纳油气区，各区域内油气田数量不等，最多的是"布哈拉－希瓦油气区"。

乌兹别克斯坦的有色金属资源丰富，其中黄金已探明储量2100吨，前景储量3350吨，居世界第四位，年产量80多吨，居独联体国家第二位、世界第八位；铜勘探储量30多亿吨，居世界第十位，年开采量约5000吨－6000吨，居世界第十一位；钼储量占世界第八位；镉开采量占世界第三位；锌、钨砂、镍和钡等有色金属产量均占原苏联40％以上。乌兹别克斯坦有三大生产黄金和其他稀有金属的企业：纳沃伊冶金联合体、阿尔马雷克冶金联合体和黄金生产联合公司，其冶金工业和生产能力在中亚地区位列第一。

（2）乌兹别克斯坦共和国国际经贸法律制度

乌兹别克斯坦独立后，为了促进和鼓励发展外贸，国家开始进行由计划经济向市场经济过渡和转轨的经济改革。在改革初期，乌兹别克斯坦总统提出了经济改革的五项方针：经济优于政治；国家是主要的改革者；法律至上；实行强有力的社会保障措施；分阶段地向市场经济过渡。[①] 乌兹别克斯坦结合本国基本国情，主要从以下六个方面进行经济改革：实行自由竞争的经营机制；减少国有经济的比重；建立市场经济体制；与世界经济接轨；强调国家的宏观调空职能；形成完善的社会保障制度。[②]

为顺应经济改革的发展，鼓励外资大量流入本国，促进经济全面发展，并使其融入世界经济体系，乌兹别克斯坦制定和颁布了一系列重要法律、法规、总统令和政府决议。其中主要的法律法规包括《对外经济活动法》、《自由经济区法》、《外国投资法》、《外国投资保护法》、《关税法》、《外资出口产品有色金属、黑色金属、贵重金属、石油、天然气、棉花及短绒外商活动保障法》、《税法》、《海关法》《投资法》、《投资者活动保障法》、《企业、公司及组织税法》、《土地税法》、《土地法》和《车辆与交通工具税法》等。

在社会实践中，为了灵活应对复杂的国际经济形势变化，弥补法律法规在经济引导与调控中的不足，乌兹别克斯坦常常以总统令及政府决议来调整或规范外商及外国投资者在乌兹别克斯坦的经济贸易与投资生产经营活动。如1996年10月乌兹别克斯坦内阁颁布了《关于进一步放宽外贸政策、改善外贸经营》的决议，制定了进出口关税税目、税率，缩减了许可证商品清单，简化了外贸业务审批程序。1996年内阁又颁布了《关于完善外贸调节机制的决议》和《关于放宽出口政策补充规定》的第219号决议。为了鼓励出口生产，1997年颁布了第1871号《关于鼓励产品工程、服务出口的总统令》。1998年乌兹别克斯坦内阁批准了《乌

---

① 陈明山，何希泉：《中亚地区目前形势特点及发展前景》，载《现代国际关系》，1995年第2期。
② 王国英，孙壮志：《乌兹别克斯坦的经济体制改革》，载《东欧中亚市场研究》2002年第2期。

兹别克斯坦国家出口发展纲要》。此外还包括《关于鼓励生产企业出口产品的补充措施的总统令》、《关于深化经济改革、保护私有财产和发展企业经营活动的总统令》、《关于刺激和鼓励私营经济的总统令》、《关于鼓励创建外资企业的补充措施的总统令》、《乌政府关于进一步完善和放宽对外经济活动的规定》、《乌政府关于进口关税制度的规定》、《乌政府关于国家扶持轻工业和地方工业的措施的规定》和《乌政府关于规范进出口业务的补充措施》等。

3. 吉尔吉斯斯坦共和国

（1）吉尔吉斯斯坦共和国经济结构概况

吉尔吉斯斯坦的总面积为19.85万平方公里，2007年人口520多万。有80多个民族，吉尔吉斯族占一半以上。居民主要信奉伊斯兰教，首都比什凯克。吉尔吉斯斯坦主要经济产业有农业、矿藏开发、电力、石油化工、食品和农副产品加工等。

农业方面，吉尔吉斯斯坦是一个种植业与畜牧业并重的国家。截至2005年底，吉全国可耕地面积为123.89万公顷，主要农作物有小麦、玉米、燕麦、烟叶、棉花、制糖用甜菜、油料作物和蔬菜等。全国草场和牧场的面积合计918.48万公顷，大部分属天然牧场，具有发展畜牧业的良好自然条件。吉尔吉斯斯坦以饲养细毛羊和肉乳两用性畜为主，羊只头数和羊毛产量曾在原苏联中居于第三位。

吉尔吉斯斯坦的能源有煤炭、天然气、石油和水能，其中煤炭在中亚居重要位置，有些煤不仅储量丰富、质量好，是优质燃料，还是煤化工的重要原料。煤田主要分布在南北天山地区，部分煤田可露天开采，被称为"中亚煤斗"。主要矿产为有色金属和稀有金属，其中汞和锑的储量和产量均居原苏联第一位，锡产量和汞产量占独联体第二位，锑产量占世界第三位，仅次于中国和玻利维亚；黄金储量丰富，且品位较高，年产量基本保持在20吨左右；铀矿储量居独联体国家首位，同时是世界主要的产铀国；汞锑矿储量居独联体首位，在亚洲也仅次于中国和泰国而居第三。吉尔吉斯斯坦水利资源丰富，水能蕴藏量在独联体国家中居第三位，仅次于俄罗斯和塔吉克斯坦，吉尔吉斯斯坦电力除自用外，还向俄罗斯、哈萨克斯坦、塔吉克斯坦和乌兹别克斯坦等周边国家出口，对我国也有少量出口。

此外，食品和农副产品加工也是吉尔吉斯斯坦最重要的生产部门之一，主要包括制糖、糕点和糖果加工、粮食和饲料加工、啤酒和非酒精饮料酿造、奶制品加工、肉制品加工、果蔬加工、甜酒酿造、油脂加工和烟草加工等。

（2）吉尔吉斯斯坦共和国国际经贸法律制度

吉尔吉斯斯坦共和国于1998年加入世贸组织，是中亚五国中唯一加入世贸组织的国家，也是最早被西方国家承认为市场经济发展较快、市场开发程度和国家法治化程度均较高的国家。

为优化外商投资环境，完善其国际经贸法律制度，提高国际竞争力。吉尔吉斯斯坦制定了一系列对外经贸的法律法规，主要有：《吉尔吉斯斯坦共和国外国投资法》、《吉尔吉斯斯坦共和国外商租赁企业经营法》、《吉尔古斯斯坦共和国自由经济区法》、《比什凯克自由经济区条例》、《吉尔吉斯斯坦共和国公司法》、《吉尔吉斯斯坦共和国反垄断和保护竞争法》和《吉尔吉斯斯坦共和国海关关税法》等。根据上述相关法律可以得出：吉尔吉斯斯坦对外国投资者不存在歧视和特别限制的情况，对外国投资者实行国民待遇。即除与国防、国家安全、人民健康和社会道德有关的活动外，外国投资者可以从事同吉尔吉斯斯坦共和国的自然人和法人从事经济活动相同的投资。对外国投资者，不得以国籍、居住地、宗教信仰、从事经济活动地点不同以及投资者投资的国别不同而对其进行任何歧视。外国投资者享有对自己的合法财产、产权和投资权自由支配的权利。外国投资企业依法享有充分对投资形式与规

151

模、法定资本的组成和机构设置等的选择权以及自由经营自由权等。这种贸易自由化趋势的加强，加快了吉尔吉斯斯坦的对外贸易步伐，增强了本国应对世界市场的的经济竞争力。

4. 土库曼斯坦共和国

（1）土库曼斯坦共和国经济结构概况

土库曼斯坦是位于中亚西南部的内陆国，面积49万多平方公里，80%的领土被卡拉库姆大沙漠覆盖，是世界上最干旱的地区之一，人口有680多万。全国有100多个民族，其中土库曼族占70%以上，主要信奉伊斯兰教。首都阿什哈巴德。土库曼斯坦主要经济产业有油气开采，农牧业，棉花种植和纺织业。

土库曼斯坦地下蕴藏丰富的石油和天然气资源。其中天然气储量为22万多亿立方米，占中亚地区天然气储量的56%，人均储量可与沙特阿拉伯相比，开采量年均达600亿–800亿立方米，约占世界总储量的四分之一，居中亚国家第一位，世界第四位。该国最大的气田是位于阿姆河盆地的多沃列塔巴德气田（储量1.3万亿立方米）和位于穆尔加贝河盆地的雅什拉尔气田。石油储量为120亿吨，探明储量约有11亿吨，居哈萨克斯坦之后，居中亚国家第二位。

土库曼斯坦也是中亚重要的棉花产区，2005年，棉花产量达73.7万吨。该国政府结合本国自然地理环境，积极引进外资深化对棉花的加工，使其加工能力从上世纪90年代初期的3%提高到40%，到2010年，土库曼斯坦棉花加工能力将有望达到100%。土库曼斯坦有较丰富的纺织原料，如棉花、蚕茧和羊毛等。土库曼斯坦政府也非常重视发展本国纺织业。目前，纺织建筑项目占全国工业建筑项目合同总金额的25.6%。自独立以来已建成19座大型纺织综合体，另有10余个正在建设中。

（2）土库曼斯坦共和国国际经贸法律制度

为了发展对外经济活动和吸引外资，加快国内经济的振兴，从而增强本国的经济实力，土库曼斯坦国家议会先后通过了《外国投资法》、《对外经济活动法》、《外国特许权法》和《投资活动法》。其中《外国特许权法》规定，对于建立合资企业的外国公司或投资于石油、天然气领域的外商，通过竞争可获得特许权。之后发布的《总统关于保障外国投资和资本的决议》对于上述法律进行了增补。

保护外资的法律法规和优惠政策还包括：《油气资源法》、《外国租赁法》、《外国投资保障法》、《对外土地租赁法》、《自由经济区法》、《工商会法》、《土库曼斯坦商品和原材料交易所法》、《外资企业、外国公司办事处和代办处办理国家登记程序条例》和《土库曼斯坦外资项目登记、批准及监督实施条件》等。其中，有起保护投资者切身利益的作用；有保护以任何所有制形式投资的权利的规定；有旨在进一步加强对外资的使用和管理的规定等。

5. 塔吉克斯坦共和国

（1）塔吉克斯坦共和国经济结构概况

塔吉克斯坦是位于中亚东南部的内陆国，总面积为14.31万平方公里。地处山区，境内山地和高原占90%，其中约一半在海拔3000米以上，有"高山国"之称。塔吉克斯坦人口为600多万，主要民族为塔吉克族占70.5%，居民大多信奉伊斯兰教，国语为塔吉克语，俄语为族际交流语言。杜尚别是塔吉克斯坦共和国的政治、经济、文化和交通中心。

塔吉克斯坦的优势产业是电力工业。塔吉克斯坦境内江河湖泊的水利资源极为丰富，总蕴藏量在6400万千瓦以上，年发电量可达5270亿千瓦时，总量居世界第八位，人均电力资源蕴藏量居世界第一，除供应本国外，还可出口周边的中亚国家。

塔吉克斯坦的能源主要是煤炭，目前探明总储量在30亿吨左右，矿床35个。石油和天然气方面，据初步探测结果显示，石油储量为1.2亿吨，天然气8800亿立方米，其中瓦赫什油气区的原油是重油、蜡和硫的

153

含量高，主要用来生产沥青和作锅炉燃料。铀储量居独联体首位，铅、锌矿占中亚第一位。

农业是其经济的主导产业，又以棉花种植最重要。产优质长绒棉，单产很高，在原苏联各共和国中居于首位，总产量则居第三位。此外，采矿业、食品加工业、畜牧业也居重要地位。

（2）塔吉克斯坦共和国国际经贸法律制度

塔吉克斯坦共和国是前苏联经济实力最弱、社会经济发展水平最低的国家。独立后，塔吉克斯坦积极实行对外开放政策，重视与邻国的对外贸易。

为吸引外资，塔吉克斯坦积极致力于对外经贸合作方面的法律法规建设。主要的经贸法律法规有：《塔吉克斯坦共和国外商投资法》、《塔吉克斯坦共和国对外经济活动法》、《塔吉克斯坦共和国企业法》和《塔吉克斯坦共和国企业注册法》。

其中《塔吉克斯坦共和国外商投资法》规定：外商投资形式包括现金，特别银行存款，股票和其他债券；动产设备和其他物资等；不动产；知识产权；土地使用权，其他自然资源使用权及其他不动产权。用于补充流动资金的投资也可以采用资本投入的形式。该法律对外国投资者的保障的例外情形有两种：一是因国防、国家安全、社会秩序、公众健康和道德需要，可将其境内的外国投资收归国有；另外一种是因发生自然灾害、特殊事故、流行病及其他紧急情况，国家也可征用外国投资及其收益。但该法义明确规定一旦发生征用必须尽快给予补偿，不得无故拖延，补偿金额应与征用发生时外国投资的实际价值相符。

第二节　哈萨克斯坦国际经贸法律制度

一、哈萨克斯坦国际经贸法律制度概述

自1991年独立后，哈萨克斯坦开始实行经济改革，特别随着中亚地区安全形势的好转，哈萨克斯坦在国内现有的投资能力远远不能满足经济增长对投资需求的情况下，政府意识到资金短缺已成为制约哈国经济进一步稳定发展和实现持续增长的关键因素，因此，政府借鉴其他国家发展经济的宝贵经验，加大了吸引外资和改善投资环境的力度。即一方面加大对外开放力度、加强宏观调控、积极引进外资，在重点发展本国优势产业的同时，加紧采取措施使经济由单一制向多样化多层次方向发展。另一方面，积极建立与健全对外经贸法律秩序，制定了吸引外资的优惠政策，以此来鼓励外商到本国投资，从而加快本国经济稳定发展的步伐。

近年来，哈萨克斯坦在吸引外资方面取得了很大成就。截至2004年12月，哈萨克斯坦共引外资累计约342.56亿美元。至2004年12月底合资企业6242家（小型企业6125家，中型企业20家，大型企业97家）。外商独资企业9565家（小型企业9399家，中型企业117家，大型企业49家）。外资投入的主要领域是：石油天然气、矿山冶金工业、金融等。哈萨克斯坦鼓励吸引外资的主要领域是基础设施、加工工业、农业和新都建设等。实践证明，在开拓国内外市场、开展国际经贸合作、引进外资和先进技术的过程中，法律可以明确双方之间的权利与义务关系，能够为保证各方的合作有序、顺利地开展提供机制保障。但一国的对外贸

易法律制度建设会受到该国经济发展水平的制约。综观哈萨克斯坦的国际经贸法律制度，可以得出以下观点：

（一）频繁立法导致法律缺乏稳定性、连续性和统一性。由于哈萨克斯坦正处于经济转轨阶段，市场经济体制尚未完全确立，为了适应经济的发展，在短时间内出台一系列外贸法律、法规。但由于立法理论不成熟、时间短促以及立法技术上的不足，致使其对外经贸法律缺乏稳定性、连续性和统一性。特别是经常采取一种具有法律效力的总统令、内阁规定等文件的形式改变一些现存的对外经贸法律制度。

（二）执法不规范影响投资环境。哈萨克斯坦法律体制和管理体制不健全，政府职能部门和国家司法机关法律意识淡薄，在执法过程中表现出不规范性，致使对外贸易法律中的投资优惠在执行中得不到充分的实现，无形中加大了外商投资的风险系数。另外，在哈萨克斯坦，贪污腐败现象严重，这也成为影响投资环境的重要负面因素。

二、国际商事交易法律制度

目前，哈萨克斯坦已全部放开对外贸易，所有自然人和法人均可从事对外贸易活动。同时，哈萨克斯坦的经贸立法体制已经完成了"双轨制"向"单轨制"的转变。这意味着在哈萨克斯坦实行了"一视同仁"的国民待遇，外资企业与内资企业在市场主体中的地位平等，也意味着一部法律既调整外国的投资法律关系又调整本国的投资法律关系。

现行的调节自然人和法人的经贸活动的主要法规包括：《国有企业法》、《有限责任和补充责任公司法》、《股份公司法》、《农业合伙公司及其协会法》和《许可证法》等这些法规界定了各种形式公司各自的活动领域、成立和解散的程序以及不同的管理方式，有利于外商投资建立公司进行商事交易活动。

（一）1995年6月颁布的《国有企业法》。该法主要规定了国有企业的两种类型、两种企业的经营活动领域、两种企业的资金来源等。即国有企业有两种：有经营行为权的国有企业和有作业管理权的国有企业。有经营行为权的国有企业活动领域为：军事工业、放射性物质生产和销售、药品及其生产设备、能源、水利、供暖、交通、通信、公共设施、居民住宅服务、银行、保险、公路交通、邮政、电信、卫生、环保、教育、社会保障、科学、文化、体育、大众传媒、出版和印刷等。有作业管理权的国有企业活动领域为：紧急矿山救助、火灾水灾救助、刑事执行、大地测绘、地图印刷、卫生、环保、教育、社会保障、科学、文化、体育、办公楼开发、为国家机构提供保障服务、开辟航道、开发水力设施和其他国家垄断的领域。有经营行为权的企业自负盈亏，国家拨款须符合相关法规，企业有向国家财政上缴收入的义务，上缴标准每年5月1日之前由管理机构会同财政部制定。有作业管理权的企业主要依靠国家采购的预算生存，国家采购须经企业主管部门批准，企业超出预算以外的收入上缴有关财政。

（二）1998年4月22日颁布《有限责任和补充责任公司法》。该法主要规定了有限责任和补充责任公司法的定义、有限责任公司成立的要件及程序、参股人的权利与义务、补充责任公司法定义及其相关法律等内容。体现了有限责任公司拥有民事权及相关权利；如果有限责任公司的组建文件没有规定其存在的期限和确定的目的，那么就认为它的组建是无期限的；有限责任公司参股人不能超过50人；有限责任公司自国家注册之日起成立；注册资本的最初数额等于组建人投资的总额，并不能低于提交注册文件之日期计算指标的100倍；参与者在注册登记时可投入不少于注册资本总额25%的资金，但是不应低于注册资本的最小限度。全部注册资金到位的时间不超过一年；如果证明公司的参与者的确为了公司利益而活动，则全体参与者对公司在注册登记之前的成立过程中出

157

现的债务负连带责任，公司在获得全体大会同意后对这样的债务负责任等。

（三）2000年12月25日颁布《农业合伙公司及其协会法》。该法规对农业合伙公司作了定义；还体现了农业合伙公司的基本原则主要为自愿参加及一个成员有一票表决权；农业合伙公司的活动领域包括农产品销售、加工、物资技术供应、服务和其他综合领域；公司的财产由股份费、自身经营收入及其他法律允许的收入组成；成员全体大会为农业合伙公司最高机构，执行机构为董事会，监察机构为监察委员会，监察委员会由全体大会设立，目的为监察执行机构的工作；公司的财产以货币方式划分为成员的股份，股份基金会的规模、每个成员必须缴纳和补充缴纳的股份费数目由全体大会根据公司给予该成员的服务量决定；公司可在州和全国级别上组成协会（联合会）；公司根据法律规定以自己的财产对所有属于公司的债务负责任等。

（四）2004年9月颁布的《法人注册法》。该法设立的目的在于降低投资企业设立成本，增强投资的吸引力。体现在简化注册程序，即规定了投资者可以在10个工作日内一次性通过司法、统计和税务机关的注册程序。此外，哈萨克斯坦还出台新规定，将设立企业法人、分支机构和代表处的注册费用由原来的150美元降为57美元，中小企业及其分支机构和代表处的注册费用由原来的40美元降为17美元等。

结合上述相关法律，在哈萨克斯坦开办公司和公司代表处的程序如下：

哈萨克斯坦共和国司法部为办理公司、企业和代表处登记注册的哈萨克斯坦政府主管部门，负责审核所交文件是否符合有关程序，在15天之内决定是否对申请者进行登记注册，并对符合要求者颁发有关的登记注册证书。

其中登记注册独资公司应提交的文件：

登记申请：经公证的成立大会纪要（如创办者超过一个人）；

章程：创办者批准的章程；成立合同（如创办者超过一个人）；

银行证明：已将不少于创办文件中指出的法定资金的25％存入银行的银行证明，或关于对创办者的投入资金评估已进行过独立的审计检查的文件；如创办者之一为国有企业，则应提交其同意投资的证明；如投资者为法人，应提交经过公证的国家登记证书和统计卡复印件，如投资者为自然人，应提交其护照复印件；

其他：统计机构颁发的统计卡；证明法人位置的文件；交纳登记费收据或支付委托书的复印件。

登记注册代表处应提交的文件：登记申请；法人批准设立代表处的文件；

委托书：附有经过公证的哈语或俄语译文的法人发给代表处领导的委托书；附有经过公证的哈语或俄语译文的法人成立代表处决定的摘录；

经过认证的商业目录摘录或附有经过公证的哈语或俄语译文的其他能证明根据本国法律在哈设立代表处的主体为法人的文件；

经过公证的法人成立文件的复印件或附有经过公证的哈语或俄语译文的含有法人经营种类的成立文件的摘录；

其他：证明外国法人代表处位置的文件；交纳国家登记费收据或支付委托书的复印件。

拟在哈登记注册公司或代表处的中国法人或自然人，有关其情况的文件须到哈驻华使馆进行认证。最好委托哈当地的律师到司法部登记注册。

外国人在哈萨克斯坦申办劳动许可应提供的文件及应交费用

应提供的文件：

1.营业执照复印件；

2. 经公证的公司章程复印件；

3. 劳动力、自然人、法人来哈合同复印件（合同应包括工作地点、医疗保险责任和义务、劳动保护责任和义务、在哈期间发生意外事故保险规定、发生死亡事故时遗体运回国内费用规定）；

4. 如外国公民担任领导职务，应提供医疗保险证明复印件；

5. 来哈的外国专家、工作人员的姓名、出生年月、国籍、专业或文化程度、将担任何种职务清单（5份）；

6. 相关专业（学历）证明；

7. 哈卫生部所要求的体检证明（包括爱滋病检验证明）。

应交的费用：

1. 相当于20倍核算指标的许可费；

2. 补偿费用：在哈工作的每个专家每月应交纳相当于3倍核算指标的补偿费用；工作人员每月应交纳4倍核算指标的补偿费用；

3. 高于回程机票金额20%的保证金，如本人持有回程机票，则无须交纳保证金，但必须提供回程机票复印件；

4. 每人应交纳1000美元保证金（按当时比价兑换成坚戈），离开哈境时返还。

三、国际经贸（商品进出口）管理制度

哈萨克斯坦贸易工业部是管理进出口贸易的主要部门。近几年，哈萨克斯坦的总体经济保持较快的发展速度，其中外贸进出口额大幅增长。

从商品结构上看，哈萨克斯坦主要出口商品为石油天然气等矿产品、金属及其制品和食品及原料等；哈萨克斯坦主要进口商品为机械设备、交通工具、仪器仪表、沥青物质、矿产品和化工产品等。可见，石

油、矿产资源的开采、加工和出口在国民经济中仍然占据主导地位。为了规范商品进出口的国际经贸活动，哈萨克斯坦制定了一系列法律法规及总统令。目前，主要有：

（一）进出口商品的管理制度。为保护本国生产者和哈萨克斯坦共和国经济安全，哈萨克斯坦颁布了《哈萨克斯坦政府关于阻止不合格（劣质）商品入境的命令》、《哈萨克斯坦针对进口商品采取保护国内市场措施法》和《进口者须知》等。

根据《哈萨克斯坦政府关于阻止不合格（劣质）商品入境的命令》的规定，向哈萨克斯坦共和国境内进口及销售未经检验的且没有国语（哈语）和俄语说明的商品，包括商品名称、生产国、生产企业名称、生产日期、有效日期、保存条件、使用方法和食用价值等商品禁止入境。该法第2条规定"哈萨克斯坦标准计量检验委员会，哈萨克斯坦动力、工业和贸易部，国家收入部海关委员会按照法律程序保障下列事项：（1）按本命令的第1条进行检查；（2）在办理海关手续的同时，进行抽样检验"。这明确了对进口商品进行检查的机关和进行抽样检验时间段。同时规定，国家财政部的国有资产和私有化委员会按照和国家收入部海关委员会签订的协议，应在各海关为隶属于国家标准、计量和检验委员会的国家机关实行进口货样检验提供场所。还规定标准、计量和检验委员会，动力、工业和贸易部必须做到：对需要检验的产品要按照说明书进行严格的检查；不按规定程序销售应检验产品者要依法受到惩处；银行在国家机构和其他组织的协助下，负责对不合格（劣质）产品进行清查工作；会同共和国司法部及其他相关部门按规定程序提出关于在共和国法令中作出对违反规定进口和销售未经检验且无国语（哈语）及俄语说明书的产品的行为追究责任的提案，说明书应包括生产国及厂家、生产日期、保质期、保存条件、使用方法和食用价值等。

为了保护本国商品生产者的利益，消除因进入哈萨克斯坦共和国

161

关境的商品数量增加而引起的严重损失或严重损失的威胁，哈萨克斯坦颁布《哈萨克斯坦针对进口商品采取保护国内市场措施法》。该法共10条，内容包括本法律所涉及的基本概念、目的、适用范围、权力机关及保护程序等，其中强调"保护性措施仅在受进入哈萨克斯坦共和国关境的商品数量增加的影响，给本国生产者造成严重损失或严重损失威胁的情况下采用。保护性措施适用于在不存在歧视的基础上进口的商品，不取决于商品的原产国家。"

在《进口者须知》中，明确了以下内容：

1. 进口商品的预检：进口商品预检的委托：哈萨克斯坦共和国海关委员会委托一公司对进入哈萨克斯坦的商品进行检验，检验费用由哈萨克斯坦海关委员会支付。预检的项目有：商品质量和数量；出口市场价格；海关课税价值；海关分类；海关获得的综合资料与获得的综合资料的比较分析等。规定进口商品总值小于3000美元的不必预检，进口商品总值超过3000美元的应分批供货。还规定由以下国家进口的商品不属于预检的商品：亚美尼亚、阿塞拜疆、白俄罗斯、格鲁吉亚、吉尔吉斯斯坦、摩尔达维亚、俄罗斯、塔吉克斯坦、土库曼斯坦、乌克兰和乌兹别克斯坦。无须预检的商品包括：贵重宝石和金属；艺术品；爆炸物；炸药、武器；活畜；现期报刊、杂志；生活用品和私人物品；包裹、商业样品；礼品；准备赠送的礼品；或者从国外得到的礼品以及国际组织给慈善机构赠送的礼品；赠送给外国代表团、专家代表团以及联合国组织的礼品或物品；核材料、核技术工艺。

2. 进口预检通知单的填报：进口预检通知单由进口者填写并申报提呈给公司在供货方所在国家的代表处。进口预检通知单中填写的项目：供货者、进口者、供货国、货物清单、关于账号和单证等有关资料检验结果报告单的接收单位、海关优惠、是否由海关支付费用等。

3. 检验结果报告单的提供：当向在阿拉木图的办事处提交了最终的

全部单证及海关必须的手续后，向进口者提供检验结果报告单地证：当进口者需要证实商品是同一产地的情况下，须出具商品产地证。

4. 检验要求（铅封）：满载的集装箱，应该尽可能有永久性铅封。

5. 禁止的物品和商品： 炸药、武器，麻醉品及治疗精神病的药品等，规定不准进、出口的出版物，其中包括淫秽品。标有的物品只有在具有许可证的情况下方可进口。

2008年6月24日发布的哈总理马西莫夫12日签署的《关于批准实施进出口商品许可制度、包括出口商品管制和进口自动许可证商品清单》的政府令公布。政府令明确了纳入许可证管理清单的主要商品有：武器及军工产品及服务，火药及爆炸物，稀有金属、贵重金属，核原料、工艺、设备和装置及 α 、 β 、 γ 放射源，植物源性及动物源性制药原料，有毒物质，侦查专用技术设备及物品，医用透视装置，密码保护的资料及文件，鸦片原料，白磷，白节油，杀虫剂，工业废料，酒精半成品，乙醇，麦芽制啤酒，白酒，葡萄酒，白兰地，兽角，以及2008年2月5日第104号政府令中列明的出口监管清单中的商品。[1]

（二）商品进出口税收制度。由于哈萨克斯坦已经完全放开贸易权，所有自然人和法人均可从事对外贸易活动，这也包括外商投资的法人。目前，调整商品进出口税收制度主要有：《哈萨克斯坦共和国税法》、《哈萨克斯坦共和国海关事务法》、《哈萨克斯坦对进口商品征收增值税和消费税的实施细则》和《哈萨克斯坦共和国进口商品增值税征收办法》等。

根据2009年1月1日实施的《新税法》的规定，外国投资者在商品进出口税收制度方面，取消了税收优惠，保留了关税优惠政策，即凡与工贸部投资委员会签订了投资合同的外国投资者，可以享受进口生产所需

---

① 中国驻哈萨克使馆经商参处 http://kz.mofcom.gov.cn/index.shtml.

设备免关税的特惠。新税法对缴纳了"矿产开采税"和"矿产出口收益税"的企业取消了出口关税。新税法自2009年1月1日起对商品进出口还适用以下特别规定：

1. 凡其他国家、政府和国际组织提供的用于人道援助和慈善目的的进口商品，包括提供的技术援助，除应征消费税的商品外一概免征增值税。

2. 用其他国家、政府和国际组织提供的资金购买的进口商品也免除增值税，生产货币的进口原料亦免征增值税。

3. 进口药品和医疗用品免征增值税。免征增值税的医药用品包括：药品、医疗（兽医）用品，修复整形用品、聋哑盲人器械和医疗（兽医）器械；用于生产各类医药用品的材料、设备和配套设施，包括药、医疗（兽医）用品和器械。

根据《海关事务法》的规定，国家大力倡导出口贸易，除对某些动物的皮毛以及废旧金属的出口征收出口关税之外，其余商品免征出口关税和增值税。一般情况哈萨克斯坦不要求进口产品提供原产地证明，但是为了进一步完善商品原产地证书发放机制，根据哈萨克斯坦《海关事务法》规定，进口产品在下列情况下必须出示原产地证书：需要对进口货物提供关税优惠；从某些国家进口的货物适用于非关税调节措施，哈萨克斯坦海关部门有理由认为该进口货物产于上述国家；哈萨克斯坦参加的国际协议和哈萨克斯坦关于保护自然环境、居民健康，保护消费者权利，维持社会秩序和国家安全以及对哈萨克斯坦国家利益至关重要的法律对此有规定。

按哈萨克斯坦现行海关法的规定，哈萨克斯坦海关有三种不同的关税征收方式：从价税、从量税和混合税。哈萨克斯坦进口关税通常每年调整一次，大约95%以上的进口产品从价税都在0%-15%，加权平均税率为8.6%。除关税外，还征收进口增值税，税率为14%。部分消费品包括各种酒和酒精、香烟、鱼子酱、汽油、柴油、汽车等产品的进口还征收消费税。此外，哈对每笔进口贸易征收50-70欧元的清关费。

四、投资贸易环境及法律制度

（一）投资贸易环境

2010年1月29日，哈萨克斯坦共和国总统努·纳扎尔巴耶夫在题为《新的十年——新的经济腾飞——哈萨克斯坦的新机遇》的国情咨文中指出："世界金融经济危机影响了经济增长的速度，但未能阻挡我们发展的脚步。积累起来的经济潜力帮助我们顶住了最近3年的严峻危局并继续保持了稳定。""2009年我国经济增长1.1%，工业增长1.7%，我们已跻身于"突破集团"正增长国家的行列。目前，国际储备总额和"国家基金"资产已超过500亿美元，近10年来增长了24倍多。""利用基金，我们不仅实施了反危机措施，而且还向国家返还了原本决定在困难时期被迫转让的重要资产，其中包括：埃基巴斯图兹1号国有地区电站，"勇士"露天煤矿，我们在卡沙干油田项目中的股额，以及曼吉斯塔乌油气公司和全部3个炼油厂。失业率控制在6.3%，这一数字比危机发生前要低。由于"就业战略"的有效实施，国家提供的工作机会超过了40万个。"在吸引外资方面，努·纳扎尔巴耶夫强调："为落实各项多元化计划，仅靠国家单一的资源显然是不够的。外国直接投资应成为多元化的主要源泉。""我们要为有意来哈萨克斯坦工作的投资商创造最具吸引力的环境。"并要求政府重新审视经济特区和工业园的工作，积极结合工业发展的重点项目，制定新的经济特区法案及修改其他法律来增强外商投资吸引力。

（二）与投资贸易相关的法律制度

相关投资贸易法律制度的健全，在规范外资投资贸易行为的同时，

165

也降低了外资贸易投资的风险，这有利于营造安全、稳定、和谐的投资贸易环境。与其他中亚四国相比，哈萨克斯坦共和国有良好的投资环境，在其宪法和其他规范法规中，对投资者在哈萨克斯坦境内投资作了各种保证。

目前，与投资贸易相关的法律有：《哈萨克斯坦共和国投资法》、《哈萨克斯坦外资纳税优惠条例》和《哈萨克斯坦共和国对直接投资项目的国家优惠政法》等。哈萨克斯坦于2003年1月颁布了新的《哈萨克斯坦共和国投资法》同时废止了1994年12月颁布的《哈萨克斯坦共和国外国投资法》、1994年12月颁布的哈萨克斯坦最高苏维埃《关于〈哈萨克斯坦共和国外资法〉执行程序的决议》和1997年2月颁布的《国家鼓励直接投资法》。

新《哈萨克斯坦共和国投资法》共4章24条，规定政府对投资，包括外商投资的管理程序和鼓励办法。根据新的《哈萨克斯坦共和国投资法》规定，国家通过实施特惠政策，通过政府授权机关鼓励外资流向优先投资领域的投资。目前的优先投资领域主要包括机械制造、农业、基础设施建设、食品加工、建材、旅游、纺织、化工、冶金、建筑、交通运输、医疗服务和教育等行业。所谓特惠政策包括三种形式：减免税，免除关税，提供国家实物赠与。减免税的对象主要是财产税和利润税。免除关税的适用对象为执行合同的投资项目的进口设备及其配件的进口关税，并规定期限（含延长期）最长5年。国家实物赠与的内容包括地皮、房屋、建筑物、设施、机器、设备、计算机、测量和调节仪器、交通工具、生产和生活日用品。同时规定国家实物捐赠的最大数额不得多于对哈萨克斯坦共和国法人固定资产投资总额的30％。

哈萨克斯坦共和国优先投资领域投资优惠政策体现为免征所得税、社会税和土地税。其中所得税免征期限为1年至5年。社会税和土地税的免税期限同投资额挂钩，具体如下：

1. 投资额折合500万（不含）美元以下，免征2年。

2. 投资额折合500万至1000万美元（不含），免征3年。

3. 投资额折合1000万至2000万美元（不含），免征4年。

4. 投资额折合2000万美元以上，免征5年。

新规定中还设立了各领域享受投资优惠政策投资总额的上限，具体为：

1. 农业，1亿美元。

2. 林业及其服务，1亿美元。

3. 捕鱼、养鱼及其服务，1亿美元。

4. 食品生产，1亿美元。

5. 纺织品生产，1亿美元。

6. 服装生产、皮毛加工和染色，1亿美元。

7. 皮革、皮革制品和鞋类生产，1亿美元。

8. 木材加工及木制品生产，1亿美元。

9. 纸浆、纸张、纸板及其制品，1亿美元。

10. 印刷及印刷服务，1亿美元。

11. 石油制品生产，1.5亿美元。

12. 化学工业，1.5亿美元。

13. 橡胶和塑料制品生产，1.5亿美元。

14. 其他非金属矿产品生产，1亿美元。

15. 冶金工业，1.5亿美元。

16. 金属制成品生产，1.5亿美元。

17. 机器设备生产，3亿美元。

18. 办公设备和计算机生产，1亿美元。

19. 电力机器设备生产，1亿美元。

20. 无线电、电视、通信器材生产，1.5亿美元。

21. 医用设备、测量工具、光学仪器设备生产，1亿美元。

22. 汽车、拖车和半拖车生产，3亿美元。

23. 其他运输设备生产，1.5亿美元。

24. 家具和其他产品生产，1亿美元。

25. 原料二次加工，1亿美元。

26. 电力、天然气、热气和水生产，1.5亿美元。

27. 集水、水处理和分配，1.5亿美元。

28. 建筑，3亿美元。

29. 宾馆和餐饮服务，1.5亿美元。

30. 陆上运输，1.5亿美元。

31. 水运，1.5亿美元。

32. 航空运输，1.5亿美元。

33. 教育，未规定。

34. 卫生和社会服务，未规定。

35. 休息、娱乐、文体活动，未规定。

在投资者权益保障方面，规定投资商可以自行支配税后收入，在哈银行开立本外币账户；在实行国有化和收归国有时，国家赔偿投资商的损失；可以采取协商、通过哈法庭或国际仲裁法庭解决投资争议；第三方完成投资后，可以进行投资商权利转移。

为保持投资鼓励政策的延续性，投资法明确在其生效前"同授权国家投资机关签订的合同提供的优惠保留到该合同规定期满"，解除了现有外资企业的后顾之忧。这些修改在一定程度上加大了哈萨克斯坦的对外投资力度，加快了其本国经济融入世界市场的步伐。

五、哈萨克斯坦经贸法律名录

《关于商品进口时保护国内市场措施法》、《反倾销措施法》、《补贴与反补贴措施法》、《出口监管法》、《许可证法》、《进出口许可证规定》、《贸易活动调节法》、《融资租赁法》、《投资基金法》、《不正当竞争法》、《外汇调节法》、《海关事务法》、《海关监管方式》、《税法（2009年已有新版）》、《保险法》、《社会团体法》、《有限责任公司和补充责任公司法》、《银行和银行业务法》、《投资法》、《投资基金法》、《商标、服务标志和商品原产地名称法》、《国家对直接投资保护法》、《关于外国公民在哈萨克斯坦共和国法律地位的规定》、《关于自然人经哈萨克斯坦共和国关境运送货物及运输工具的办法》、《关于自然人运输货物通过哈萨克斯坦共和国海关的一些问题》、《关于在哈国生产和运入哈国关境应征消费税税率决定》、《对进口商品征收增值税和消费税的实施细则》、《对石油作业进行强制保险的组织办法和执行条例》、《办理签证条例》、《办理外汇业务的条例》、《财产税的计算和缴纳办法细则》、《对直接投资项目的国家优惠政法》、《关于对土地利用和土地保护实施国家监督的条例》、《关于强制出售出口商品（劳务）所得外汇收入的细则》、《关于"货物临时进出口"的哈国海关制度》、《会计核算标准》、《外汇使用许可证制度条例》、《进口商品增值税征收办法》、《外国人出入境和外国人在哈萨克斯坦共和国居留条例》、《关于进口商品检验的新规定》。

第七章　西亚地区国际经贸法律制度

　　西亚又称西南亚，亚洲西南部地理区，位于亚、非、欧三洲交界地带，在阿拉伯海、红海、地中海、黑海和里海（内陆湖泊）之间，联系印度洋和大西洋，故有"两洋五海三洲之地"之称。包括伊朗高原、阿拉伯半岛、美索不达米亚平原和小亚细亚半岛。其间的国家和地区有伊朗、伊拉克、格鲁吉亚在亚洲的地区、亚美尼亚、阿塞拜疆在亚洲的地区、土耳其在亚洲的地区、叙利亚、约旦、以色列、埃及在亚洲的地区、沙特阿拉伯、巴林、卡塔尔、也门、阿曼、阿拉伯联合酋长国、科威特、阿富汗、黎巴嫩和塞浦路斯。面积约718万平方公里（包括埃及在西奈半岛上的6万平方公里，不包括土耳其在欧洲的2万平方公里），约占亚洲总面积的16％。

　　西亚不仅是亚、欧、非三洲的结合部，也是人类古代文明发祥地之一；伊斯兰教、基督教和犹太教等世界性和地区性宗教的起源地。因叙利亚、约旦、埃及、沙特阿拉伯、巴林、卡塔尔、也门、阿曼、阿拉伯联合酋长国、科威特和黎巴嫩等国属于阿盟国家，又因阿富汗和伊拉克政局不稳定，独联体国家经济状况不佳，故在此只对伊朗和土耳其进行介绍。

第一节　伊朗国际经贸法律制度

一、伊朗国家概况

伊朗伊斯兰共和国（The Islamic Republic of Iran）简称伊朗，北邻土库曼斯坦、阿塞拜疆和亚美尼亚，濒临里海，与俄罗斯、哈萨克斯坦隔海相望；西与土耳其和伊拉克接壤。东接巴基斯坦和阿富汗；南隔波斯湾、阿曼湾与科威特、巴林、卡塔尔、阿拉伯联合酋长国、阿曼和沙特阿拉伯等国相望。伊朗国土面积164.5平方公里，人口7150万（伊朗中央银行2008年2月公布的人口数字）。它是一个多民族的穆斯林国家，有波斯、阿塞拜疆、库尔德、阿拉伯及土库曼等民族。伊斯兰教为国教，官方语言为波斯语，首都为德黑兰（Tehran）。

伊朗全国共设30个省，308个县，2489个乡。首都德黑兰，是全国的政治、经济、文化和科研中心。其他主要经济中心城市包括：马什哈德、伊士法罕、设拉子、大不里士、雅兹德、卡拉基和克尔曼沙赫。

伊朗的主要矿产资源有石油（储量195亿吨，居世界第二位）、天然气（储量28万亿立方米，居世界第二位）、铜矿、煤炭、铁矿、锌矿、铬矿、金、铝、铀、锰、锑、铅、硼和重晶石等资源。

波斯地毯是伊朗享誉世界的传统大宗出口产品。其他工业有纺织、食品、建材、地毯、造纸、电力、化工、汽车、冶金、钢铁和机械制造。伊朗农业比较落后，机械化程度较低。伊朗货币为里亚尔（rial）。

二、经贸传统及市场现状

西亚处在联系三大洲，沟通两洋五海的现代陆海空交通枢纽地带，经贸历史十分悠久。自古以来，西亚就是东西方交通的纽带，是闻名遐迩的"丝绸之路"。"丝绸之路"由中国西安，沿河西走廊出新疆，经巴基斯坦，再由西亚到欧洲。西亚石油储量大、埋藏浅、油质好、易开采，石油资源极其丰富，约占世界石油总储量的一半以上。其他矿藏有铬、铜、锑、锰、铁和磷灰石等。

中国与伊朗之间的经贸传统历史悠久，伊朗是具有四五千年历史的文明古国，史称波斯，有记载的历史和文化始于公元前2700年。我国汉史称安息、大食等。据载，纪元前2世纪汉武帝时，张骞派其副使访问安息（即波斯），安息王令两万骑兵迎候；礼仪极为隆重。到了唐代，两国往来曾达到鼎盛时期。在战乱的宋朝，陆上的"丝绸之路"几度中断。这时，造船业开始发达，罗盘针相继使用，许多伊朗人经由海路来到中国广州、扬州和泉州等地经商，有的还在那里安家落户。这就是后人称之为海上的"陶瓷之路"。公元1516年，伊朗旅行家阿里·阿克巴尔撰写的《中国纪行》一书，成为中、伊友好交往的珍贵史料和重要见证。

现代中伊贸易始于1950年。1971年8月16日，中伊两国建交，双边贸易有了进一步的发展。中伊双边经贸联委会于1985年成立。1978年以前，两国进出口贸易总额最高纪录只有8000万美元左右。1979年伊朗伊斯兰革命胜利后，西方国家对伊朗实行经济制裁，与此同时我国继续发展同伊的贸易关系，双边贸易额大幅增长。2007年中伊贸易额约为140亿美元，2008年中伊贸易额约为200亿美元，2009年中伊贸易总额超过300亿美元，中伊贸易额呈逐年增长趋势，中伊贸易额已占中国对外贸易总额的1％。

中国对伊朗出口商品以机械设备、轻工、五金矿产、化工、纺织、仪器仪表、工农具和粮油食品为主。2008年伊朗从中国总进口金额为5109147373美元；伊朗对中国出口总金额1885703315美元。中伊贸易进出口商品名录如下：

2008年伊朗对中国出口主要商品目录

（伊朗海关提供）

单位：美元

序号	商品名称	金额
01	二甲苯	322538968
02	丁烷	164982008
03	乙醚	156666248
04	丙烷	141624407
05	柴油	119158575
06	甲醇	115457453
07	纺织用聚乙烯	108401444
08	未粉碎铁矿石、铁精矿	102635797
09	硫磺土、	85439416
10	聚乙烯、气体聚乙烯	66681246
11	乙烯、乙二醇	61054143
12	大理石、钙华	35084028
13	铅矿石、铅精矿	30849250
14	建筑用石灰质石料	29246565
15	25厘米厚大理石	22133393
16	乙烯	20907205
17	铬矿石、铬精矿	20812853
18	其他聚乙烯（纺织、电瓶用除外）	20259223
19	炼铜	19456276
20	其他聚乙烯	18650700

21	甘草浆汁	16379850
22	其他聚丙烯	15161518
23	锌矿石、锌精矿	14440549
24	其他硫磺、硫磺聚酯	12416516
25	其他二醇	11800000
26	粉碎后铁矿石、铁精矿	10334119
27	其他提炼过的硫磺	10215787
28	帐篷	10189302
29	纺织用聚丙烯	9860400
30	氧化铅	9715705
合计		1782552944

2008年伊朗对中国出口总金额1885703315美元。

2008年伊朗从中国进口主要商品目录

（伊朗海关提供）

单位：美元

序号	商品名称	金额
01	运输拖拉机	398575180
02	热轧、热拉铁棒、钢棒	149127321
03	火车车厢	107751175
04	装卸机械、挖掘机	100409954
05	石油、天然气开采用管子	84130083
06	装液化天然气或压缩天然气钢瓶	80714123
07	热轧钢棒、铁棒	74377084
08	变速活塞电机	63592693
09	钻探用无缝钢管	60424746
10	10人以上机动车辆	56931034

174

11	机车	55695424
12	内燃机车、电气火车	43273117
13	卡车散装件，国产部分17%-30%	41378201
14	卡车散装件，国产部分31%以上	40887974
15	内燃活塞电机	39158160
16	苯乙烯	38155542
17	带电话的传真机	38113414
18	自动付款机	33825233
19	磷酸钠	33737401
20	石油、天然气用无缝钢管	33553302
21	模具制造机械设备	31543413
22	钻探设备	30188694
23	锰铁	28047905
24	聚苯乙烯	26919078
25	焦炭、半焦炭	26597047
26	精品磷酸盐	26204797
27	铁路交通工具零配件	25891741
28	高炉用石墨电极	25444075
29	抗生素	25178279
30	散装货船	23046644
合计		1842872834

2008年伊朗从中国总进口金额为5109147373美元。

中伊两国经济技术合作始于1982年，由于两伊战争的影响进展缓慢，两伊停战后，中伊经济技术合作有了较大发展，尤其在近年增长显著。我在伊合作项目主要涉及如下领域：

（一）能源：石油天然气开发、火电站项目、水电站项目；（二）交通：铁路、地铁、电气化铁路、公路项目；（三）化工：石化、化工建设项目；（四）通信；（五）有色金属：铝厂、锌厂、铜厂项目；（六）造船：货船、特大油轮、液化天然气船、挖泥船、回转运重船等；（七）水利：水坝项目；（八）冶金：焦炭、钢厂项目；（九）建材：水泥生产线项目等。

据海外媒体2010年6月27日德黑兰报道，面对西方大国针对伊朗能源和金融领域的制裁，伊朗在2009年前11个月的出口收入超过了785亿美元，其中非石油出口收入同比增加了12.7%。据伊朗法尔斯通信社提供的统计数据所说，伊朗在此期间出口了785亿美元的石油和非石油产品。其中595.5亿美元是出口石油、石油产品、天然气和凝析油的收入，同比下降了24.3%，另外190亿美元是出口非石油产品的收入，同比增加了12.7%。

由于伊朗政府认为石油、天然气出口属资源消耗性出口，对提升国家工业化作用不大，因此特别关注非石油产品出口情况。在其核算与贸易伙伴国的贸易平衡状况如逆差或顺差、统计出口贸易时，伊朗政府也均以非石油产品为准。从非石油产品出口市场看，同样相对集中。阿联酋、中国、伊拉克、日本、印度、新加坡、意大利、阿富汗、德国和荷兰为伊朗10大出口贸易伙伴。

作为石油输出大国，另据伊朗2009年第一季度统计数据显示，日本是伊朗最大的原油进口国，伊朗是日本第三大原油出口国；中国是伊朗第二大原油进口国，伊朗是中国第三大石油出口国。

三、伊朗国际经贸法律制度概述

伊朗与贸易有关的主要法律有《海关法》、《进出口法》及其实施细则。

伊朗商业部是伊朗主管贸易的政府部门，肩负着编制国家进出口法规并监督执行,发放商业卡（审批进出口权）；建立与其他国家的对外贸易关系和国际关系；统计、编制、整理和发表贸易数字的职能。

伊朗中央政府将部分外资管理权限下放给了伊各省经济主管部门，为外资直接进入地方省市开辟了道路。

根据伊朗现行《外资促进和保护管理法》（FIPPA）16款规定，德黑兰投资、经济和科技促进局下设外资服务中心，负责外资管理和协调工作。根据该法20款规定，该中心的主要职能是：

（一）向外国投资者提供信息服务；（二）在签发投资许可证前，协调办理开业、环保、水、电、气及通信接入和矿产开发等相关许可证；（三）协调办理外资企业人员签证、居住证和工作准证；（四）协调办理公司注册、进出口、投资收回和退税等相关许可证；（五）协调各相关行政主管部门关系；（六）监督投资效果。

根据政府的决议，以上职能将由各地方省政府负责实施。

伊朗原《公司注册法》规定，外资参股伊朗公司或成立新公司，所占股份不得超过49％，且不享受任何优惠政策。而根据现行FIPPA的规定，外资股份不再受49％的封顶限制。外国政府、公司和个人均可参股伊朗公司或设立新公司，并取得控股地位。除非有特殊法令禁止，伊朗所有私营行业可对外资开放。

四、伊朗国际商事交易法律制度

伊朗是非世贸组织成员国，对外贸易方面，伊朗始终执行的是自我保护的贸易政策，除关税外，进口实行申请许可证制度、外汇进行管制，还有其他一些相关的规定。

（一）进出口商品的标准和检验制度

近年来，对进口商品逐步实施提供标准和检验报告的制度。

177

2001年6月16日，伊朗工业部就进口产品发布了F0197/40011号文，规定对进口工业产品的进口商在开证和报关时，必须事先履行如下手续：

进口的货物必须以书面形式（形式发票）登记货物的技术规格和标准号码，然后由伊朗工业部确认。提交的进口许可证必须含有伊朗工业标准协会（ISIRI）确认的相关标准。伊朗接受的工业标准如下：

（一）伊朗国家标准；（二）国际标准ISO，IEC，ITU，CODEX；（三）欧洲国家标准（EN）即任何带此尾标的标准，例如BSEN，DINEN和欧盟成员的国家标准；（四）北美国家标准，包括ANSI，ASME和ASTM；（五）日本标准（JIS）。

提交进口许可证相应的执行和评估办法由伊朗工业标准协会颁布。伊朗工业标准协会据此制定了具体实施细则，要求进口商持有进口货物"检验合格"（VOC）证书。按照伊朗工业标准协会制定的程序，VOC证书必须在发货前由国际商检公司（例如OMIC、SGS、ITC等）根据形式发票标明的工业标准号出具，如不能提供相关的证书，货物进口时必须由伊朗国家商检公司（IEI）进行检验，要等伊朗国家工业实验室按备案的标准抽样测试合格后方予放行。目前伊朗工业标准协会已为6500种进口商品制定了标准，今后还要为2300种商品制定新的标准。

2003年3月，伊朗政府放宽了对部分商品的进口限制，并正式取消进口许可证制度。除了一些外国商品需要进行技术检查以外，进口商将不再需要从相关部门得到进口允许。

伊朗将从2010年3月21日起，只对使用伊朗代码的商品才允许进口。进口商品实施伊朗代码的目的是为了防止进口非标产品和不合格的产品，遏制日益猖獗的走私活动。实施伊朗代码以后，进口商品的经销商和零售商将对他们经销的进口商品的质量负责，没有标有伊朗代码的商品一律将视作走私商品。伊朗代码是伊朗国家产品与服务分类和编纂的系统，它便于生产者和经销商区别、分类和编纂他们的产品和服务。

（二）伊朗外汇管理制度

目前，外国居民及投资者不能在伊朗当地银行开设外汇账户，必须兑换成当地货币方可进行储蓄，外国公民储蓄需获得当地合法居民身份。

受安理会及欧美金融制裁影响，现阶段伊朗外汇无法自由汇进汇出，须通过中转行代理。

根据《伊朗保护和鼓励外国投资法》投资者在完成全部义务并交纳了法定的费用后，提前3个月通知伊朗最高投资委员会，经委员会通过并财经部部长批准后可将原投资及利息或投资余款汇出伊朗。外国投资产生的利润在扣除了税款、费用及法定的储备金后，经委员会通过并财经部部长批准后可汇出伊朗。该法未对交税/交费比例做出具体规定。

携带现金出入境需要申报，数额规定是1000美元。

伊朗货币叫里亚尔，兑换体制根据统一的市场对换汇率。2002年3月20日以前，兑换汇率有两种官方批准的汇率，一种叫"石油国家汇率"，通常适用于政府预算目的和一些重要部门的对外交易，第二种汇率叫"非石油出口汇率"或"存款证明汇率"，相当于市场兑换汇率（所谓的德黑兰证券交易所TSE汇率），适用于非石油产品出口结汇和一般进口贸易。

从2002年3月21日开始（伊历1381年1月1日），伊朗统一了兑换汇率，建立统一的浮动汇率体制，取消了当前账户交易的所有兑换限制。因此，原来在德黑兰证券交易所市场上的外汇交易转入新建立的内部银行市场。取消基本官方汇率（石油国家汇率），外汇汇率统一在TSE（德黑兰证券交易所）市场通行的汇率上。

自从2002年3月21日开始实行统一汇率以来，伊朗国家外汇体制有了进一步显著的发展。为了维护外汇政策和贸易政策之间的协调性，伊

179

朗商业部修订了有关海关关税和商业税的规定，从2002年3月21日起，进口关税下调5／22的比例。

以下例子说明了外汇汇率统一前后有关外汇交易的政策变化情况：

1. 进口开信用证向银行交预付款。统一汇率以前：至少10％（对于私商）。统一汇率以后：预付款由银行自行安排。

2. 进口使用境外外汇。统一汇率以前：开信用证要向银行交100％的预付款。统一汇率以后：预付款由银行自行安排。

3. 从自由区进口。统一汇率以前：国内银行不授权开信用证。统一汇率以后：本土银行可以按市场汇率开信用证，预付款由银行自行安排。

4. 运输。统一汇率以前：开证包括的运费最多50万美元。统一汇率以后：开证包括的运费最多100万美元。

5. 进口保险费。统一汇率以前：购买进口保险费所需的外汇通过外汇配额机构，从德黑兰证券交易所的非石油产品出口外汇收入账户中购买，或来自境外外汇账户。统一汇率以后：通过银行系统购买。

6. 购汇。统一汇率以前：按商议的汇率。统一汇率以后：按内部银行汇率。

7. 向出国旅行者售汇。统一汇率以前：每本护照最多2000美元，每4个随行者最多1000美元，每年最多3次，按商议的汇率。统一汇率以后：每本护照最多2000美元，每个随行者最多1000美元，无旅行次数的限制，按内部银行的汇率。

8. 向出国公差者售汇。统一汇率以前：按外汇配额机构规定的基本汇率。统一汇率以后：按内部银行汇率。

9. 外国工人工资汇出境外。统一汇率以前：对于国营部门，500美元内按CD借贷利率，超出部分按商议的汇率；对于私有企业，全部按商议的汇率。统一汇率以后：对国营和私人企业均按内部银行汇率。

10. 融资营销费，律师费，外国投资本金和利润返回，使领馆签证收入，银行佣金，进出口商外汇债务清偿。统一汇率以前：按商议的汇率并得到主管部门确认。统一汇率以后：按内部银行汇率，在一定情况下，得到主管部门确认。

11. 开设外汇账户。统一汇率以前：区别境内和境外外汇，开户最少金额：存款帐户：100美元，当前和定期投资账户：1000美元；长期投资账户收到的利息相当于LIBOR加百分之一。统一汇率以后：取消外汇来源条件，最小金额和利率由银行决定。

12. 货物进口。统一汇率以后：将关税壁垒转成关税，通过增加关税，将发放进口许可证的机构减成一个部门（商业部）；将按1750里亚尔／1美元的比例征收关税和商业税变成按8000里亚尔／1美元征收；增加允许进口商品名单。

（三）伊朗金融机构简介

1. 银行。伊朗的银行在伊朗伊斯兰革命后全部收归国有，但继承了原中央银行对外借欠的全部外债。1981年2月中央银行取消了原伊朗银行体制的利率制度，逐渐建立了符合伊斯兰教义原则的银行体制。新体制运行以后，逐步偿还以前的外债，在稳定货币、控制货币发行量、抑制通货膨胀、发展金融市场上发挥了积极作用。为伊朗的战后重建提供了资金来源。伊朗银行由中央银行和下属的主要10家商业银行组成。从2000年开始，伊朗政府批准可以成立私人银行，目的是加强银行间的竞争，提高银行效益，打破国家垄断。同时，伊朗一部分现有的国有银行亦将逐步实现私有化。

伊朗中央银行（The Central Bank of Iran）：成立于1960年。根据《伊朗货币和银行法》，央行的主要职责是根据国家总体经济政策，制定并实施货币和信贷政策。其主要职能是.维护国家货币价值、维持收支平衡、为经贸活动提供便利和改善国家发展潜力。为了完成上述任务，

伊朗中央银行被授予如发行纸币和硬币、监管银行和信贷机构 、制定有
关外汇政策和交易的规定、制定黄金交易规章及制定国家货币流动规章
等特别权力。作为政府银行，中央银行受委托管理政府的账户，向政府
企业和代理发放大额信贷，授权其他商业银行经营政府债券销售及其他
合法银行业务。

伊朗国家银行（Bank Melli）：国家银行成立于1928年，已有80多
年的历史，系伊首家商业银行。1932年成为伊唯一发行纸币的银行。其
业务主要有：调整货币流通、货币保值、调整存贷款利率、维持账户平
衡及监督国家银行体系等。1961年，《伊朗货币和银行法》出台及中央
银行成立后，国家银行的部分职能转由中央银行执行，其目前业务主要
集中在商业及贸易方面。

伊朗国民银行（Bank Mellat）：国民银行是根据1979年12月20日银
行总会的决议以及银行管理法第17条款的规定，通过合并10家革命以前
的私人银行而成立的。最初股份资本为330亿里亚尔。当前股份资本已达
到12390亿里亚尔。国民银行是伊朗第三大银行。

伊朗出口银行 （Bank Saderat）：出口银行成立于1952年9月6日，
当时在德黑兰公司和商标注册局注册为"Bank Saderat Va Ma-aden
Iran"，初始资本为2000万里亚尔。1952年11月13日正式营业。目前，
该行是伊朗营业网点最多、营销网络最全的银行。

伊朗商业银行（BANK TEJARAT）：伊朗商业银行是伊斯兰革命
胜利后成立的首家全额政府股份的银行，营业范围包括：开具和经营
现金及转账账户、接受短期和中长期储蓄和类似的存款，开具保函、
在伊斯兰合同框架内提供银行信贷服务等。该行目前在全国和世界各
地拥有2000多家分支机构，是伊朗首家获ISO9002认证的银行，也
是唯一一家通过SGB系统实现伊朗全境各网点24小时免费汇款的银
行。在2001年世界2000家银行中信用排名第278位。 伊朗商业银行于

2003年8月在中国北京设立代表处，正式开始营业，成为目前第一家也是唯一一家在华设立分支机构的伊朗银行。

伊朗出口发展银行（Bank Tose-e Saderat）：1991年7月成立，主要业务是为非石油产品出口及其他经贸活动提供金融支持和信贷服务。

伊朗农业银行（Bank Keshavarzi）：1934年成立，已有70多年历史，成立之初名为"农工银行"，主要为农业发展提供信贷，服务项目70余种。海内外分支机构1690家。

伊朗住房银行（Bank Maskan）：1939年成立，起初命名为"伊朗贷款银行"，作为住宅及建筑业的专业银行，初始资金为2亿里亚尔。1980年，该银行根据伊斯兰革命委员会通过的银行管理法，成为伊朗典当行、伊银行建筑投资公司及全国其他住宅储蓄贷款公司的联合体，并由此更名为"住房银行"，成为建筑行业的专业银行。1981年成立住宅投资公司，为国民提供了大量的居民住宅。住房银行在全国有750个分支机构，是伊朗信誉较好的银行之一。

除上述银行之外，伊朗还有伊朗赛帕银行（BANK SEPAH）、伊朗福利银行（Bank Refah）、工矿银行（Bank Sanat & Madan）、新经济银行（Bank Eghtesa-e-Novin）和邮政银行（Bank of Post）等银行。

2. 保险。伊朗中央保险公司 IRAN INSURANCE CO.（PUB.J.S.）（BIMEH IRAN）：伊朗的保险业当前由国家控制和监督。伊朗中央保险公司是国家保险业的执行机构，下属4个保险公司：伊朗保险公司、亚洲保险公司、Alborz保险公司和Dana保险公司。伊朗保险业是非准入市场，所有的生命和财产险均须由中央保险公司指定的保险公司投保。由于国家垄断保险业，效益低下，从第三个五年计划开始，国家对保险业逐步实行私有化。除上述保险公司外，伊朗还有一些保险机构不在伊朗中央保险公司的管辖之下，它们是：

社会保障组织：这是一家国有公司，为按劳动法所雇用的工人提供补偿金。

医疗服务组织：为那些没有在伊朗商业保险公司或社会保障组织投保的人提供医疗保险。

农产品保险基金：1983年建立，受伊朗农业银行的监督。

伊朗出口保险基金：受伊朗商业部的监督。

3. 证券交易。德黑兰证券交易所（T.S.E）（TEHRAN STOCK EXCHANGE）：德黑兰证券交易所（T.S.E）是中东地区一个重要的资本市场。在伊朗建立证券交易所的最初想法始于上世纪30年代，当时由国家银行做了可行性研究。但由于第二次世界大战爆发，此计划中断。直到1968年，伊朗开始重新实施这项计划。最初它的经营范围只限于政府债券和有价证券的交易，随着资本和各种股票发行的需要，促使德黑兰证券交易所走向全面的股市交易。自2003年11月始，外国资本被允许进入伊朗股票及证券交易市场，德黑兰股票交易所在中东证券市场的领先地位可望得到进一步巩固。

TSE理事会是股市交易的最高权力机构。理事会由政府官员、私人部门代表和专家组成。中央银行行长主持理事会的工作。TSE还设有其他机构，如接收委员会、仲裁董事会和经纪人组织。

五、伊朗国际经贸（商品进出口）管理制度

（一）伊朗对外贸易法规和政策规定

伊朗与贸易有关的主要法律有《海关法》、《进出口法》及其实施细则。

1. 进出口商品分类规定

进出口商品可分下列三类：

（1）允许商品：依照规定无须取得许可即可出口和进口的商品；

（2）限制商品：须取得许可才能进口和出口的商品；

（3）禁止商品：依照神圣的伊斯兰教义（根据买卖和消费信用）或根据法律被禁止进口和出口的商品。

2. 进口管理

伊朗的进口项目规定在每年伊朗农历的元旦（3月21日）由商业部颁布。该规定将进口货物分为四等：授全权的、有条件授权的（若干部门决定的）、未授权的、禁止的（按伊斯兰的法律和规定禁止进口的）货物。因而造成"进口规定"不断变化。

伊朗《海关法》规定下列商品禁止进口：

（1）海关税目表和专门法律规定禁止进口的商品。

（2）根据有关法律制定的规定认为属不许进口的商品。

（3）任何武器、猎枪、炸药、雷管、子弹、炮弹、爆炸物、易燃易爆物品，除非获得国防部和武装部队后勤部的许可。

（4）任何毒品，除非获得卫生医疗教育部的许可。

（5）空中摄影、摄像专门仪器，除非获得国防部和武装部队后勤部的许可。

（6）任何发射机及其零配件，除非获得邮电部的许可。

（7）经伊斯兰文化指导部认定属破坏公共秩序、有损国家形象、宗教风化的唱片、录音带、电影片、书籍。

（8）经情报部队认定属破坏公共秩序、有损国家形象、宗教风化的杂志、报纸、图画、标记、出版物。

（9）那些外表装潢上、提货单及有关文件上有破坏公共秩序、有损国家形象、宗教风化的句子或标记的商品。

（10）在发行国已作废的外国纸币、仿制的纸币、邮票、货签。

（11）彩票。

（12）那些会使消费者和购买者因为商品外表装潢上的名字、标

185

志、商标或其他特征而对原产品制造商、生产厂家和其特性产生误解的商品。

3. 出口管理

禁止古董、古玩出口，除非获得伊斯兰文化指导部的许可。

（二）进出口商品检验检疫

伊朗海关对某些食品、饮料、药品和盥洗设备有检验建议规定，例如标签上必须写上：

1. 商品名称和制造商的地址以及原产地；

2. 商标在伊朗登记注册号码；

3. 卫生部关于允许产品在伊朗生产和销售的许可证号码和日期。向伊朗出口要注意遵守伊朗国家标准局（ISIRI）新的标准。许多工业用化学药剂需要特殊的进口许可。

对进口的活动物、蜜蜂和昆虫、禽蛋、植物的根、球茎、秆梗、嫩枝、新鲜的水果蔬菜、种子及任何植物或植物部分，都须原产国的卫生证明文件，并得到伊朗农业部的事先许可。进口许可通常规定了入境要求、特殊对待、入境口岸限制及有关细目所须的证明文件。另外，向伊朗出口兽药制品（包括喂养精料和补充饲料）要按伊朗农业部的要求提交一份证明，阐述该产品在原产国内自由生产、使用和销售的情况。该证明书要经原产国农业部兽医药部门的批准。

（三）伊朗贸易壁垒

1. 进口关税

伊朗采用世界海关组织税则商品分类目录的关税体制，是在从价基础上征收关税。关税按中央银行制定的汇率以里亚尔支付。大部分机械设备的征税比例为到岸价的5％到10％，某些产品则高达150％。进口货物还要被抽取数笔小税，其中包括占到岸价总值1.5％的商会税。经批准的外国投资项目所需进口的资本货物和原材料可免除关税，对医药、实验室用的化学品不征关税。几乎所有的货物都要征收商业利润税，税率在每年的进口规则中都会列出，商业利润税大都以重量计，但某些也以数量或价值计。若以重量来计算的话，海关会把普通包装的重量从总重量中减去。按值计价的税率从1％到200％各不相同。商业利润税中还包括垄断税，该税必须在清关前付清。若申报有假或有其他违反进口规则的行为，海关将会没收货物或处以罚款。如果从应缴付罚款那天算起，在两个月内还没有支付，那么会将相当于罚款价值的部分货物公开拍卖。如货物被海关无理扣留，扣留期间每个月可得到不超过货物价值1％的赔偿费。

2. 进口管制

伊朗的进口项目规定在每年伊朗农历的元旦（3月21日）由商业部颁布。该规定将进口货物分为四等：授全权的、有条件授权的（若干部门决定的）、未授权的、禁止的（按伊斯兰的法律和规定禁止进口的）货物。由于进口规定不断变化，因此建议需要时提前向主管的"采购供应中心"询问。对某些食品、饮料、药品和盥洗设备有很多规定。

3. 自由贸易区

伊朗目前共有四个自由贸易区，即基什、凯什姆、查赫巴哈尔和锡尔詹。根据伊朗自由贸易区技术商务委员会颁布的进口和过关条例，所有允许和有条件允许进入自由贸易区的物品，包括基本材料和原材料及生产线零件、生产工具和设备（工业机械）、附件和生产原料，不需要有关部门的许可，各生产单位和个人可以在不转移货币、不通过银行系统的情况下进口以上物品到上述四个自由贸易区。所有进口到自由贸易区的物品可转口到第三国，但在其他海关，必须遵守有关海关的规定。进口商品加工或增值后，可以出口到其他国家，而且不需要交纳商业、海关税。转运中的货物可免交伊朗海关关税，但须接受海关的监督管理。伊朗海关服务处还为转运中的货物提供存放的地方。货物的主人或其代理人在收到海关书面应允后，可进行组装、配料、混合、重新包装和分类挑选等工作。

（四）伊朗伊斯兰共和国海关组织架构

伊朗伊斯兰共和国海关总署由一个中央总部和10个监管分支机构组成。海关总长是伊朗海关的最高行政长官，同时也是伊财政和经济事务部副部长。

伊朗海关中央总部由海关总长办公室和4个副总关长办公室组成，负责10个监管分支机构和德黑兰各执行海关的管理和监督工作，而分布在全国各地的10个监管机构则对地方执行海关进行管理。迈赫尔阿巴德海关（MEHRABAD）、沙里亚尔海关（SHAHRIYAR）、西南海关（WEST & SOUTH）和展览及邮政海关的运行由德黑兰中央总部直接管理。

伊朗全国共有141个执行海关，分布在德黑兰和各大城镇、边境地区和一些波斯湾岛屿及边境市场。

伊朗海关中央总部下设安全保障部、地区海关协调部、公共关系及国际关系部、调查部和争端解决委员会，对监管机构和执行海关的工作进行指导和协调，根据情况，颁布或通告海关条例、指令和业已通过的法律、法规及其他必须遵照执行的措施，对执行海关提出的异议和问题进行调查并作出最终裁决。上述部门在海关总长的指导下进行工作。

4个副总关长分别下辖以下部门和办公室：

1. 海关事务副总关长：进口部、出口部、海关估价及关税税则部。

2. 法律和监管事务副总关长：过境事务部、文件核审部、法律事务部。

3. 行政和财政事务副总关长：服务及采购部、行政事务部、财政事务部、组织及预算部。

4. 工程和规划事务副总关长：海关体系规划和改进部、统计和服务自动化部、海关培训和研究部、海关数据自动化系统国家工程部。

（五）伊朗海关办理商品进出口手续

办理进出口商品手续根据海关法及其实施细则需填写申报单并递交海关。申报单必须附有必要的单据，如购物发票、产地证明、银行文件及法规需要的其他许可。

根据进出口迈赫尔阿巴德海关（德黑兰机场海关）法规，进出口商品分为三类：

1. 允许商品　依照规定无须取得许可即可进口或出口的商品。

2. 限制商品　须取得许可方可进口或出口的商品。

3. 禁止商品　依照神圣的伊斯兰教义或法律被禁止进口或出口的商品。

向海关申报进口或出口的商品应与申报单及有关单据相符，并附有法律的规定，如无不符之处，即签发海关许可并可提货。

下列海关办理某些特殊商品的出口手续：

1. 地毯　德黑兰西部海关、迈赫尔阿巴德海关、克尔曼海关、设拉子海关、克尔曼沙哈海关、马什哈德海关。

2. 开心果　克尔曼海关、德黑兰西部海关、迈赫尔阿巴德海关。

3. 西红花　马什哈德海关、迈赫尔阿巴德海关。

4. 皮子羊肠　德黑兰南部海关。

（六）伊朗海关清关新规定

2008年1月13日，伊朗政府经济委员会根据商业部的提议对"进出口法实施细则"第11条、1994年4月26日通过的H/16T/1395号文件、2004年11月9日通过的H/27484T/37502号文件的内容进行了修改。

根据修改了的"进出口法实施细则"凡被列为禁止进口和限制进口的商品、商业利润税被调高的商品，在其进口前必须到商业部办理进口申请，并到海关进行备案。

在被宣布为禁止进口和限制进口、商业利润税被调高前用于出口而进口的商品、不通过银行系统进口的商品，在其进口前必须到商业部办理进口申请，并到海关进行备案，其出口不受影响。

在被宣布为禁止进口和限制进口、商业利润税被调高前已办理了运单、并在规定期限内到港的由合作社公司、边民或小商贩使用商业部每年批准的外汇额度进口的商品，不在规定之列。

本规定于2008年3月16日经总统批准，于2008年3月17日由第一副总统宣布执行。

六、伊朗投资贸易环境及法律制度

（一）伊朗自由贸易区投资合法优惠条件

凡在伊朗自由贸易区的投资者均可享受以下的优惠条件：

1. 法人和具有法人资格者、国内外企业、国际组织均可在伊朗自由贸易区独立投资或建立合资公司或分公司；

2. 外国投资者可以任意地在该地区开展经济活动；

3. 外国投资者的合法权益是受伊朗自由贸易区管理局所保护的；

4. 伊朗自由贸易区管理局通过与伊朗中央银行、其他银行以及保险公司签订合同，以赔偿有可能为投资者造成的损失；

5. 外国投资者在伊朗自由贸易区进行经济活动所获得的利润和利益均可转出境外；

6. 除了违背伊斯兰教规定和有关方面规定的商品外，其他所有商品均可进入自由贸易区；

7. 进口的商品可以寄存在自由贸易区仓库中；

8. 与劳动就业、社会保障、向外国人发放签证有关的规定均须符合自由贸易区专门的法律章程；

9. 凡在伊朗自由贸易区从事经济活动的法人和法人代表，从取得营业执照之日起，15年内免征所得税；

10. 伊朗自由贸易区与其他国家间进行的商业贸易经海关登记后，不受进出口法规的约束；

11. 在伊朗自由贸易区生产的产品进入国家的其他地区，在自由贸易区增值的限度内，可免征部分关税和贸易利润税；

12. 资本和在伊朗自由贸易区所获得的利润可转往世界的任何地方或国内的任何地区。

（二）伊朗自由贸易区投资优惠政策的要点

1. 海关手续简便，与关税和商业利润有关的事务均一切从简，资本进出自由。

2. 简化进出口和再出口业务手续。

3. 在机场向外国游客发放入境签证。

4. 保障外国投资商的资本。

5. 15年内免征税收。

6. 任何商品均可进入自由贸易区，但违背伊斯兰教法和国家法律的商品或根据各地区所达成的特殊协议所规定的商品均不得进入该地区。以色列所制造的商品不得进入该地区。

7. 允许把自由贸易区生产的商品出口国外或运往本国其他自由区。但须列明出口清单以便于统计，出口的商品包括由国内、国外或自由贸易区所提供的原料而在自由贸易区深加工的商品。

8. 按百分比把在自由贸易区生产的商品进口国内，其数量只相当于增值的总价值的一个部分。原料、内部使用零件，按生产商品的价格可无限量的进口国内。

9. 从伊朗自由贸易区向国内各地区进口伊朗向外出口的商品包括消费品、原料、机床和其他商品在内的外国商品是自由的。但海关进口许可须遵照国家海关的进出口规定。

10. 从伊朗自由贸易区向国外出口伊朗本身出口的国内商品，须遵照国家进出口法规。

11. 无论是从机场或港口进入的外国或其他地区的旅客，可以直接进入伊朗自由贸易区，无论是伊朗人还是外国人均可携带没有达到商业性质的商品。

12. 旅客打算从伊朗自由贸易区带往国内其他地区的商品须遵守国家进出口法规。

13. 严禁向外国人或公司转让或出卖土地。

14. 外国人可通过租借的形式使用土地。

15. 外国投资者的合法权益得到保障和维护。为了国家的公共利益或是被剥夺了所有权，自由贸易区管理局将负责公正地赔偿其损失。在这种情况下，投资者必须从被剥夺所有权起6个月内把要求赔偿损失的申请递交自由贸易区管理局，自由贸区管理局将按当日价在3个月内赔偿其所造成的损失。伊朗自由贸易区可通过与银行、保险公司签订合同，为上述事项提供保险。

16. 投资者经自由贸易区管理局许可，可以将自己的股份转让给其他投资者。在这种情况下，接受一方将取代第一个投资者。

17. 从一个地区向另外一个地区转移资本须遵守所在地和将转往地区的投资法规。

七、伊朗经贸法律名录

《伊朗伊斯兰共和国进出口法》、《伊朗伊斯兰共和国进出口管制法》、《伊朗伊斯兰共和国海关法》、《伊朗伊斯兰共和国海关法实施细则及关税》、《伊朗鼓励和保护外国投资法》、《伊朗鼓励和保护外国投资法实施细则》、《伊朗伊斯兰共和国劳工法》、《伊朗伊斯兰共和国商会法》、《伊朗伊斯兰共和国采矿法》、《伊朗伊斯兰共和国国家货币银行法》、《伊朗伊斯兰共和国商标专利注册法》、《伊朗伊斯兰共和国直接税法》、《伊朗国家货币银行法》、《伊朗社会保险法》。

第二节　土耳其国际经贸法律制度

一、土耳其概况

土耳其共和国（The Republic of Turkey），"土耳其"一词由"突厥"演变而来。在鞑靼语中，"突厥"是勇敢的意思，"土耳其"意即"勇敢人的国家"。土耳其地跨亚、欧两洲，位于地中海和黑海之间。大部分领土位于亚洲的小亚细亚半岛，欧洲部分位于巴尔干半岛东南部，全国总面积约780576平方公里。东界伊朗，东北邻格鲁吉亚、亚美尼亚和阿塞拜疆，东南与叙利亚、伊拉克接壤，西北和保加利亚、希腊毗连，北滨黑海，西与西南隔地中海与塞浦路斯相望。人口7256万（2009年数据），其中土耳其人占80％以上，库尔德人约占15％，此外还有亚美尼亚、阿拉伯和希腊等族。官方语言为土耳其语，居民中99％的人信奉伊斯兰教。首都为安卡拉（Ankara）。土耳其行政区划等级为省、县、乡、村。全国共分为81个省、约600个县、3.6万多乡村。

二、经贸传统及市场现状

中土直接贸易始于1965年，1971年建交后两国贸易开始有所发

193

展；1974年7月两国签订贸易协定，规定以现汇进行贸易，并成立贸易混合委员会；1981年5月，两国签订了经济贸易议定书；1981年12月，双方又进一步签订了经济、工业和技术合作协定；1999年3月，中土双方签署了建立贸易磋商机制的谅解备忘录，同意建立贸易磋商机制。中国对土耳其传统出口商品为：大米、生丝、轻工产品、化工产品、机床和水电机组等。中国自土进口的主要商品包括铜矿砂、铬矿砂、纺织用合成纤维和铜材等。2004年中土双边进出口总额34.1亿美元，同比增长31.4％，我国出口28.2亿美元，同比增长36.7％；进口5.9亿美元，同比增长11.0％。2005年中土双边进出口总额为48.74亿美元，同比增长42.8％。我国出口42.52亿美元，同比增长50.7％；进口6.22亿美元，同比增长5.1％。

土耳其是传统的农牧业国家，农业较好，粮、棉、蔬菜、水果和肉类等基本自给，农业生产值占整个国民生产总值的20％左右。农业从业人口占总人口的46％。农产品主要有小麦、大麦、玉米、甜菜、棉花、烟草和马铃薯等。首都安卡拉的羊毛闻名于世。土耳其矿产资源丰富，主要有硼、铬、铜、铁、铝矾土及煤等，其余储量比较丰富的有黄金（第2位）、钍矿（第2位）、大理石（第7位）。三氧化二硼和铬矿储量分别约为7000万吨和1亿吨，均居世界前列。煤炭储量约65亿吨，多为褐煤。森林面积2000万公顷。但石油、天然气紧缺，须大量进口。土耳其工业具有一定基础，轻纺、食品工业较发达，主要的工业部门有钢铁、水泥、机电产品和汽车等。西部沿海地区工农业十分发达，东部内陆地区交通闭塞、生产力水平相对滞后。

土耳其出口主要国别有德国、美国、意大利、英国、法国等，出口商品主要是纺织品、钢铁及其制品、汽车及其零件、农产品。进口主要国别有德国、俄联邦、意大利、美国、法国以及中国等，进口商品主要有矿产品、机械产品、电机及设备等。

土耳其经济以服务业为主，现代工商业与传统农业并存。农业、工业和服务业占整个国民生产总值的比重分别为12％、24％和64％。

2000年底及2001年初，土金融市场两度动荡，导致经济严重衰退。随后几年里，由于政府加大对农业、能源、交通等领域的投资和扶持力度，加快私有化进程，实行严格的财政政策，经济开始稳步回升，2002年、2003年和2004年国民生产总值分别实现7.8％、5.5％和9.9％的增长。随着土耳其经济状况的改善，国际货币基金组织（IMF）于2004年10月同土耳其政府签订了3年内提供100亿美元的贷款框架协议，以帮助其振兴经济。

土耳其的失业率一直维持在较高的水平。据土国家统计局报告，2004年失业率为9.5％，2005年失业率为10.3％。作为发展中国家，土耳其存在着与许多与新兴市场一样的问题，即政府监管能力跟不上金融体系的开放程度，金融体系极其脆弱。这是2000年11月和2001年2月爆发严重金融危机的重要原因。土于1951年开始引进外资，但进展缓慢。截至2004年底，土实际吸引外资154.8亿美元。2004年，土吸引外资额为26亿美元。这与其自身所具备的经济发展水平和自然地理条件极不相符。

土耳其是WTO和欧洲关税同盟成员，并已被接纳成为欧盟候选成员国。土耳其积极寻求与其他国家签订双边自由贸易协议。根据土外贸署的资料，已先后与欧盟、以色列、匈牙利、罗马尼亚、立陶宛、爱沙尼亚、捷克、斯洛伐克、斯洛文尼亚、拉脱维亚、保加利亚、波兰、马其顿和摩洛哥达成了双边自由贸易协议，并均已生效。目前正在与埃及、法罗群岛、巴勒斯坦、突尼斯就签订自由贸易协议进行谈判，同时也正考虑与约旦、马尔他、南非和墨西哥缔结双边自由贸易协定。

三、土耳其国际经贸法律制度概述

土耳其贸易主管部门：外贸署，是总理府下属的一个副部级机构，是土耳其管理对外贸易的主要政府机构，主管对外贸易。其职责包括：制定、贯彻、协调土耳其的对外贸易政策，收集整理国内其他部门、机构针对贸易问题所提出的意见和建议，并提交立法部门进行审议等。

贸易法规体系主要包括关税体系、进口管理、出口管理和贸易救济。土耳其贸易法律法规主要包括：《对外贸易法》、《海关法》、《进口加工机制》、《配额及关税配额行政法》、《进口不公平竞争保护法》、《增值税法》、《自由贸易区法》、《出口促进关税措施》、《出口机制法规》与《出口加工体系法》等。

（一）土耳其外汇及金融环境

1. 外汇政策

土耳其无外汇管制，居民可以自由持有外币，从银行、授权组织、邮政局和贵重金属经纪机构自由购买外汇，在银行外汇账户上持有外汇，自由使用外币现钞，在土耳其和国外银行进行外汇存款。土耳其居民在土耳其与外国人发生交易时可以直接从非土耳其居民手中接受外汇支付。土居民和非土居民可通过银行将5万美元以下外汇一次性自由转移出土耳其，银行应从转账之日起30天内将外汇转出国外（包括从外汇储蓄账户进行的转账）通报给国家指定的机构。旅行者本人可自由携带外汇现钞出境，但不得超过5000美元或其他等值外汇。视为居住在土耳其的在国外工作的土耳其公民和非土耳其居民本人如在进入土耳其时进行过申报，则可携带超过5000美元或其他等值外汇出境。这一点对土耳其居民也一样有效，如果他们能证明其外汇是在无形交易框架下从银行购买的。

2. 银行机构

土耳其银行业发达，共有50余家家银行，其中3家是国有银行，16家是私有银行，14家是外国银行，13家是非商业银行，4家是合作银行。主要本地商业银行有土耳其实业银行（IS BANK）、担保银行（Garanti Bankasi）、进出口银行、阿克银行（Akbank）和Yapikredi银行等。主要外资银行有汇丰银行、花旗银行和富通（Fortis）银行等。其中与我国银行合作较紧密的当地银行有担保银行和实业银行，这两家银行在上海均设有办事处。目前我国在土耳其尚无金融机构，仅国家开发银行在伊斯坦布尔派驻了工作组。

土耳其中央银行主要职能是制定和执行货币政策，管理国家黄金和外汇储备，为其他银行提供信贷等，土央行是发行土耳其里拉的唯一机构。土耳其进出口银行的目的是促进出口、实现出口产品和服务的多样化、为出口产品争取新的市场、提高出口商在国际贸易中的份额、提高出口商和在国外开展业务的工程承包商及投资者在国际市场上的竞争力，为出口商、面向出口的生产商和境外开展业务的工程承包商提供短期和中长期现金信贷和非现金信贷、保险和担保服务。2007年该行提供了37亿美元的现金信贷支持和47亿美元的保险和担保，共计84亿美元的信贷支持，占出口总额的8%。

3. 信用卡

在土耳其信用卡的使用十分普及，根据土耳其银行卡中心提供的数据，到2007年底土耳其信用卡总数已超过3700万张，银行借记卡总数达到5550万张。2007年，包括在土旅行的外国人在内，使用信用卡消费的次数已达到14.4亿次，销售金额达到1427亿新里拉。2007年营业场所安装的刷卡机较2006年增长了13%，达到145万台，银行自动取款机总数较2006年增长了14%，达到18800台。

中国国内发行的银联卡可在土耳其担保银行（Garanti）刷卡终端刷

卡，并且还可以在该银行设有中文页面的自动取款机上办理取款手续。

4. 证券市场

土耳其证券市场的起源可以追溯到20世纪50年代，最初主要是债券交易，1923年土耳其共和国成立之后证券市场主要进行股票、债券和外汇的交易业务，1959年停止了外汇的交易，1985年伊斯坦布尔证券交易所正式挂牌成立。目前伊斯坦布尔证券交易所是世界五大证券交易所之一，在土耳其证券市场的投资者大部分为外国投资，外国基金进入土耳其投资股市免收增值税和所得税等，到2008年9月流入土耳其证券市场的热钱达到近1000亿美元，2009年10月在全球金融危机的影响下大量外国热钱迅速撤出土耳其，下降到736亿美元。

截至2008年4月，伊斯坦布尔证券交易所共有上市公司320家，年交易总额达到15000亿美元，该交易所运作机制和结构完全符合欧盟标准，使用了世界上最先进的技术装备，为外国投资者提供一个完全自由的环境，信息共享透明，是世界上提供最便宜服务的证券市场之一，2006年债券市场每天平均交易量达到80亿欧元。

（二）土耳其税收体系和制度

土耳其有着经合组织（OECD）国家中最具竞争力的企业税收制度。实行属地税法与属人税法相结合的税收体系。外国投资者与土耳其当地公司和自然人一样同等纳税。土耳其的税收制度主要分为三大类：所得税、消费税、财产税，共计14种税。其中直接税有两种，即收入税和公司税，包括个人所得税、公司所得税。间接税有12种，包括增值税、印花税、交通工具税、金融保险交易税、博彩税、遗产与赠与税、房地产税、财产税、通信税、教育贡献费、关税和特别消费税。

1. 所得税

在土耳其，所有收入都须征收所得税，其中包括在土耳其境内的国内以及国外个人和公司的收入。对土耳其的非常驻公民在土耳其境内通

世界主要伊斯兰国家国际经贸法律制度研究

过工作、财产所有权、商业交易或任何其他活动所产生的收入，也须征收所得税。

（1）企业所得税。在土耳其，企业营业利润所得税征收的基本税率是 20%；常驻公司特定款项预扣税；股息税率为 15%；常驻公司国库券和债券利息收入的税率是 10%；常驻公司其他债券利息收入的税率是 10%；银行存款税率为 15%；银行入股的股利税率为 15%；回购协议税率为 15%；非常驻公司特定款项预扣税；股息税率为 15%；非常驻公司国库券和债券利息收入的税率是 0%；非常驻公司其他债券利息收入的税率是 0%；银行存款税率为 15%；银行入股的股利税率为 15%；回购协议税率为15%；

（2）个人所得税。个人所得税税率为15%至35%。雇主从工资中代扣所得税。自2007 年以来，对年毛收入征收的所得税税率如下：

个人所得税税率表

收入额（新里拉）	税率（%）
低于7500	15
7501－19000	20
19001－43000	27
高于43001	35

2. 消费税

（1）增值税（VAT）

普遍适用的增值税税率为 1%、8% 和 18%。商业、工业、农业和个人的商品和服务、进口到本国的商品和服务以及其他货物交付和服务活动都须缴纳增值税（减免额可从1%到8%变动）。

（2）特别消费税

有 4 大产品类要缴纳不同税率的特别消费税：

一是石油制品、天然气、润滑油、溶剂和衍生物溶剂；二是汽车及其他机动车、摩托车、飞机、直升机和游艇；三是烟草及烟草制品和酒精饮料；四是奢侈品：不同于增值税（每次交付货物时都要缴纳），特别消费税只收取一次。

（3）银行保险交易税

银行和保险公司的交易仍免征增值税，但须缴纳银行和保险交易税。此税适用于银行赚取的所有收入，例如贷款利息，其税率通常是5％，而银行之间存款交易的利息税率是 1％，外汇交易的销售额税率是 0.1％。

3. 印花税

印花税适用于各类文件，如合同、协议、应付票据、资本投入、信用证、担保书、财务报表和工薪单。印花税按文件价值的百分比征收，利率为 0.15％ 至0.75％。

4. 财产税

财产税分三类：遗产及赠与税、不动产税和汽车税。

土耳其所有的建筑物和土地按以下利率征收房地产税：住宅 0.1％，其他建筑物 0.2％。

四、国际商事交易法律制度

（一）土耳其有关进口的规定

从维护人身安全和卫生角度出发，土耳其依据WTO有关规定，制定了外贸商品技术和标准法规。该规定每年做一定修改。

在土耳其有隶属于外贸署的50个外贸商品检测站分布在土耳其八大区域内。这些检测站依据70种标准（这些标准与经济合作与发展组织和欧洲经济委员会的标准相同）负责对进口和出口农产品进行检测和证书发放。

工业品的检测由土耳其标准局负责。进口商进口前必须取得进口合格证书，以确保产品对人、畜、植物和环境无害。如进口商要求，土标准局可以按照相应的国际标准（ISO，CEN，IEC，CENELEC，ETSI）进行检测。如果进口商已经取得欧盟标准（如CE标志、E标志、e标志）产品可以在欧盟国家内自由销售，则进口商可以从土标准局取得免检证书。

与环境保护有关的燃料和废物、化学品的进口要从环境部取得进口证书。

药品、化妆品、清洁剂进口要从卫生部取得进口证书，如果这类商品已经取得CE认证标志，并可以在欧盟国家自由流通，则可直接从卫生部取得进口证书。食品、农产品、动物制品等要从农业部取得进口证书。

为取得上述商品进口证书，要向相关部门提交如下资料：卫生证明，分析报告，成分报告，放射分析等文件。

上述文件的卫生和分析报告要从出口国授权的机构取得，要提供原件和翻译件包括形式发票。

进口证书要在商品报关前取得，进口证书依据商品不同有效期4个—12个月。

1. 土耳其禁止进口的产品

为保护环境、公共安全、健康和公德，遵守国际公约，土耳其禁止以下产品的进口：毒品、化学武器、对身体有害的燃料、武器弹药、蚕种、自然肥、游戏机、水果机和水果产品，其商标有违国际公约工业产权。

2. 土耳其进口制度

2008年土耳其进口制度针对不同国家、不同国群清晰标出各自关税税率，所有产品按六大目录来划分。即农产品（目录Ⅰ）、工业品（目录Ⅱ）、农业加工品（目录Ⅲ）、鱼类和水产品（目录Ⅳ）、暂缓名单（目录Ⅴ）、用于民航免关税的产品（目录Ⅵ）。

主要特点：

对农产品、农业加工品、鱼类及水产品做了修订：

土耳其签署了多个自由贸易协议，给予这些国家在农产品、农业加工品、鱼类及水产品方面的优惠待遇反映在进口机制条例附加目录里。

考虑到行业要求，相关机构和组织观点以及土耳其对国际协议的承诺，目录Ⅰ和目录Ⅳ中的关税税率重新做了安排。

目录Ⅲ中加工农产品用工业零件的关税税率与欧盟共同关税税率一致。

工业品关税税率的修订：

1/95条款中关于欧盟–土耳其关税同盟，土耳其不得不同时对大部分进口工业品和从第三国进口的农业加工品用工业零件，采用欧盟共同外部关税（CET）。在这一章节，欧盟对第三国的关税削减也反映在目录Ⅱ涵盖的产品中。

根据关税同盟协议条例，土耳其把自己的关税调整到与欧盟普惠制优惠条件一致，制定有利于欠发展国家和一些发展中国家的自主关税优惠。

土耳其2004年8月25日实施新法令，其主要目的是与欧盟普惠制一致。根据该条款，欧盟普惠制涵盖的工业产品都要包含在土耳其的普惠制中。其结果是，土耳其完全按国家和产品采纳了欧盟普惠制。

为了提高国内生产商的竞争能力，同欧盟协作，暂停名单做了重新安排，那些产品都列在了目录Ⅴ，该目录中的产品要么减税、要么大部分不缴关税。后者主要针对用作原材料或化工、电子业某些中间产品。

欧盟终端产品在目录Ⅰ，Ⅱ和Ⅴ中在细目描述末尾用（a）表示。

进口条例所附的24个进口公告对与以下相关的进口做了安排，如公共秩序，公共道德和公共安全，人类、动植物健康维护，环境保护，消费者权益以及实施中的进口政策和国际协议。

3. 原产地规则

土耳其采用两种不同的原产地规则：非优惠原产地规则和优惠原产地规则。非优惠原产地规则中原产地指产品经受最后重大变革和重要生产阶段的国家；优惠原产地规则，特指相关产品的加工和增值标准，适用于进口自与土耳其签署过双边或多边贸易优惠安排的国家。

4. 进口加工机制（IPR）

作为出口支持制度的替代，进口加工机制使土耳其生产商/出口商可以依据商务政策措施，不付关税获取用来生产出口产品的原材料、中间半成品。IPR准予授权后，授权拥有者有权进口授权书上规定的货物，加工后再出口。进口加工制度的基本设想就是保持原料国际市场价格和土耳其出口商竞争力。

进口加工机制主要包括关税暂缓制度和退税制度。

5. 关税暂缓制度

生产商–出口商/出口商进口时可以不付进口税和增值税，即可进口原材料生产加工，再出口。在这种制度下，进口加工制度受益人必须提交保证函或包括所有关税和增值税的保证金。如出口行为满足保证金打折标准，授权持有者可以得到一个打折的保证金率。

生产商–出口商在进口加工制度下4年内，出口达1000000或500000美元以上，或者属于特殊分类的公司，可以提取关税和增值税总值的1%、5%或10%作为保证金。这种税项宽减应在授权书上说明。

等同商品：在暂缓制度下，生产商–出口商/出口商可以在授权书上注明，用等同商品取代进口品。等同是一种程序，可以使替代品代替授权书上的进口品自由流通。需要强调的是等同必须是原材料或中间半成

203

品，而不是成品。等同商品必须是与进口商品有着相同的质量和相同的性能。

6.退税制度

商品进口所付的费用在履行出口诺言后可以退税。在退税制度下，商品在土耳其进入自由流通，应缴进口税和增值税。当成品出口后，可以退还增值税和进口税。

7.授权证书的申请和评估

企业通过出口商联盟秘书处向外贸署提交必须的文件，并向外贸署提出申请授权书要求。这些文件包括进口加工项目表、原材料表、签字通知、申请书、贸易注册刊物、能力报告及其他一些特殊的技术文件。将根据进口加工机制中列出的经济指标，对申请进行评估。

需要如下指标：

首先，进口的商品要清晰而毫无疑义地明确为用于生产成品；

其次，受益进口加工机制同时，不能对国内生产者造成严重伤害；

再者，在进口加工机制下，生产过程应该产生新的生产能力，增加附加值，提高竞争能力。

通过检验是否满足这些指标，确定是否给予授权证书。

8.贸易救济

实施反倾销和反补贴的法律依据是1989年生效的进口不公平竞争保护法、法令和规定；2004年生效的进口保护措施法规和进口保护措施实施条例是启动保护措施的法律依据。

（二）有关出口规定

根据修订后的出口制度（2006年6月6日官方公报26190出口规则第4（e）章节），对出口商进行了定义，出口商，即相关出口商协会会员：

——有税号的自然人或法人

——合资企业

——联合体

出口指遵守现行出口规则，海关规则，将产品出口到土耳其海关监管区外或自由贸易区，或外贸署可以接受其为出口的其他方式出境。出口类型包括：注册出口、预先取得许可证出口、寄售出口、无利润出口、易货贸易、租赁贸易（以海关法规为准）。

除法律、法规及国际协议禁止之外，所有商品都可在出口制度条例框架下自由出口。在WTO规则框架内，当市场混乱时，出于保护公共安全、道德、健康，稀缺的出口产品，动植物群、环境以及具有艺术、历史和考古价值的商品会进行限制或禁止。

禁止和允许出口的商品列在公告96/31。

2007年土耳其禁止以下产品的出口：文化性和历史性的作品、野生动物、印度大麻、烟草、核桃、桑树等，对维也纳公约保护臭氧层有影响的产品，某些化学品。天然气、某些电子设备、未加工橄榄油的出口需要备案，除非取消该限制。

2007年12月废除了2004年的一项决定，允许毛巾和睡衣出口商用50%的国内纺线进行生产。

（三）进出口商品检验检疫

相关的立法有《卫生法》、《农业检疫法》、《动物卫生检验法》、《食品的生产、消费和检验法令》、《水产品法》和《土耳其食品药典法规》。

土耳其规定，药品、化妆品、清洁剂和食品等进口商品，必须经卫生和健康检验方能批准进口。进口农产品和食品须提交由土农业和农村事务部签发的检验证书，进口医药产品、化妆品、清洁剂须提交由卫生部签发的检验证书。进口商为取得上述检验证书须向上述相关部提交下列文件：由生产国有关机构出具的卫生证书、分析证书、产品含量清单、动物血缘关系证书和辐射分析报告（以不同商品所需证书不同）及形式发票。上述文件必须是出口国的正本文件并附有土耳其译文。进口商须在进口前取得上述检验证书并在进口时向海关申报，证书的有效期依产品而定，一般是4个-12个月。

土政府不断调整其卫生和植物卫生的法律、法规，向欧盟等的相关法律、法规靠拢，有的甚至直接照搬欧盟的法规，比如欧盟的包装材料和特殊营养价值食品的法规。

五、投资环境及法律制度

（一）土耳其鼓励投资的优惠政策概要

1. 土耳其吸引外资政策的主要原则

（1）国民待遇：外资与内资享有同样权利和义务。

（2）在合资企业中，外资参股无限制。

（3）外资企业的利润及其他收益可自由转移出境，清盘、变卖后资本可自由汇回投资来源国。

（4）对外资开放行业：所有对土耳其私营企业开放的行业均对外资开放。

（5）外籍雇员：对使用外籍管理人员和技术人员无限制。

（6）一站审核：财政部下属的国库署被授权有效执行这些政策。国库署指导帮助外国投资者；接受并处理外资申请。

2. 土耳其的投资优惠政策

为了鼓励投资，土耳其政府制定了投资优惠政策，概括起来分为三种情况：

一般优惠政策；

对中小企业的优惠政策；

对不发达地区的优惠政策；

本国企业和外资企业在享受所有优惠政策方面一视同仁，受土耳其第6224号法律和《相互投资保护与促进协定》保护。如要符合享受优惠政策的条件，外国投资者必须从土耳其国库署获取投资优惠证书。

（1）一般优惠政策：

现行投资优惠立法见1998年3月25日颁布的法令和1998年5月6日发布的《政府公报》。根据这一法令，有关优惠政策有：

① 免征关税和基金税

享受此项优惠的机械设备明细表，必须得到国库署批准。用于生产的原材料和半成品进口不享受此项优惠。

② 投资津贴

投资津贴是免征纳税人的公司税。发生优惠证书中所列费用，涉及建筑、机械、设备、运费和安装等费用，可享受投资津贴，现投资津贴是100％，这意味着固定投资费用可从未来可征税中扣除。

③ 进口和本地采购的用于投资的机械设备免征增值税（VAT）

国库署批准的清单中的机械设备，无论从国外进口还是在土耳其采购，均可免征增值税。

④ 免征各种税费

投资者如承诺投资完成后出口达1万美元，投资可免以下相关的印花税、税和费：

成立公司；

投资期间的增资；

得到至少一年期的投资信贷；

作为投资的土地和财产注册。

一般投资优惠政策是因地点、规模和投资项目的不同而异。申请一般投资优惠，土耳其划分为三类地区：

发达地区：伊斯坦布尔、考加埃里、安卡拉、伊兹密尔、布尔萨、阿达纳和安塔利亚地区。

最优先地区：部长会议决定的50个城市。

普通地区：其余的省市。

上述优惠措施仅适用于在普通地区和最优先地区的各类投资。只有下列投资，在发达地区才可享受上述优惠政策：

电力生产（包括汽车）

基础设施投资

BOT或BOO方式的投资

研究开发、设计和新产品的投资

环保投资

由高级科技委员会认定的优先技术投资

电子行业投资

船和游艇生产

造船厂投资

技术园、信息技术、教育、卫生和旅游、通信投资

扩产、技改、提高和改进产品质量投资

投资额在5000万美元以上，并至少符合下列一项要求：高科技、增加就业、高附加值和增加税收的投资。

特种服务行业投资，最重要的有：

卡车和拖车（至少10辆）

大客车运输（至少10辆）

飞机和直升机

租车业

服务和维修设施（包括飞机）

港口和码头

货运网络

会议中心、展览和展示中心

超市

石油和化工产品泵站和储存设施

机场地面服务

摄影棚

储藏和包装设备

摄影测绘

自动化投资

印刷工业

运动场地

洗衣服务

报纸和期刊分发

公共行业投资

CD刻录

如要享受优惠措施，在普通地区和发达地区固定投资最少须达500亿里拉，在最优先地区，最少达250亿里拉，还必须有下列比例的不动产：

在最优先地区的投资　20%

在普通和发达地区　40%

滚装和航空运输　25%

船和游艇生产或船和飞机进口　15%

租赁公司的投资　10%

投资者应凭下列文件申请优惠：

投资申请表

中央银行存款收据，5000万里拉，在最优先地区投资，1亿里拉在普通地区和发达地区（3亿里拉，如固定投资在50亿里拉以上）

进口和当地采购机械清单

公司授权签字的公证书

商协会登记注册公报副本

旅游业投资：旅游部颁发的"旅游投资证书"；教育投资：教育部颁发的"许可证书"；造船厂投资：海事署的批准证书。

在发达地区的增资、技改、提高和改进产品质量投资，需要投资规模报告。

（2）对中小企业的优惠政策：

对中小企业的优惠政策的法令刊登在1998年3月7日的《政府公报》上。该法令对中小企业的界定：在制造行业的企业，雇佣不超过150个工人，使用资本品（机器、设备、车辆和办公设备，不包括土地和建筑）在注册证书上登记不超过500亿里拉。该法令旨在保护促进中小企业发展，改进他们的生产和质量标准，使他们能够发展新产品。

对中小企业的优惠措施有：

免征关税和基金税

投资补贴

免征一些税费

补贴性质的贷款

对中小企业投资的其他关键性优惠措施是：

投资金额最多可达500亿里拉

项目使用的原材料可包括在投资证书中

投资者可免除在中央银行压存款

投资需要在6个月内完成

贷款可直接向HALK BANK申请（重点为小企业家提供贷款的国有银行）

（3）对不发达地区的优惠政策：

下列省份列为优先扶持地区，享受最优惠的投资鼓励政策：

ADIYAMAN（阿德亚曼省），AGRI（阿勒），ARDAHAN（阿尔达汉），BATMAN（巴特曼），BAYBURT（巴伊布尔特），BINGOL（宾格尔），BITLIS（比特利斯），DIYARBAIR（迪亚巴克尔），ELAZIG（埃拉泽），ERZINCAN（埃尔津詹），ERZURUM（埃尔祖鲁姆），GIRESUN（基利斯），GUMUSHANE（居米什哈内），HAKKARI（哈卡里），IGDIR（伊迪尔），KAHRAMANMARAS（卡赫拉曼马拉什），KARS（卡尔斯），KILIS（基利斯），MALATYA（马拉蒂亚），MARDIN（马尔丁），MUS（穆什），RIZE（里泽省），SIIRT（锡尔特），SINOP（锡诺普），SIVAS（锡瓦斯），SANLIURFA（尚勒乌尔法），SIRNAK（舍尔纳克），TUNCELI（通杰利），VAN（凡城）。

为促进地区间平衡发展，在欠发达地区增加就业机会，对这些地区有一些额外的优惠措施：

能源优惠：能源优惠条例刊登在1997年10月24日的《政府公报》上。条例规定投资者可在以下城市，享受半价电费的优惠，VAN，DIYARBAKIR，SIIRT，TUNCELI，SIRNAK，HAKKARI。该优惠必须在投资证书的有效期内申请。

土地使用：第4325号法律还规定，在优先扶持地区，投资项目可免费使用土地，但要至少雇佣10名工人，要取得投资证书。土地使用申请将根据投资项目所在地的公共土地现状进行评估。

（二）关于外国投资框架法令的公报

第2号公报　　政府公告日期：1995年8月24日

此公报旨在解释根据1995年6月7日第95/6990号法令的补充文件—外国投资框架法令，进行有关申请和审批所遵循的规则。

主要包括业务范围、投资与商业活动、参股、代表处的活动、非直接参与、增加资本、许可证、技术、技术支持、管理和特许权协议、利润转移、红利和股份、资本注册和授权证明背书、雇佣外籍雇员等内容。

六、土耳其经贸法律名录

《贸易组织法》、《外国直接投资法》、《对外贸易法》、《海关法》、《商业法》、《关于商业法修订的法令》、《进口加工机制》、《配额及关税配额行政法》、《进口不公平竞争保护法》、《增值税法》、《自由贸易区法》、《出口促进关税措施》、《出口机制法规》、《出口加工体系法》、《出口商品检验检疫》、《特定纺织品进口监控及保障措施条例》、《鼓励外资法》、《外资框架法令》、《关于外国投资框架法令的公报》、《国家援助投资法令》、《关于政府援助投资法令的公报》、《部分投资通过B.O.T.方式执行的法律》、《保护自由竞争法》、《保护专利权的法令》、《保护专利权的法令》、《保护工业设计权的法令》、《保护商标的法令》、《关于知识产权法修订的法律》、《临时进口的公约》。

下篇 中国国际经贸及法律制度评述

第八章　中国的对外贸易

第一节　中国对外贸易综述

一、中国对外贸易现状

自1978年中国实行对外开放政策以来，中国的对外贸易有了长足的发展。1978年中国进出口贸易总额只有206.4亿美元，到1995年达到2808.5亿美元，并同世界上227个国家和地区建立了贸易关系；2009年我国对外贸易进出口总值为22072.7亿美元，其中出口12016.7亿美元，进口10056亿美元。这些数据表明，目前中国堪称出口"大国"。尽管2009年是中国外贸最困难的一年，但中国仍然实现了出口"保增长"的目标，并且有较大可能已经超越德国，成为世界出口第一大国。

二、对外贸易在我国经济中的地位与作用

建国60年来，对对外贸易重要性的认识有一个逐步深化的过程。改革开放之前，对外贸易被认为是社会主义扩大再生产的补充手段，其作用主要体现为互通有无、调剂余缺，改革开放以来，我国对外贸易发展

215

迅速，在国民经济和社会发展中的地位显著提高，作用不断增强，成为国民经济的重要组成部分。高度重视对外贸易在国民经济发展中的重要作用已成为全社会的共识。

（一）对外贸易的迅速发展，提高了我国的综合国力。衡量一国的综合国力，需要从政治、经济、军事、科技水平等多方面进行综合判定。从经济角度分析，主要看该国的国民生产总值（GNP）、主要产品的产量、同世界经济的交换量和国际收支能力等方面的指标。而这些指标的变化，与该国的对外贸易状况都有着直接的关系。比如一国对外贸易的规模大小和质量高低，不仅直接关系着该国同世界经济的交换量和国际收支能力，而且直接影响着GNP的规模和主要产品的产量。因此，发展对外贸易与提高综合国力密切相关。建国以来，我国对外贸易的规模成倍扩大，与世界经济的交换量也成倍增加，有力地促进了我国综合国力的提高。特别是改革开放以来，对外贸易在提高我国综合国力上发挥着尤其明显的作用。

（二）对外贸易的迅速发展，加快了我国开放型经济的形成。改革开放以前，我国国民经济长期处于封闭、半封闭状态。随着对外开放政策的实施，我国对外贸易迅速发展，在国民经济中的比重越来越大，使得我国国民经济摆脱了封闭、半封闭状态，逐步转向开放型经济。目前，我国的对外开放地域从经济特区、沿海开放城市，扩大到沿边、沿江地区和省会城市等内陆地区；开放领域从一般加工工业向基础产业、基础设施和高新技术产业扩展，向金融、保险、外贸、旅游、通信、商业零售、法律咨询和会计等服务行业延伸。同时，我国多次对进口关税税率进行大幅度下调，进口关税平均水平已从1992年的43.2%降至目前的17%。2000年，我国的进口关税平均水平进一步下降到15%左右。2005年，我国把工业品平均关税水平再降至10%。开放型经济的初步形成，为21世纪我国经济的持续发展打下了坚实基础。

（三）对外贸易的迅速发展，促进了我国国民经济的持续稳定增长。现代市场经济理论认为，对外贸易对国民经济发展具有"助推器"的作用。有的经济学家还提出了对外贸易是国民经济发展的"引擎"的观点。我国经济的发展历程，生动地证明了这一理论。对外贸易的扩大，不仅带动了国内生产，使国内众多产品通过出口在国际市场实现了价值，获得了比较利益，而且引进了国内经济建设需要的资金、技术、原材料和管理经验，创造了更多的就业机会，增加了国家税收和外汇收入，带动了相关产业的发展，从而在外延和内涵两个方面促进了国民经济的持续稳定增长。

（四）对外贸易的迅速发展，促进了我国国民经济结构的调整与优化，增强了我国经济的国际竞争能力。目前，我国经济发展已进入由规模扩张为主向质量效益为主转变的时期。调整和优化国民经济结构，包括产业结构、产品结构、企业组织结构等，成为中国经济发展最迫切的任务。面对科技、经济的全球化趋势，我国国民经济结构的调整和优化，不仅要立足于本国经济实际，而且要依托国际经济和国际市场，使调整和优化的方向符合国际分工发展的客观要求，以保持经济结构在国际上的相对先进性。我国对外贸易作为连接国内经济和国际经济的桥梁与纽带，对国民经济结构调整发挥了积极、能动的导向作用。对外贸易的迅速发展，及时获取国际商品市场发展变化的最新信息，为我国商品结构的调整起了导向作用，进而促进我国产业结构的调整和优化。同时，还通过进口和引进国外先进适用的技术和设备，为国内产品升级换代和产业结构升级提供保证，增强了我国产品和产业的国际竞争力，促进国民经济的市场化和经济结构的合理化。

（五）对外贸易的迅速发展，推动了我国在国际经济交换中价值最大化的实现，提高了国民经济的效益。随着我国对外贸易从侧重商品的互通有无和调剂余缺逐步向参与国际分工、发挥比较优势、优化资源配置的方向转变，从侧重商品使用价值的交换向实现商品价值最大化的方向转变，我国已经开始把确保经济效益作为发展对外贸易的一项基本前提，从而使得我国在国际经济交换中不仅能实现或在一定程度上超过国内市场的平均价值，而且还可以实现或在一定程度上超过国际市场的平均价值，达到了提高国民经济效益的目的。

（六）对外贸易的迅速发展，有利于促进世界和平与发展。从建国起，中国人民即致力于与世界各国（地区）人民发展平等互利的经贸关系。经贸关系的发展促进了我国与许多国家特别是广大发展中国家建立良好的双边关系。冷战结束后，和平与发展是当今世界的主题，国与国之间的关系是以经济关系为主展开的，和平共处、共同发展成为国家关系的重要特征。我国对外贸易的迅速发展，不仅极大地促进了我国经济的发展，而且增进了同世界各国政治、经济和文化的交流与合作，这本身就是对世界和平与发展的贡献。同时，我国对外贸易的迅速发展，密切了同世界各国的经济关系，逐渐在经济上形成"你中有我，我中有你"的相互交融的局面，从而有利于创造国际和平环境，为我国现代化建设赢得进一步发展的良好机遇。①

三、当今中国在对外贸易中面临的挑战

随着中国在对外贸易中地位的不断上升，中国占据国际市场的份额在急剧增加，这给WTO其他成员带来了前所未有的压力。中国作为WTO中的"一条大鱼"，备受国际社会的广泛关注，随之所面临的挑战也更大。其中，最突出的是日趋严峻的对外贸易纠纷问题。加入WTO以后，中国所面临的贸易摩擦问题越来越多、影响越来越大。据WTO统

① 对外贸易经济合作部部长石广生《中国对外经济贸易的发展历程和伟大成就》。

计，1995年—2007年上半年，WTO成员共启动3097反倾销调查，涉及中国产品的551件，位居各成员之首，占17.8%。2008年上半年，国外对华反倾销新立案数延续了上升趋势，立案数达到自2002年以来的最高值。美国、欧盟等发达国家（地区）再次成为对华实施反倾销的主体。涉案金额巨大，对产业影响较大。其次，对华反补贴案件数呈现增长态势，对华启动反补贴调查的成员范围有所扩大。目前，已有17个WTO成员启动过反补贴调查，其中发达国家是主要发起者。截至2008年上半年，对我国产品启动反补贴调查的WTO成员数已由2004年的1个增至3个，占启动反补贴调查WTO成员数的17.7%。第三，发达国家是对华实施保障措施的发起者。2008年上半年，3起国外对华保障措施分别由俄罗斯、印尼和加拿大发起，2起特殊保障措施则分别由厄瓜多尔和俄罗斯启动。[①] 从上述数据可以看出，国外对华采取贸易救济措施调查呈上升趋势。目前中国遭遇的贸易摩擦呈现四大征兆：

一是涉案产品范围不断扩大，产品领域也在不断升级。表现为发生贸易摩擦的产品从劳动密集型产品向其他产品延伸，产业从传统的农业、纺织和汽车等向电子信息、通信、飞机制造以及生物等高科技产业领域。

二是在与发达国家贸易摩擦不断增多的同时，与发展中国家的贸易摩擦也呈扩大化趋势。在欧美等发达国家继续对中国频繁使用反倾销、反补贴及保障措施的同时，发展中国家也开始大规模对我国使用反倾销措施。其中，印度、巴西、土耳其等国家对我国发起的反倾销案件数量，已占到我国遭受反倾销案件总数的60%。[②]

---

① 《2008年上半年国外对华贸易救济案件简析》，http://www.cacs.gov.cn/cacs/anjian/anjianshow.aspx?strl=5&articleId=43700,2009年3月18日。
②《中国接连遭遇贸易摩擦：呈现四大征兆》，中国贸易救济信息网，2006年12月7日。

　　三是从贸易保护手段看，已经从反倾销向多种贸易保护手段扩展。虽然反倾销仍然是对中国使用最多的贸易救济手段，但近几年来，出现了使用包括特保条款，知识产权调查，质量、技术、卫生和环保标准等技术性贸易壁垒等综合贸易救济手段。贸易保护和贸易救济手段日益多样和复杂。

　　四是贸易摩擦逐步由货物贸易领域扩展到服务贸易、投资、知识产权等多个领域，由企业微观层面向宏观体制层面延伸，并由个案转向体制层面。近年来，贸易摩擦领域明显越来越广泛，出现由产品、企业等微观经济层面向国家政策和制度等宏观层面发展。欧美等发达国家担心我国走"重商主义出口导向"的发展道路，错误地认为我国国有企业通过政府税收优惠和补贴，在国际市场上进行不正当竞争。指责我国通过人为压低人民币汇率促进出口，追逐巨额贸易顺差和外汇储备。2006年欧美针对我国汽车零部件进口机制向WTO提出投诉。2007年，美国又以我国知识产权保护不力问题向WTO投诉。

　　根据克里夫·斯蒂文森①《2006年全球贸易保护报告》，中国是迄今为止遭受反倾销、保障措施、反补贴调查以及被实施上述贸易保护措施最多的国家。在反倾销方面，即使是在全球反倾销立案数量很少的情况下，针对中国的立案仍然呈增长趋势。在保障措施方面，2006年全球保障措施案件出现了显著增长，与反倾销立案情况进行比较，保障措施的每起立案都涉及了多个国家。在反补贴措施方面，2006年全球反补贴立案数量有所减少，从其发展趋势来看，案件数量将继续少于反倾销案件。其原因在于：一是反补贴调查牵涉更多的是政治因素，调查不仅涉

---

① 克里夫·斯蒂文森为美国Mayer Brown Rowe&Maw律师事务所欧洲贸易总监及欧盟竞争与贸易小组（由熟悉欧盟贸易政策的国际法专家组成的机构）首席经济师，是国际贸易法领域的著名专家。乌拉圭回合谈判期间曾在英国贸工部就职。其任职的咨询公司每年出版两份全球贸易保护报告。

及出口商，同时还涉及该出口商所在国（地区）的政府；二是补贴比倾销更难以认定。（《中国对外贸易摩擦与救济措施法律问题研究》

第二节　中国与世界主要伊斯兰国家的
国际贸易现状及评述

一、中国与东南亚伊斯兰国家的国际贸易综述

（一）中国-东盟自由贸易区建立的背景

中国与东南亚伊斯兰国家的国际贸易由来已久，随着中国与以东南亚伊斯兰国家为主的东盟政治交往不断深化，两者的国际贸易往来也在不断深化。上世纪90年代后，中国与东盟的经贸合作成为了双方关系中发展最快的部分。随着世界范围内区域经济一体化的发展趋势，亚洲经济一体化日益受到世界的关注，新世纪以来，东亚地区陆续开展和加强了各种层次的区域经济合作，于是2001年11月，在中国与东盟领导人第五次会议上，双方领导人就10年内建成自由贸易区达成重要共识，推动亚洲区域经济一体化出现新的发展态势。

2005年7月20日，中国-东盟自贸区降税进程全面启动，这标志着中国-东盟《货物贸易协议》正式进入了实施阶段，也标志着中国-东盟自由贸易区的建设全面拉开了帷幕。2010年1月1日起中国-东盟自由贸易区正式成立。

（二）中国-东盟贸易自由区国际贸易现状与评述

随着中国-东盟自贸区全面建成，中国企业加快对东盟投资步伐。在2003年中国对东盟直接投资仅为2.3亿美元的基础上，2008年这个数据

221

上升到21.8亿美元，增长近9倍，此后上升趋势更加迅猛，截至2010年4月，中国对东盟投资累计约100亿美元。随着中国与东盟互利经济合作不断深化，东盟国家已成为中国在海外直接投资的主要目的地之一，双方在基础设施建设、农业、制造业、加工业和服务业等诸多领域合作进展顺利。与此同时，中国还向东盟提供了多种形式的资金支持，在印尼、越南和柬埔寨等东盟国家建立境外经贸合作区，支持中国企业走东盟的步伐。2010年1月至5月，中国与东盟双边贸易总值达1118亿美元，增长近58%，其中，中国对东盟出口527亿美元，增长46.2%；自东盟进口591亿美元，增长69.1%。对东盟贸易逆差64亿美元，而2009年同期为贸易顺差10.9亿美元。目前，中国与东盟互为第三大贸易伙伴。

中国与东盟双边贸易增长明显，除了得益于全球金融危机后国际贸易恢复性增长，还得益于2010年1月建成的中国—东盟自贸区实施的"零关税"政策，使双方进出口企业积极性空前提高。2010年1月1日起，中国对东盟10国91.5%以上产品实行零关税，对东盟平均关税从9.8%降到0.1%；同时，东盟6个老成员国（其中文莱、印尼、马来西亚均为伊斯兰国家）对90%以上的中国产品实行零关税，对中国平均关税从12.8%降为0.6%。

（三）中国与马来西亚的国际贸易现状及评述

中国与马来西亚自1974年正式建立外交关系以来，两国关系总体发展顺利。

20世纪90年代开始，中马关系进入新的发展阶段。近年来，中国与马来西亚的经贸往来不断发展，双方贸易额持续快速增长，呈现出良好势头。马来西亚领导人曾表示，经贸往来是两国关系发展的重要推动力量，两国在经贸领域的合作拥有广泛的发展空间。

目前，马来西亚是中国的第八大贸易伙伴，也是中国在东盟国家中的第二大贸易伙伴国，仅次于新加坡。据中国海关统计，2003年，中国与马来西亚双边贸易额首次突破200亿美元，达201.3亿美元；2004年，双边贸易额达262.61亿美元，同比增长30.5％。2005年头10个月，双方贸易总额已经达到246亿美元，2005年双边贸易总额在去年的基础上继续增长。

中国在中马贸易中尽管面临巨大逆差，但对马来西亚的出口近年来一直在不断增加。2004年，中国对马来西亚的出口总值达到80.87亿美元，同比增长31.7％；2005年头10个月，中国对马来西亚的出口总值为84.7亿美元，已经超过2004年的全年水平。

近年来，中国与马来西亚在投资领域的交往也十分频繁。截至2004年11月底，马来西亚在华投资项目累积达到3200多个，实际利用外资金额达到了34.85亿美元；与此同时，中国在马来西亚累计投资金额也超过了1亿美元。

马来西亚总理巴达维2005年8月12日在马来西亚首都吉隆坡出席马中商务论坛时发表讲话说，马来西亚1974年与中国建立外交关系，是东盟国家中与中国最早建交的国家，应当将这种关系推向一个新的高度。

巴达维还说，贸易目前是马中两国关系发展的重要推动力量，将来仍然是马中两国关系发展的重要推动力量。马中两国交往历史源远流长，地理位置邻近，产品丰富多样，且经济都保持强劲增长，是理想的贸易伙伴。中国是马来西亚重要的出口市场。中国正在成为值得信赖和负责任的朋友。

（四）中国与印度尼西亚的国际贸易现状与评述

尽管2008年印尼与中国的非油气商品交易出现最大贸易逆差，逆差额高达71.6亿美元（2008年双边非油气贸易总值为227.4亿美元，其中印尼进口149.5亿美元，出口77.9亿美元）；然而2009年印尼与中国的非油气贸易逆差大幅缩减至 44.71亿美元（2009年双边非油气贸易总值是224.11亿美元，其中印尼出口89.2亿美元，进口134.91亿美元）。

中国是印尼非油气商品方面仅次于日本为第二大进口来源国，在2008年，印尼从两国进口的非油气商品价值几乎相同。中国从2008年至2009年继续保持印尼第二大出口市场和第二大进口来源地位，同时也是印尼第三大贸易伙伴，仅次于日本和新加坡。

印尼自中国进口的商品主要是机电产品、金属半成品及其制品和化工产品。其中钢铁商品增幅最大，印尼进口额从2008年的3615万美元增加为2009年的7787.6万美元。

二、中国与阿拉伯国家联盟的国际贸易综述

尽管阿盟与中华人民共和国之间的接触始于 1949 年新中国成立几年之后，但是，当阿盟与中国于 1993 年 5 月 24 日签署了有关在中华人民共和国设立阿盟代表处的协议之后，阿盟驻华代表处就为双方的接触和交流开辟了直接渠道。阿盟重视加强阿中经贸合作，希望阿中经贸合作有助于阿拉伯世界的发展进程。阿方希望合作论坛在推动双方经贸发展、扩大投资范围、加强科技交流等方面发挥更加积极的作用。自2004年9月在阿盟总部举行阿中合作论坛首届部长级会议后，越来越多的阿拉伯企业家参加到论坛中来，他们非常重视在进出口、投资和技术交流等方面与中方进行合作。中阿经贸关系趋于紧密成为中国健康发展的对外经济关系的一个重要方面。

2004年1月至10月，中国与阿拉伯国家双边贸易总额达到292亿美元，已超过双方2003年全年的贸易额。其中，中国出口额141亿美元，进口额151亿美元，中方略有逆差。

中阿经贸关系全面发展，不仅体现在贸易额持续快速增长上，双方在工程、劳务、投资等领域的合作规模也在扩大，领域不断增多。

阿拉伯国家是中国重要的工程承包与劳务市场。据商务部统计，

2004年1月至9月，中国在阿拉伯国家共签订工程承包合同金额30亿美元，完成营业额17亿美元；签订劳务合同金额1.1亿美元，完成营业额1.4亿美元。中国企业在阿拉伯国家承揽的大项目数量增长迅速，领域也不断拓宽，涉及路桥、房建、电站、通信和石油天然气开发等。目前，中国在阿拉伯国家劳务人数达8万人。

此外，中国与海湾合作委员会（海合会）的经贸关系进一步加强成为中国与阿拉伯国家发展经贸关系的一大亮点。2004年1月至10月，双方贸易额达195亿美元，比上年同期增长44%。2004年7月，海合会秘书长和6个成员国的财经大臣联合访华。中国与海合会签署了《中国与海合会国家经济、贸易、投资和技术合作框架协议》，并共同宣布启动中国—海合会自由贸易区谈判。

（一）中国与沙特阿拉伯的国际贸易现状及评述

2006年—2008年中国与阿盟成员国沙特阿拉伯双边贸易达到400亿美元，2006年—2010年，双方在铁路、港口等领域合作实施的工程项目金额累计达155亿美元。

据中国海关统计，2004年中国与沙特阿拉伯双边贸易总额为103.0亿美元，同比增长40.7%。其中，中国对沙特出口27.8亿美元，同比增长29.3%；自沙特进口75.2亿美元，同比增长45.5%。中国逆差47.5亿美元。中国对沙特阿拉伯出口的主要产品为服装及衣着附件、机电产品、织物制服装、纺织纱线及制品、针织或钩编的服装、电器及电子产品、金属制品、非针织或钩编的服装、原电池和鞋类等；自沙特进口的主要产品为原油、液化石油气、初级形状的塑料、乙二醇、初级形状的聚乙烯、铁矿砂及其精矿、钢材、钢铁板材、苯乙烯和初级形状的聚丙烯等。

据中国商务部统计，2004年，中国公司在沙特阿拉伯完成承包工程营业额1.2亿美元，新签合同金额1.9亿美元；完成劳务合作合同金额1343

万美元，新签合同金额528万美元。截至2004年底，中国公司在沙特阿拉伯累计完成承包工程营业额3.1亿美元，签订合同金额8.8亿美元；完成劳务合作合同金额8388万美元，签订合同金额9689万美元。

2004年，经中国商务部批准或备案，中国在沙特设立非金融类中资企业2家，中方协议投资额135万美元。截至2004年底，中国在沙特累计投资设立非金融类中资企业7家，中方协议投资总额676万美元。

据中国商务部统计，2004年沙特阿拉伯对华投资项目10个，合同金额4232万美元，实际使用金额701万美元。截至2004年底，沙特阿拉伯累计对中国直接投资项目45个，合同金额1.2亿美元，实际投入6811万美元。

双方展望，2015年中沙双边贸易规模将扩大到600亿美元。为达到这一目标，一是要继续发展中沙之间长期稳定的原油贸易；二是大力推动非原油产品的贸易，沙特关注石化等产品的对华出口，中国则希望进一步扩大工程技术设备、建筑材料、铁路设备、汽车和清真食品等的出口；三是充分发挥相互投资和工程项目合作的带动作用；四是加快推动海合会与中国的自贸区谈判，为双边贸易发展创造更加自由便利的环境。

（二）中国与阿拉伯联合酋长国的国际贸易现状及评述

2002年以来，中国与阿联酋贸易增长势头强劲，每年两国贸易额均呈大幅度增长态势。2002年两国贸易额达38.95亿美元，比上年增长37.9%。其中，中国对阿联酋出口达34.5亿美元，比2001年的23.8亿美元净增加10.7亿美元。2003年两国贸易额猛增至58.1亿美元，比2002年增长49.1%，两国贸易总额比2002年净增加19亿多美元。其中，中国对阿联酋出口达50.4亿美元，比2002年净增加15.9亿美元。

2004年1月–3月，中阿贸易继续呈现大幅度增长势头。两国贸易达16.4亿美元，比去年同期增长67.5%，净增加6.5亿美元，比2002年同期净增加9.2亿美元。2004年头3个月两国贸易超过了2002年上半年的16.3亿美元的贸易额。2002年1月–3月中阿贸易额占两国全年贸易额的18.5%，2003年1月–3月两国贸易占全年贸易额的16.9%。如果2004年1月–3月两国贸易占全年贸易额的比例为20%以下，则2004年全年两国贸易额将超过80亿美元。2004年头3个月两国贸易月平均达54787万美元，比去年同期的月平均32710万美元净增加22077万美元。

2004年1月–3月中国从阿联酋进口已达28061万美元，已接近2005年上半年我国从阿联酋的进口额。

（三）中国与埃及的国际贸易现状及评述

中埃双边经贸关系是两国战略合作关系的重要组成部分。半个世纪以来，在两国领导人的推动下，双方合作关系取得丰硕成果，经贸关系不断深化。特别是最近5年，双边经贸合作呈现出多领域、多层次、快速发展的良好势头。中埃建交以来，两国经贸主管部门签署了若干经贸合作协定，为两国经贸关系的稳定有序发展奠定了法律基础。随着两国在上个世纪70年代实施对外开放战略，两国的国民经济取得较快发展，经济实力明显增强，合作机会越来越多，合作领域越来越广，合作成效也越来越显著。双方的中介机构、企业和民间团体、各级地方政府的交往又为双边经贸合作的快速发展发挥了重要作用。中埃双方还在WTO、多哈回合谈判、中阿合作论坛、中非合作论坛等多边场合进行了良好合作。2004年埃及成为我公民旅游目的地国。2006年11月，埃及承认我国完全市场经济地位。

贸易方面，最近5年，双边贸易额年均增速超过30%。据中方统计，2008年中埃双边贸易62.4亿美元，同比增长33.5%。尤其值得一提的是，埃及对华出口达到4.3亿美元，同比增长78.6%。埃及目前已成为中国在非洲的第五大贸易伙伴。我国对埃出口以机电产品、纺织服装等为主，包括汽车零部件、机械设备、棉纱等，从埃主要进口棉花、大理石、燃料油等。

投资方面，中国大量国有和私营企业到埃及投资设厂，涉及食品加工、机械制造、纺织、石化等多个领域，中埃双方企业开展了卓有成效的合作。此外，在中国政府倡导下，天津泰达公司正在埃建设苏伊士经贸合作园区，以期为双边投资进一步发展搭建良好平台。据中方统计，中国对埃累计投资超过6亿美元，兴建了工厂和企业59家，创造了3000多个就业岗位。中国海运、石油设备、电信等大型企业在埃的经营得到双方高层的充分肯定。

工程承包方面，中国大型工程承包公司在最近两年进入埃及市场，天津水泥设计院、中国港湾工程总公司、中建总公司、华为和中兴等在埃及水泥、港口建设、运河疏浚、基础设施建设以及电信等领域进行了双赢合作。

在经济技术合作方面，中国向埃及提供了一定数量经济援助，建成了开罗国际会议中心、十月六日城学校等关系国计民生的基础设施项目，中方还为埃方提供了大量培训机会。

2010年1月—5月中埃双边贸易总额为27.4亿美元，同比增长32.4%；其中中国对埃及出口24.55亿美元，同比增长23.6%；自埃及进口2.84亿美元，同比增长225%。

（四）中国与约旦的国际贸易现状及评述

据中国海关统计，2002年中约双边贸易继续保持强劲增长势头，进出口总额首次突破3亿美元，达到3.58亿美元，比上年同期增长30.5%，其中出口总额3.05亿美元，比上年同期增长34.9%；进口总额5327万美元，比上年同期增长10.5%。根据约旦海关统计，我国被列为约旦进口国第四位和出口国第八位，成为仅次于伊拉克、美国和德国的主要贸易伙伴。

我国出口到约旦的主要商品中超过千万美元的大类商品有：服装

（6063万美元，增幅65％），服装面料等纺织品（4228万美元，增幅73.7％），鞋类（2024万美元），以上三类总和为1.2亿美元，约占我国出口总额的33％；其次是机械设备（1642万美元，增幅20.8％），电信及音像设备（1561万美元），电机、电气及零件（1363万美元，增幅–11.1％），机电产品总量为6000万美元，占我国全部出口额的18％。

可喜的是，我国家电、手机和电脑网络产品在约旦颇受欢迎。电脑网络设备已成为两国政府经援项目的首选物资。已有三批电脑进入赠款项目货单中，这为我国IT产品进入中东市场打开了绿灯，预示着美好的前景。在家电方面，海尔通过在约兴办合资贸易公司，建立加工装配厂，扩大对约旦等中东国家的出口，产品已经进入当地主流市场；此产品不仅具备了价格的优势，而且质量和品种也受到当地用户的青睐；小商品中最有吸引力的是来自江浙地区尤其是义乌的小家电、小五金、建材、家具、服饰和鞋帽等。

我国出口农产品量并不大，但有些商品在当地市场占有率较高，如花生、花生仁、大蒜、豆类等；还有一些商品，如冻肉、活羊等，已被约旦定为新的待开发的主要进口商品源，反映出约旦对我国绿色农产品的信任度正在上升。

中国公司自1980年开始进入约旦工程承包及劳务市场，到90年代初共承担74项，累计签订合同额2.7亿美元，在约劳务人员最多时有3000人。 最活跃的公司是中建公司等5家企业.。但在海湾战争后我国在约工程承包曾一度处于停滞状态。到2000年底累计签订工程承包项目154个、合同金额3.6亿美元、 营业额3.27亿美元、 在约劳务人员近2000人；在约注册的公司只剩下中航技和中国北方工业公司两家。

进入21世纪以来，随着约旦经济的改革和私有化进程的加快，工程承包市场活跃起来，尤其在2001年我国中石化第十公司、中水对外公司和江苏地质公司等3家公司成功中标，签订的合同额突破4000万美元。

2002年底，中石化第十公司完成了在约旦亚喀巴复合肥厂的主设备安装工程承包项目，历时21个月，营业额2130万美元，工程质量和公司的工作作风获得了用户的好评，在业界树立了良好的形象。

中国水利对外公司和江苏地质公司分别承包约旦水利部灌溉供水工程C&D标段（在死海南部），工期分别为26个月和20个月，合同额分别为2144万美元和1339万美元。2001年－2002年两公司在执行合同过程中，困难重重，一度受到铁管供货的影响，进度落后。按合同规定，项目应分别在2004年2月和2003年5月完成，实际完成期限应根据工程进度有所调整。

自1998年约旦开设QIZ（即美国、以色列与约旦共同设立的合格工业区）以来，随着约旦经济改革和改善、优化投资环境，港台地区、东南亚投资商到约建厂，形成了对中国服装加工业熟练工人和管理人员的热门需求。按照约旦劳动法的规定，外籍劳务人员比例可占企业职工总数的30％（实际运作时可适量突破），在约中国劳务人员数迅速增长，从2000年的2000人发展到2001年的5000人，到2002年底达到6000人。

中国劳务人员成为支撑约旦QIZ出口产业的主力军，实现对美国出口的快速增长，在美国的免关税、免配额政策下，实现企业的经济效益。中国劳务人员在获得相应的劳务收入的同时，对约旦经济和改革做出重大贡献，为传播中约友谊，宣传中国改革开放的成就和经验，立下了汗马功劳。

上世纪90年代初，中国企业曾先后在约投资服装加工业，如1994年浙江湖州针织厂投资了升胜纺织品有限公司；1999年莱织华集团与BOSCAN合作在约旦哈桑工业区QIZ投资了FALCON服装厂；深圳、安徽等地在港企业的在港资本向约旦哈桑工业区投资建立了业晖制衣厂。到2002年只有业晖厂还能正常经营，拥有数百万美元资产。

另外，从1999年到2002年之间，来自香港投资的工厂有8家，总投资超过2000万美元，拥有中国劳务人员近2500人。来自台湾投资商的工厂有5家，总投资超过2000万美元，拥有中国劳务人员近3000人。

2001年海尔集团进行两项投资，合办中东贸易公司和家电装配加工厂，投资额1200万美元，在约旦和周边国家的营销网络的支持下，海尔产品及散件对约旦和中东其他国家的出口成倍地增长，成功地迈出了实施"走出去"战略的第一步。海尔产品不仅靠价格优势，而且以良好的产品质量和品种赢得中东用户的青睐，以不断完善的售后服务吸引更大的市场需求，逐步实现对部分日本、韩国产品的替代。目前，具有14万平方米建筑面积的新厂在筹建，但实际进度比计划落后。按照规划，新厂建成后，海尔在中东的贸易额将达到上亿美元。

三、中国与中亚伊斯兰国家的国际贸易综述

（一）中国与中亚五国国际贸易现状综述

中国与五国之间的经贸合作关系发展潜力巨大。哈萨克斯坦是中亚五国当中经济总量最大，哈萨克斯坦与中国经贸往来最密切的国家。统计数字表明，去年哈国与中国的双边贸易总额超过了15亿美元，约占中国与中亚五国贸易总额的85.6％。

哈萨克斯坦、乌兹别克斯坦、土库曼斯坦、吉尔吉斯斯坦和塔吉克斯坦五个中亚国家与中国新疆有长达3700多公里的边境线。在阿拉山口、霍尔果斯、吐尔尕特和吉木乃等边境口岸上，从中国东部省区运来的食品、日用品和小电器等商品换回了这些国家的钢材、棉花和皮革等原料。

近几年来，中国增加了机电产品和高新技术产品出口，在投资和技术领域的合作，主要在中亚油气资源开发和农业新技术运用方面。由新疆天业集团公司在塔吉克斯坦实施的棉花膜下滴灌技术，使当地棉花产

231

量从每公顷1.1吨增加到了3.5吨，新疆天业集团公司副董事长王灿介绍：明年在塔吉克斯坦的推广面积将达到1400公顷，而且还有可能继续扩大合作。

截至2001年，中国在中亚国家中的投资总额已经达到5亿美元，相当于五国在中国投资的100多倍。外经贸部国际贸易经济合作研究院欧洲部副主任刘华芹说："中亚国家市场处于逐步成熟过程中，风险与机遇并存，在双方进一步努力和合作下，中国与中亚国家双边经贸合作将开始新的阶段。

（二）中国与哈萨克斯坦的国际贸易现状与评述

中哈直接的经贸联系始于1992年。近年来，通过中哈双方政府部门和企业界的共同努力，中哈经贸关系得到了较大的发展。目前，我国在哈有石油、汽车组装、银行等大型经贸企业和合作项目，哈已成为我国在境外投资最多的国家之一。2003年前9个月我国在哈投资1．977亿美元，中哈贸易在我国与原苏联国家的贸易中位居第二位。中哈历年的贸易情况（中国海关统计）：1992年3.7亿美元，我出口2.7亿美元，进口1.5亿美元；1993年4.3亿美元，我出口1．7亿美元，进口2.6亿美元；1994年3.3亿美元，我出口1.4亿美元，进口1.9亿美元；1995年3.9亿美元，我出口0.7亿美元，进口3.2亿美元；1996年4.5亿美元，我出口0.9亿美元，进口3.6亿美元；1997年5.2亿美元，我出口0.9亿美元，进口4.3亿美元；1998年6.3亿美元，我出口2亿美元，进口4.3亿美元；1999年11.4亿美元，我出口5亿美元，进口6.4美元；2000年15.6亿美元，我出口6亿美元，进口9.6亿美元；2001年12.8837亿美元，我出口3.2772亿美元，进口9.6亿美元；2002年19.5亿美元，我出口6亿美元，进口13.5亿美元；2003年32.8643亿美元，我出口15.655亿美元，进口17.2093亿美元。哈萨克斯坦与中国2010年1月–3月外贸总额为25.98亿美元，比上年同期（21.16亿美元）增长22.78％。其中，哈向中出口20.51亿美元，同比增长67.9%；哈自中进口5.476亿美元，同比下降48%。外贸顺差15亿美元。

中哈两国经贸合作的主要特点是：1. 发展潜力巨大。我国各种产品在哈市场都有较大的需求，而且可以进一步转销到邻近国家市场；哈轻纺、建材、制药、机械加工工业十分薄弱；哈虽有雄厚的重工业基础，但目前这些企业的技术、设备普遍老化等；所有这一切为开展中哈经贸合作提供了广阔的前景。2. 问题不少。主要是：目前哈正处于经济转轨阶段，市场经济体制尚未完全确立，法律法规不健全，且多变；通过"旅游贸易"等非正规贸易渠道进入哈市场的伪劣产品损坏了中国产品在哈形象；公路运输中的摩擦时常发生等。3. 贸易渠道不畅，交易方式不规范，合作区域有限。哈萨克斯坦经济私有化以后出现了成千上万的各种企业和公司，资金和规模都比较小，缺乏从事国际贸易的经验。

目前中哈企业贸易中仍大量使用现金支付、预付货款等方式，债务纠纷多，风险大。双方企业缺乏必要的信任，合作渠道不畅，是双方开展经贸合作的最大障碍。中哈经贸合作中，新疆的企业占主要地位，我经济发达地区、有实力的企业与哈极少有直接经济联系，致使两国经贸合作后劲不足。

哈萨克斯坦地域辽阔，石油和有色金属资源丰富，经济实力居中亚国家首位。俄罗斯、土耳其、韩国企业的影响早已深入哈经济生活中，西方一些大公司越来越多地参与哈的石油天然气、有色金属等行业。随着哈萨克斯坦市场经济条件逐步成熟，在这一市场上的竞争会更加激烈。尽管目前中哈经贸合作中存在着这样或那样的问题和不少须进一步完善的地方，但两国经济具有较强的互补性，开展中哈经贸合作机遇大于挑战。

233

四、中国与西亚伊斯兰国家的国际贸易综述

（一）中国与伊朗的国际贸易现状与评述

中伊贸易始于1950年。1971年8月两国建交以后，双边贸易有了进一步的发展。中伊双边经贸联委会于1985年成立，至今已召开11次会议。第十一次会议于2002年3月16日至3月20日在德黑兰举行，双方主席是吴仪国务委员和伊朗副总统兼伊国家管理和计划组织主席萨塔里法尔。

1978年以前，两国进出口贸易总额最高纪录只有8000万美元左右。1979年伊朗伊斯兰革命胜利后，西方国家对伊朗实行经济制裁，与此同时我继续发展同伊的贸易关系，双边贸易额大幅增长。

1999年中伊双边贸易额为13.47亿美元，其中我出口6.6亿美元，进口6.85亿美元，较1998年分别增长幅10.9％，0.9％,和22.6％。我对伊出口的增长幅度较往年有所下降。2000年双边贸易额为24.86亿美元，其中我出口7.13亿美元，进口17.73亿美元，较上年分别增长84.5％、7.6％和158.9％。

2001年双边贸易额达33.13亿美元，其中我出口8.89亿美元，进口24.24亿美元，同比分别增长33.24％、24.6％和36.7％。2002年双边贸易额已达37.42亿美元，其中我出口13.96亿美元，进口23.46亿美元,同比,进出口总额增长13.00％,出口增长57.10％,进口下降3.80％。

中国对伊朗出口以机械设备、轻工、五金矿产、化工、纺织、仪器仪表、工农具和粮油食品为主。机电产品已成为我对伊第一大出口商品，2001年出口5亿美元，占对伊出口总额的56％。2002年，我对伊机电产品出口达6.631亿美元，占当年我对伊出口总额的47.5％。 原油是我自伊朗进口第一大商品，自1995年起，我开始较大规模增加从伊进口原油。2000年我自伊原油进口猛增至700万吨，价值14.64亿美元，占我自

伊进口总额的83%，占当年我国原油进口总值的10%。2001 年我自伊进口原油1085万吨，价值20.69亿美元，占同期我原油进口总值的18%。2002年，进口原油1110.70万吨，CIF总额为20.40亿美元，占当年我原油进口总量的15.76%，伊已成为我第一大原油供应国。

近年来伊朗政府非常重视其非石油产品对我的出口。按伊朗的贸易统计，我进口原油不算做进出口平衡的项目（2000年扣除石油进口则我方顺差4.04亿美元），故伊方要求中国增加进口其非石油产品，以保持中伊贸易的相对平衡。近年我自伊进口的非石油产品在逐年增加，主要有矿产品、金属产品、化工品和一定数量的农副产品，如生铁、钢坯、钢材、粗铜、铬矿石、葡萄干、阿月浑子、冻带鱼和西红花等。据我海关统计，1999年至2002年我自伊进口非石油产品依次为1.56亿美元、2.84亿美元、3.43亿美元和3.26亿美元。

中伊经济技术合作始于1982年，由于两伊战争的影响进展缓慢，至战前的1988年下半年，6年时间仅谈成12个小项目，合同金额2500万美元，均已执行完毕。

两伊停战后，中伊经济技术合作有了较大发展，尤其在近年增长显著。我在伊合作项目主要涉及如下领域：1.能源：石油天然气开发、火电站项目、水电站项目；2.交通：铁路、地铁、电气化铁路、公路项目；3.化工：石化、化工建设项目；4.通信；5.有色金属：铝厂、锌厂、铜厂项目；6.造船：货船、特大油轮、液化天然气船、挖泥船、回转运重船等；7.水利：水坝项目；8.冶金：焦炭、钢厂项目；9.建材：水泥生产线项目等。截止到2003年3月底，我在伊朗承包工程已完成项目32个，项目金额计5.573亿美元；在建项目48个，项目金额计22.180亿美元；在手合同项目29个，12.207亿美元，正在跟踪的项目更高达100多亿美元。其中有部分项目我公司已中标，正在完成签订合同的必要手续。今年，截至3月底，我已与伊方新签承包工程项目3个，合同金额计

1.29亿美元；中伊技术贸易以90年代初起步，目前发展势头良好。截至目前中国签订向伊出口技术和成套设备合作总金额已近47亿美元。2000年和2001年中国分别向伊朗出口高新技术产品5241万美元和6363万美元。

2000年6月伊朗总统哈塔米访华期间，中伊签署了双边投资保护协定和能源领域合作备忘录。我对伊朗投资刚刚起步，规模较小。截至2001年底，经中华人民共和国对外贸易经济合作部批准的在伊设立的中资企业共5家，双方协议投资1275万美元，中方投资432万美元。其中加工企业4家，中方投资362万美元。

据商务部统计，截至2001年底，伊朗在华投资共42个项目，协议投资额919万美元，实际投资227万美元，其中2001年投资项目数8个，协议投资额111万美元，实际投资99万美元。投资领域主要是贸易、餐饮和装修材料等。

（二）中国与土耳其的国际贸易现状与评述

2006年以来，中土两国商务领域高层互访频繁，两国经贸主管领导达成的发展经贸合作、妥善解决问题的共识在贸易救济领域得到了体现。双方在贸易救济领域开展了有效合作，妥善地解决了多起贸易救济案件。为了主动缓解中土两国贸易不平衡状况，我一方面加大对土耳其投资力度，通过承包工程带动经贸合作进一步发展；另一方面积极支持土耳其在中国专门举办"土耳其商品展"，并协助土耳其组织出口企业参加在中方举办的多个展会，如：广交会、'98投洽会、国际汽车博览会等，宣传土耳其的优势特色商品；同时，定期组织国内企业赴土耳其采购商品。以上措施充分体现了中国政府为扩大自土耳其进口、改善贸易不平衡状况的诚意，获得土耳其各界好评。

目前，中土两国政府通过密切配合，在贸易救济领域采用"行业自律、政府监管"的方式，妥善解决了红外加热器等多起即将发生的贸易摩擦问题；土耳其方在收到国内企业的敏感案件申请后均及时通知中方，两国政府积极组织各自产业进行友好协商，由两国行业协会共同制定实施细则，维护出口秩序的稳定，双方政府对行业自律行为进行必要的监管。这种模式在保证我国必要出口的同时也保护了土耳其国内产业，既解决了问题，又有效地避免了贸易摩擦的发生，为实现双方公平贸易找到了一种新模式。

第九章　中国对外贸易法律制度评析

　　对外贸易法，是指在调整对外贸易活动中形成的对外贸易管理关系和对外贸易合作关系的法律规范的总称。组成我国对外贸易法的法律规范是综合性多种类的，其组成范围包括国内外贸立法以及一部分国际条约，如我国与别国间缔定的多边或双边贸易条约或协定。就其内容看，包括对外贸易合同法、对外贸易管理法以及解决国际贸易争议的法律等。从广义上理解，我国对外贸易法是指调整以上外贸相关领域经济关系的法律规范的总称。1994年5月12日，第八届全国人大常委会第七次会议通过的《中华人民共和国对外贸易法》（以下简称《对外贸易法》）是我国对外贸易的基本法律，即为狭义上的对外贸易法。2004年4月6日，《对外贸易法》提请十届全国人大常委会第八次会议修改审议通过，这是1994年以来我国《对外贸易法》的第一次修订，具有重要的意义和作用。

　　与我国贸易"大国"称呼相适应，中国对外经济贸易立法自改革开放以来也取得了很大成绩。迄今为止，由全国人大、国务院及其有关部委和各省、市、自治区制定颁布的对外经济贸易法律、法规和规章已经超过700多部。这些法律、法规涉及经营进出口贸易实体、商品和技术进出口贸易、知识产权保护、外汇信贷、对外运输和保险、海关、进出口商品检验和动植物进口检疫、涉外税收、涉外经济贸易仲裁和诉讼等。

目前，我国已基本建立了以《对外贸易法》为核心的对外贸易法律体系。

在《对外贸易法》的基础上，中国目前正在抓紧制定《进出口商会条例》、《出口管制条例》、《技术出口条例》、《对外加工装配管理办法》、《出口货物配额管理办法》和《对外贸易保险基金管理办法》等法规。可以认为，中国正在加快外贸政策法规的改革与立法，以推进中国的外贸体制改革，并建立既符合中国国情又符合国际贸易通行规则的对外贸易体制。

第一节　中国对外贸易基本法律制度

一、我国对外贸易法的基本原则

（一）实行统一的对外贸易制度，维护外贸秩序的原则

所谓实行统一的对外贸易制度，是指由中央政府统一制定、在全国范围内统一实施的对外贸易制度。实行统一的对外贸易制度，是我国外向型经济发展的客观要求，也是我国履行入世承诺的需要。实行统一的对外贸易制度要求我国对外贸易法律规范的内容必须统一、对外贸易管理制度必须统一、对外贸易相关措施的实施必须统一。要大力推进我国外贸法律、法规的制定和完善工作，严格限制各地方各部门的土政策和各行其是的做法，保证国家法律政策的统一和普遍执行，维护健全开放的外贸新制度与新秩序。这一原则符合 WTO 的国民待遇原则和透明度原则。

（二）鼓励发展对外贸易，发挥地方积极性，保障对外贸易经营者的经营自主权的原则

鼓励对外贸易发展是我国改革开放以来一贯采取的基本政策。为调

239

动地方与外贸生产企业的积极性，我国有步骤地下放外贸总公司的经营权，扩大地方的外贸经营权，陆续批准一些企业经营本企业产品的出口业务和生产所需的进口业务的经营权，外贸企业实行自主经营、自负盈亏，取消出口补贴。鼓励发展对外贸易，一方面创造公平竞争的贸易环境，另一方面促使企业的发展建立在经济效益与社会效益共同提高的基础之上。

（三）维护公平、自由的对外贸易秩序

在世界贸易组织框架下，公平贸易原则又称公平竞争原则，是关贸总协议和世界贸易组织主要针对出口贸易而规定的一个基本原则。这一原则的基本含义是指世界各贸易国家和出口经营者都不得采取不公平的贸易手段进行国际贸易竞争或扭曲国际贸易市场竞争秩序。维护公平、自由的贸易秩序，是国际贸易能够顺利、持久发展的重要保证。我国在政策、法律上为企业提供公平、自由、平等的竞争环境，反对外国向我国市场的倾销或补贴行为等。当然，在我国对外贸易法律制度中，公平和自由不是绝对意义上的公平和自由，而是在国家统一管理下的公平和自由。

（四）互惠对等原则和最惠国、国民待遇原则

《对外贸易法》规定我国根据缔结或参加的国际条约与协定，给予其他方在互惠对等基础上的最惠国待遇与国民待遇或给予对等的歧视性的禁止、限制或其他类似措施。

二、我国对外贸易法的主要内容

（一）关于对外贸易经营者的许可

对外贸易经营者是从事对外贸易经营活动的主体。根据《对外贸易法》第 8 条的规定，我国的对外贸易经营者是指依照《对外贸易法》规

定从事对外贸易经营活动的法人和其他组织。也就是说，现阶段中国对各类企业获得外贸经营权实行许可管理，只有依法经国家对外贸易主管部门许可，取得对外贸易经营资格的法人和其他组织，才可从事对外贸易经营活动。凡未取得外贸经营资格的法人和其他组织，不能从事外贸经营活动。这些企业如果直接对外签订了进出口合同，这种合同是无效的，因而也是不能执行的。

目前，我国的对外贸易经营者大致可以分为以下四类：（1）外贸专业公司，主要是对外贸易经济合作部领导下的各专业进出口公司。（2）工贸、农贸、技贸公司，是指各生产部门成立的进出口贸易公司。（3）各省、市地方外贸公司。（4）有权自营进出口的生产企业，主要包括国有大中型生产企业和外商投资企业。除已批准的外商投资企业依照法律规定可以进口本企业需要的物资，出口本企业生产的产品外，至1996年4月底，中国还有各类外贸企业10500多家，其中各级各类国有外贸公司5700多家，自营进出口生产企业3800多家，有进出口经营权的科研院所、商业物资企业和国际技术合作公司900多家。

虽然，我国企业目前从事对外贸易活动是以经审批取得对外贸易经营权为前提，但从改革方向和国际惯例考虑，对外贸易经营权的审批制度今后将会逐步放宽以至取消；在条件成熟的时候，完成外贸经营权由审批制向登记制的过渡。

（二）关于货物进出口与技术进出口

《对外贸易法》第15条规定："国家准许货物与技术的自由进出口。但是，法律、行政法规另有规定的除外。"这一规定集中体现了我国进出口贸易管理的基本原则，即在一定的必要限度管理下，对货物、技术采取自由进出口的原则。

对货物采取自由进出口的原则，是中国多年来外贸管理制度改革的成果。中华人民共和国在成立初期即50年代就对所有进出口商品实行全

241

面许可证管理。此后，由于贸易对象转向前苏联和东欧，进出口许可证制度名存实亡。自80年代开始，中国重新实行并不断加强进出口许可证制度，对众多种类商品的进出口都实行许可证管理。进入90年代后，中国的外贸体制逐步向ＧＡＴＴ的基本原则靠拢，对货物进出口管理制度作了进一步的改革。在出口方面，从1993年１月１日起取消了出口商品的一、二、三类的分类管理，改为少数商品由国家管理，大部分商品放开经营；在进口方面，从1992年起大幅度减少进口许可证管理的商品。正是由于这些年来对进出口货物管理制度的不断改革，中国外贸法终于明确规定了货物自由进出口的原则。

当然，任何国家的对外贸易都必须为本国的社会稳定与经济发展服务。为此，中国外贸法还规定，对那些涉及国家安全、社会公共利益、国内供应短缺、国内资源可能用竭、破坏生态环境、国外市场容量有限等类货物或技术的进出口，国家可实行限制与禁止。

（三）关于对外贸易秩序

为进一步规范中国的对外贸易秩序，中国对外贸易法突出地强调了下列问题：

1. 关于对外贸易的国内秩序

对外贸易的国内秩序是指中国对外贸易经营者在国内从事外贸活动必须遵守的秩序。为了确保在依法经营、公平竞争的基础上进行对外贸易，我国的《对外贸易法》第２７条对于对外贸易经营者活动作了严格的限制性的规定。对外贸易经营者在对外贸易经营活动中不得有下列行为：伪造、变造或者买卖进出口原产地证明、进出口许可证；侵害中华人民共和国法律保护的知识产权；以不正当竞争手段排挤竞争对手；骗取国家的出口退税；违反法律、行政法规规定的其他行为。这些都是针对近年来在我国对外贸易实践中暴露出来的比较严重的问题制定的，也是第一次以国家法律的形式集中起来作出的强制性规定。90年代以来，中国在上述领域还不断加强专门立法和执法力度。如为制止不正当竞争行为，于1993年9月通过了第一部《中华人民共和国反不正当竞争法》，作为对外贸易经营者在外贸经营活动中必须遵守的规定。

2. 关于对外贸易的进口秩序

对外贸易的进口秩序是指外国产品进入我国国内市场时，按我国法律规定应遵守的公平竞争秩序。这方面，中国对外贸易法主要规定了三种法律措施：

第一，关于反倾销。长期以来，中国一直没有反倾销方面的法律规定，对外国产品倾销没有制裁的法律依据。《对外贸易法》第30条中第一次专门规定了反倾销条款："产品以低于正常价值的方式进口，并由此对国内已建立的相关产业造成实质损害或产生实质损害的威胁，或者对国内的相关产业造成实质阻碍时，国家可以采取必要措施，消除或者减轻这种损害或者损害的威胁或者阻碍。"但由于中国对外贸易法规定的反倾销措施较为原则，在实践中尚无法操作，因此，中国迄今为止尚无对外国产品反倾销的案例，但中国企业这方面的呼声日益强烈。例如，日本富士胶卷在华销售价格为人民币20元（约2.5美元）一卷，而日本市场为600日元–800日元，欧洲市场为6美元–8美元。

第二，关于反补贴。根据我国《对外贸易法》第31条的规定，进口的产品直接或者间接地接受出口国给予的任何形式的补贴，并由此对国内已建立的相关产业造成实质损害或者产生实质损害的威胁，或者对国内建立的相关产业造成实质阻碍时，国家可以采取必要措施，消除或者减轻这种损害或者损害的威胁或者阻碍。

第三，关于保障措施。我国《对外贸易法》第29条规定，因进口产品数量增加，使国内相同产品或者与其直接竞争的产品的生产者受到严重损害或者严重损害的威胁时，国家可以采取必要的保障措施，消除或者减轻这种损害或者损害的威胁。这是一条保障我国国内产业不因过分的进口遭受损害的措施，在关贸总协定中称之为"保障措施"。

如前所述，我国外贸法三项措施的规定只是原则性的规定，而无相关的具体立法，因此，无法在实践中具体操作。所以，中国正在加快制定《中华人民共和国反倾销条例》、《中华人民共和国反补贴条例》、《中华人民共和国保障措施条例》等与《对外贸易法》相配套的法规，从实体内容到调查程序乃至专门的机构都作出明确规定，以保证上述三项措施的贯彻实施。

第二节　货物进出口与技术进出口管理法律制度

一、货物与技术进出口管理的原则

（一）货物与技术进出口自由的原则

我国《对外贸易法》规定国家准许货物与技术的自由进出口，但是，法律、行政法规另有规定的除外。根据我国经济发展的现实需要，《对外贸易法》从整体上确立了进出口自由的原则，国家通过改革完善各种外贸规章制度，保护贸易当事人合法权益，促进外贸发展。

（二）根据国家利益和国际惯例，对货物与技术进出口适当限制与管理的原则

《对外贸易法》将货物与技术进出口分为自由、限制、禁止三类。这种规定是与WTO组织的数量限制例外规定相适应的。我国进出口贸易的限制性规定还遵循非歧视与透明度的原则，这些皆体现了国情与国际惯例的统一。

二、对货物与技术进出口的限制或禁止

（一）关于限制进出口的规定，国家有关法律、法规规定对属于下列情形之一的货物、技术，可以限制进口或出口

1. 为维护国家安全或者社会公共利益，需要限制进口或者出口的；

2. 国内供应短缺或者为有效保护可能用竭的国内资源，需要限制出口的；

3. 输往国家或者地区的容量有限，需要限制出口的；

4. 为建立或者加快建立国内特定产业，需要限制进口的；

5. 对任何形式的农业、牧业、渔业产品有必要限制进口的；

6. 为保障国家国防、金融地位和国际收支平衡，需要限制进口的；

7. 根据中华人民共和国缔结或者参加的国际条约、协定的规定，需要限制进口或者出口的。

（二）关于禁止进出口的规定

属于下列情形之一的货物、技术，国家禁止进口或者出口：

1. 危害国家安全或者社会公共利益的；

2. 为保护人的生命或者健康，必须禁止进口或者出口的；

3. 破坏生态环境的；

4. 根据中华人民共和国所缔结或者参加的国际条约、协定的规定，需要禁止进口或者出口的。

国家对限制或禁止进出口的货物、技术实行目录管理。依据《对外贸易法》关于限制、禁止进出口货物、技术的规定，由国务院主管部门会同国务院有关部门，制定、调整并公布限制或禁止进出口货物、技术的目录。经国务院批准，以上机构还可在《对外贸易法》上述范围内，临时决定限制或者禁止公布目录以外的特定货物、技术的进出口。

1994年7月19日，商务部、国家计委联合制定发布了《进口商品经

245

营管理暂行办法》，其中规定国家将少数关系国计民生以及国际市场垄断性强，价格敏感的大宗原料商品列入目录，实行核定公司经营管理。目录以外商品由有进出口经营权的各类企业按照企业的经营范围自主经营；如某一商品的进口剧增后进口经营秩序混乱，对国内生产构成重大危害，国家商务主管部门可采取重新核定公司经营资格等临时措施，加强对进口商品经营秩序的宏观管理。

三、对限制进出口的货物与技术的配额和许可证管理

（一）配额管理

配额，是指在对外贸易中，我国为了维护本国利益以及保障对外贸易秩序，对一些限制性商品的进口或出口进行宏观调控，实行数量限额的制度。根据划分角度不同，可分为进口配额与出口配额；全球配额与国别配额；协商配额和协定配额；主动配额和被动配额等等。

《关税与贸易总协定》原则上禁止设立和维持配额、进出口许可证或其他措施以限制或禁止其他缔约国领土的产品输入，或限制向其他缔约国输出或销售其产品。但在实际的国际经济生活中，配额与许可证仍不失为各缔约国为维护本国利益而通用的有效外贸管制手段。我国所实行的配额与许可证制度与关贸总协定的宗旨并无违背。关贸总协定在规定消灭数量限额原则的同时规定的适用例外情况，如农牧渔产品贸易可给予必要的限制；缔约国为保障对外金融地位和国际收支平衡可进行必要的进出口数量与价格限制；以及发展中国家的某些例外，等等。这些因素都说明了我国进出口配额与许可证制度的合理性，同时，这两种必要的外贸管理措施，对于促进我国外贸事业和民族经济的发展亦具积极意义。

我国进出口货物配额由国务院主管部门或者国务院有关部门在各自

职责范围内，根据申请者的进出口实绩、能力条件，按照效益、公正、公开和公平竞争的原则进行分配。

我国对商品出口实行配额管理，实行配额管理的商品主要为以下两类：

1. 输往国家和地区有配额限制的货物。这类商品进口国在进口时有一定的进口配额限制，如输出国向美国出口纺织品等都订有配额协议。为避免超配额出口，充分利用出口配额，有必要对这类商品实行出口配额管理。

2. 输往国家和地区市场容量有限，需要控制供应数量的商品。这一做法目的在于避免本国企业特定产品在市场容量有限的地域的不必要竞争，达到及时、适量、均衡地供货，稳定市场和价格的目标，做到有秩序地出口。

我国出口配额是由商务部统一管理的。在管理过程中，对外方面，由商务部代表国家同实行配额限制的国家举行谈判，签订有关配额协议，经常交换配额使用情况和解决存在的问题；对内方面，商务部在全国范围内统一负责分配和调整出口商品配额，即为避免国内各地区、企业无效竞争而协调出口商品配额，并根据配额使用情况决定增减哪些部门出口商品配额，以统一对外。

（二）许可证管理

进出口货物许可证管理，是指国家规定某些商品进出口必须从有关主管机关领取进出口许可证，没有许可证的一律不准货物进口或出口的一种职能行为。它体现了国家对涉外经济活动中对外贸易的宏观调控，是国家以实现宏观经济利益为目的的一种重要管理职能活动。

在我国，核准与发给许可证的机关是国务院授权的中华人民共和国商务部。对一些临时性进出口商品，在商务部授权范围内，可由省级相关厅（委、局）核准和发给许可证。省级主管机关在商务部规定范围内，可以签发省、直辖市、自治区的进口货物许可证。商务部还可授权派驻主要口岸的特派员办事处在规定范围内签发进口货物许可证。全国各地区、各单位需进出口货物的，均须按照国家规定的审批权限，经主管部门和归口审查部门批准。凡法律或法规规定凭进口货物许可证进口的货物，除国务院和对商务部另行规定的以外，都必须先申领进口货物许可证，然后经由国家批准经营该项进口业务的公司进行订货，海关凭进口货物许可证和其他单证查验放行。商务部代表国家统一签发进口许可证；对商务部授权省级外贸主管机关签发本地区所属各部门部分进口货物许可证；对商务部驻主要口岸特派员办事处签发在其联系地区内有关部门的部分进口货物许可证；省级对外贸易管理部门和特派员办事处签发进口货物许可证的范围按对商务部有关通知办理；省级对外贸易管理部门和特派员办事处签发进口货物许可证的工作由对商务部直接领导和监督，定期向其汇报工作。由此可见，我国核准和发给许可证的权力机关是对商务部及其授权的单位，以及其驻口岸特派员办事处。对所有进出口商品进口、出口许可证的监督执行机关是中华人民共和国海关，即任何进出口商品都需经设在口岸的海关查验，有进出口许可证的才予放行，没有进出口许可证的商品一律不许出入海关。

在目前情况下，为简化手续，凡国务院批准有权经营进出口业务的各类公司，除了严格按照经过批准的经营范围和出口商品目录办理进口业务以外，这些公司中的外贸专业进出口总公司及直属的省级分公司和各省、自治区、直辖市所属的外贸进口公司所进口的货物，如果是国家限制进口商品以外的，可以免领进口许可证，海关凭有关单证查验放行。除了上面提及的三类公司外，其他各类有进口业务的公司所进口的全部货物都必须申领进口许可证，海关凭进口货物许可证和有关单证查验放行。没有经过国务院授权机关批准经营进口业务的各部门、企业都不准自行进口货物。

在下列情况下，发证机关不签发或撤销已签发的进口货物许可证：

1. 对商务部决定停止或暂时停止进口的货物；

2. 违反国家对外政策的进口货物；

3. 不符合有关双边贸易协定、支付协定的进口货物；

4. 不符合国家卫生部门、农牧渔业部门规定的药品、食品、农产品、畜产品、水产品、动植物卫生标准和检疫标准的进口货物；

5. 有损国家利益或违法经营的进口货物。

进口货物许可证有效期为1年，货物在许可证有效期间内未进口的，领证单位可备函向发证机关申请展期，发证机关根据涉外合同的规定相应延长许可证的有效期间。领取许可证1年后还未对外订货的，不予展期，如还需进口货物的，应重新申领进口货物许可证。

违反上述规则的，海关将予以没收或罚款等处罚。情节严重的，如伪造进口许可证的，还将追究其刑事责任。

进口货物许可证制度对外商投资企业另有规定。如中外合资经营企业在经批准的合资企业的合同范围内，作为投资的机器设备和物料被认为是已批准进口的，不必申领许可证；中外合资经营企业生产出口产品所需的进口设备和原材料免领进口许可证的，海关凭批准文件和进出口合同查验放行，如果其产品改为内销，须经过批准并补领进口许可证。

我国目前对出口货物分三类来进行管理。

1. 一般出口类，即国家不列入在许可证管理范围内的货物。

法律或法规规定，在商务部所属的进出口总公司与分公司以及经批准经营出口业务的公司有权经营在批准范围内的出口业务。需要经营某项出口业务的公司必须事先提出申请，经上述批准机关批准后，凭批准文件在各级外贸部门和有关海关登记后才能经营出口业务。

经批准经营出口的公司，在批准的经营范围内的出口商品，一般即视为取得出口许可。海关可凭公司填写的"出口货物报关单"放行，不必另行申领出口许可证。但有以下情况之一者，需另行申请出口许可证：（1）输往国家、地区有配额限制的商品；（2）为了防止各地、各部门的出口总量超过输往国家、地区市场的容纳量，对商务部认为有必要实行出口许可制度，规定各地、各部门出口数量的商品；（3）为了防止出口价格过低，对商务部认为有必要实行出口许可制度，规定最低出口价格的商品；（4）国务院有关主管部门已明确规定控制或不准出口的产品；（5）由于国际市场的变化或者国别政策的需要，对商务部认为需要在一定时期内适当控制出口的商品。

2. 凭许可证出口类。

这类商品包括：（1）未经批准经营出口业务的企业、国家机关、团体、学校或个人运往国外的货物；（2）各有关部门、企业、团体组织的出国展览的展销品和出卖品；（3）各企业、厂矿与国外签订补偿贸易、来料加工和贷款合同，不通过外贸公司要求直接出口的商品；（4）各外国使团、企业代表、外国公民和旅游者运出的货物；（5）外国公民和旅游者带出超过合理自用数量的货物。

遇下列情况，对任何企业向任何国家或地区出口的任何商品，商务部可随时通知其停止出口、暂缓出口或减少出口：（1）不符合我国对输往国家、地区政策的；（2）不符合我国输往国家、地区签订的双边贸易协定或支付协定的内容和精神的；（3）双边贸易中由于外汇平衡的原因，有必要推迟或减缓出口的；（4）经进出口商品检验总局检验，出口商品质量不符合国家规定的标准或不符合出口合同规定的。

3. 禁止出口类。

这类商品有：（1）危害国家安全的；（2）危害人民生命或健康的；（3）危害动、植物生命的；（4）违反社会公共道德的；（5）违反我国承担的双边或多边国际义务的；（6）具有重要历史、艺术或科学价值的；（7）濒临绝种的动物、植物或珍贵稀有的动、植物。

出口许可应由企业、机关、团体、学校、乡或个人分别提出申请，发货前报商务部或经授权的省、自治区、直辖市外贸厅审批。

我国各级海关对商品和货物出口执行监管凡规定需申报出口许可的商品和货物，在向海关报关出口时，必须交验出口许可证。

出口许可证的有效期应根据合同交货期等实际情况确定，自发证日起，最长不超过6个月，过期作废。申报人如不能及时在有效期内出运所报的商品，除领取的出口许可证已规定不准展期的以外，可以申请展期。展期不得超过2个月，展证以一次为限。展证期到期仍不能出运，申请人如仍需出口该项商品，应另行申请许可，审批机关视当时情况，重新审核。

第三节　国际服务贸易法律制度

一、国际服务贸易概述

第二次世界大战以后，科学技术革命的发展呈现加速态势，在世界经济结构尤其是发达国家的经济结构中第三产业的地位日趋重要。在资本国际化和跨 国公司的推动下，生产要素在国家间加速流动。国际服务贸易因之大大发展。服务贸易在我国对外经贸中也扮演愈来愈重要的角色。

服务贸易的定义与范围迄今尚无一致的看法，一般认为应包括：货运、其他货物运输服务、设计和咨询服务、银行和保险业务、教育和卫生服务、广告业、旅游等等。

251

二、对国际服务贸易的限制或禁止

我国《对外贸易法》对国际服务贸易作了若干限制与禁止规定。国家基于下列原因之一，可以限制国际服务贸易：（一）为了维护国家安全或者社会公共利益；（二）为保护生态环境；（三）为建立或者加快建立国内特定的服务行业；（四）为保障国家外汇收支平衡；（五）法律、行政法规规定的其他限制国家禁止的国际服务贸易。

属于下列情形之一的国际服务贸易，国家予以禁止：（一）危害国家安全或社会公共利益的；（二）违反中华人民共和国承担的国际义务的；（三）法律、行政法规规定禁止的。

三、对国际服务贸易的管理

为促进我国国际服务贸易的逐步发展，国务院对外经贸主管部门和国务院有关部门，依照《对外贸易法》和其他有关法律、法规，对国际服务贸易进行管理。

我国在国际服务贸易方面根据所缔结或参加的国际条约、协定中所作的承诺，给予其他缔约方、参加方市场准入和国民待遇。

第四节 进出口商品检验法律制度

一、我国的商检立法

进出口商品检验是商品检验部门依法或依合同对商品的质量、规格、数量和包装以及是否符合安全、卫生要求等进行检测与鉴定，以确认进出口商品是否符合法定或约定的标准的制度，简称商检制度。

进出口商品检验法是调整在对进出口商品进行检验的过程中所发生的社会关系的法律规范的总称，它是涉外经济法的重要组成部分。商检制度的重要性主要表现在，它有利于保证进出口商品的质量等合乎规定标准，从而在进口方面能防止各种不合乎法定标准和约定标准的商品的进口，有利于保护国家利益、社会公共利益和贸易当事方的利益；在出口方面则利于增强出口商品的国际竞争力，维护国家与相关厂商的信誉、利益，促进外贸发展。

我国现行商检制度主要在改革开放之后得到建立和完善，国务院于1984年发布《进出口商品检验条例》及《实施细则》。由于不适应经济形势发展的需要，全国人大常委会于1989年9月通过《中华人民共和国进出口商品检验法》（以下简称《商品检验法》），自同年8月1日起实施，这是调整本领域的基本法。

二、商检检疫机构及其职责

国务院设立进出口商品检验部门，主管全国的进出口商品检验工作，国家在各地设立进出口商品检验机构，管理所辖地区的进出口商品的检验工作。

目前，国家商检部门为国家进出口商品检验检疫局，它在各地设立的商检机构是指在各省、自治区、直辖市以及进出口商品的口岸、集散地设立的进出口商品检验局及其分支机构。

商检检疫机构的主要职责有以下几项：

（一）实施法定检验

法定检验，是指商检检疫机构依据法律、法规的规定对某些商品实

下篇 中国国际经贸及法律制度评述

253

施的强制性检验。国家商检局根据外贸发展需要，对涉及社会公共利益的进出口商品，制定调整并公布《商检检疫机构实施检验的进出口商品种类表》，凡列入该表的商品，必须实施法定检验。实施法定检验的范围包括：1.列入种类表的进出口商品的检验；2.对出口食品的卫生检验；3.对出口危险货物包装容器的性能鉴定和使用鉴定；4.对装运出口易腐烂变质食品、冷冻品的船舱、集装箱等运载工具的适载检验；5.对有关国际条约规定须经商检检疫机构检验的进出口商品的检验；6.对其他法律、行政法规规定须经商检检疫机构检验的进出口商品的检验。

此外商检检疫机构对法定检验以外的进出口商品，可以抽查检验并实施监管。不须进行法定检验的进出口商品，若对外贸易合同约定或进出口商品的收、发货人申请商检检疫机构签发检验证书则由商检检疫机构实施检验。

（二）办理进出口商品鉴定

商检检疫机构和其指定的检验机构以及经国家商检部门批准的其他检验机构，可接受对外贸易关系人或者外国检验机构的委托，办理进出口商品鉴定业务。鉴定业务的范围包括：1.进出口商品质量、数量、重量、包装鉴定；2.海损鉴定；3.集装箱检验；4.进口商品的残损鉴定；5.出口商品的装运技术条件鉴定、货载衡量、产地证明、价值证明及其他业务。

（三）监督进出口商品的质量和检验工作

依据《商品检验法》及其《实施条例》规定，国家商检局、商检检疫机构对进出口商品的收、发货人及生产、经营、储运单位以及国家商检局、商检检疫机构指定或认可的检验机构和认可的检验人员的检验工作实施监管。商检检疫机构为了有效实施监管，对必须经其检验的进出口商品以外的进出口商品，可以抽查检验，不合格者不准出口。此外，商检检疫机构还可根据需要向列入种类表的出口商品生产企业派出检验人员，参与监督出口商品出厂前的质检工作。

三、出口商品的检验

法定检验的出口商品，发货人应在商检检疫机构规定的地点、期限内，持合同等必要证单向商检检疫机构报验，由商检检疫机构实施或组织实施检验。法定检验以外的出口商品，对外贸易合同约定由商检检疫机构检验的，亦照上述规定办理报验、检验事宜。

商检检疫机构对已报验之出口商品，应当在不延误装运期限内检验完毕。检验合格的，按照规定签发检验证书，放行单或在报关单上加盖印章，海关据此予以验放。此外，对法定检验以外的出口商品，商检机关可在生产、经营单位检验基础上定期或不定期地抽查检验。

经商检检疫机构检验合格的出口商品，发货人应当在检验证书或放行单签发之日起60日内报运出口，鲜活类出口商品应当在规定期限内报运出口。逾期报运出口的，发货人必须重新向商检检疫机构报验。出口商品经商检检疫机构检验、口岸查验或者抽查检验不合格的，不准出口。

值得注意的是，生产危险货物出口包装容器的企业，必须向商检检疫机构申请包装容器的性能鉴定。包装容器经商检检疫机构鉴定合格并取得性能鉴定证书的，方可用于包装危险货物。此外，生产出口危险货物的企业，必须申请商检检疫机构进行包装容器的使用鉴定。使用未经鉴定合格的包装容器的危险货物，不准出口。

另外，对装运出口易腐烂变质的食品、冷冻品的船舱、集装箱等运载工具，承运人、装箱单位或其代理人必须在装运前向商检检疫机构申请清洁、卫生、冷藏、密固等适载检验。经检验合格并取得证书的方可装运。

四、进口商品的鉴定

进出口商品鉴定也是商检检疫机构的一项重要职责或任务。国家商检局和商检检疫机构及其批准或指定的其他检验机构，可接受外贸关系人以及国内外有关单位或者外国检验机构的委托，办理规定范围内的进出口商品鉴定业务，签发鉴定证书。

进出口商品鉴定业务包括：（一）进出口商品的质量、数量、重量、包装鉴定和货载衡量；（二）进出口商品的监视装载和监视卸载；（三）进出口商品的积载鉴定、残损鉴定、载损鉴定和海损鉴定；（四）装载出口商品的船舶、车辆、飞机、集装箱等运载工具的适载鉴定；（五）装载进出口商品的船舶封舱、舱口检视、空距测量；（六）集装箱及集装箱货物鉴定；（七）与进出口商品有关的外商投资财产的价值、品种、质量、数量和损失鉴定，等等。

对外贸易关系人委托商检检疫机构办理鉴定业务，应当提供合同、信用证以及有关的其他证单。此外，商检检疫机构可以接受对外贸易关系人的申请，依照有关法律、行政法规的规定签发普惠制原产地证、一般原产地证。

五、商品检验检疫的监督管理

国家商检局、商检检疫机构对进出口商品的收、发货人及生产、经营、储运单运以及国家商检局、商检检疫机构指定或认可的检验机构和认可的检验人员的检验工作实施监督管理。这种监管主要包括以下两大类：

（一）在质量监管方面的规定

1. 国家商检局可根据需要同外国有关机构签订进出口商品质量认证

协议。商检检疫机构根据协议或接受外国有关机构的委托进行进出口商品质量认证工作。对经认证合格的商品及其生产企业颁发认证证书，准许使用进出口商品质量认证标志。

2. 国家根据需要，对涉及安全、卫生等重要进出口商品及其生产企业实施进口安全质量许可制度和出口质量许可制度。

3. 国家对出口食品及其生产企业实施卫生注册登记制度，实施此项制度的生产企业必须向商检检疫机构申请卫生注册登记，经国家商检局核准后，方可生产、加工、储存出口食品。

4. 商检检疫机构根据工作需要，可向法定检验的出口商品生产企业派出检验人员，参与监督出口商品出厂前的质量检验工作；对生产企业的生产、检测条件、质保工作实施监督检查；对出口商品使用的原材料、零部件和成品、包装、标志等进行抽查检验。

5. 商检检疫机构还可根据需要对检验合格的进出口商品加施商检标志；对其他合格的需加施封识的进出口商品加施封识。

（二）对相关检验机构检验工作的监管

国家商检局和商检检疫机构可以认可符合条件的国内外检验机构承担委托的进出口商品检验，或者指定的质量许可和认证商品的检测以及企业的评审工作。被认可的检验机构经检查不合格者，国家商检局或商检检疫机构可取消对其认可的资格。

外国在华设立进出口商品检验鉴定机构，须经国家商检局审核同意，依法履行批准和登记手续，亦可在指定范围内开展业务，并应接受国家商检局和商检机构的监督管理。

（三）进出口商品复验

进出口商品报验人对商检检疫机构作出的检验结果有异议的，可以在收到检验结果之日起15日内向作出检验结果的商检检疫机构或其上级商检检疫机构申请复验。受理复验的商检检疫机构应在收到复验

257

申请之日起45日内作出复验结论。报验人对复验结论仍有异议的，可于自收到复验结论之日起 15日内向国家商检局申请复验；国家商检局应当在60日内作出复验结论，此为终局结论。

（四）进出口商品价格的价值鉴定

根据《进出口商品检验法实施条例》及《外商投资财产鉴定管理办法》的规定，我国对一般性进出口商品与外商投资财产的价值实行鉴定监督。一般性进出口商品的价值鉴定主要以公证鉴定的形式进行，即指国家商检局根据对外贸易关系人的申请，或受国外检验机构的委托办理进出口商品的价值鉴定并决定是否签发鉴定证书。这种监督方式的适用范围可由国家根据现实经济的需要予以调整。另一方面国家商检局负责管理全国范围的外商投资财产的鉴定工作，国家商检局设在各地的商检局负责管理与办理所在地区的外商投资财产的鉴定，各地商检局及其依法设立的其他鉴定机构对外商投资财产按规定出具的价值鉴定证书，是证明各方投入财产价值量的有效依据。

第五节　进出口货物海关监管的法律规定

一、海关的体制与职权

海关是国家进出关境监管机关，是国家行政机关的职能部门。《中华人民共和国海关法》（以下简称《海关法》）规定，国务院设立海关总署，统一管理全国海关。国家在对外开放的口岸和海关监管业务集中地设立海关，海关的隶属关系不受行政区划的限制。

海关总署是国务院的直属机关，有权统一领导和管理全国海关。海关总署在业务上对各海关实行垂直领导，自成体系。各海关依法独立行使职权，只向海关总署负责，因而具有独立性。

《海关法》规定：海关应依法监管进出境的运输工具、货物、行李物品、邮递物品和其他物品，征收关税和其他税费，查缉走私，并编制海关统计和办理其他业务。

海关依法行使以下职权：

（一）检查进出境运输工具，查验进出境货物、物品；对违反海关法律、法规的，可以扣留。

（二）查阅进出境人员的证件并可调查违反海关法律、法规的嫌疑人。

（三）查阅、复制与进出境运输工具、货物、物品有关的合同、发票、账册、单据等有关材料；对其中与违反海关法律、法规的进出境运输工具、货物、物品有牵连的可以扣留。

（四）在海关监管区和海关附近沿海沿边规定地区，检查有走私嫌疑的运输工具和藏匿走私货物、物品嫌疑的场所，检查嫌疑人的身体；对走私嫌疑人，经关长批准可以扣留移送司法机关，扣留时间不得超过24小时，特殊情况下可延长至48小时。上述海关附近沿海、沿边规定地区的范围，由海关总署和国务院公安部门会同有关省级人民政府确定。

（五）进出境运输工具或个人违抗海关监管逃逸的，海关可连续追至海关监管区和附近规定地区以外，将其带回处理。

（六）海关为履行职责，可配备武器，具体规则由海关总署会同国务院公安部门制定报国务院批准。

二、海关对进出口货物的监管

《海关法》规定，进口货物自进境起到办结海关手续止，出口货物自向海关申报起到出境止，过境、转运和通运货物自进境到出境止，应当接受海关监管。

上述过境、转运和通运货物是指由境外启运、通过中国境内继续运往境外的货物。通过境内陆路运输的，称"过境货物"；在境内设立海关的地点换装运输工具，而不通过境内陆路运输的，称"转运货物"；由船舶、航空器载运进境并由原装运输工具载运出境的，称"通运货物"。

（一）进出境货物的申报、查验与放行

进口货物的收货人应自运输工具申报进境之日起14日内，出口货物的发货人除海关特准的以外应当在装货的24小时之前，向海关如实申报，交验进出口许可证与有关单证。进口货物的收货人逾期未向海关申报的，海关将征收滞报金。进出口货物应接受海关查验，进出口货物的收、发货人应当到查验现场并负责搬移货物、开拆和重封货物的包装。海关认为必要时，可以开验、复验或者提取货样。此外经收发货人申请，海关总署批准，其进出口货物可以免验。

除海关特准的以外，进出口货物在收发货人缴清税款或提供担保后，由海关签印放行。另外，过境、转运和通运货物，运输工具负责人应当向进境地海关如实申报，并应当在规定期限内运输出境。海关在认为必要时，可以查验过境、转运和通运的货物。

（二）海关对特殊的进出境货物的处理

1. 进口货物的收货人自运输工具申报进境之日起超过3个月未向海关申报的，其进口货物由海关提取变卖处理。所得价款在扣除运输、装卸、储存等费用和税款后，尚有余款的，自货物变卖之日起1年内，经收货人申请，予以发还；逾期无人申请的，上缴国库。

2. 确属误卸或者溢卸的进境货物，经海关审定，由原运输工具负责人或者货物的收发货人自该运输工具卸货之日起3个月内，办理退运或者进口手续；必要时，经海关批准，可以延期3个月。逾期未办手续的，由海关按上述第1项的规定处理。

3. 收货人或者货物所有人声明放弃的进口货物，由海关提取变卖处理；所得价款在扣除运输、装卸、储存等费用后，上缴国库。

（三）相关主体对海关监管货物的义务

对于各类海关监管货物，未经海关许可，任何单位和个人不得开拆、提取、交付、发运、调换、改装、抵押、转让或者更换标记；海关加施的封志，任何人不得擅自开启或者损毁。此外，存放海关监管货物的仓库、场所的经理人应当按照海关规定，办理收存、交付手续。另外，相关主体在海关监管区外存放海关监管货物，应经海关同意并接受其监督。

根据《外商投资企业进出口货物监管和征税办法》的规定，外商投资企业进口的货物，凡属于《海关法》规定的海关监管的货物，未经海关许可，不得擅自出售、转让、抵押或移作他用。这里的海关监管货物同样也是指海关法规定由海关实施监管的进出口货物，过境、转运、通运货物，以及暂时进出口货物，保税货物和其他尚未办理海关手续的进出境货物。

外商投资企业办理进口货物申报手续时，应填写进出口货物报关单。并提交货物发票、进出口许可证等单证；不须申领许可证的商品，无须提交进出口许可证。

海关根据外商投资企业申报的资料进行查验，并决定是否放行。海关验放分为以下4种情形：1.外商投资企业进口本企业自用的，数量合理的货物，复领进口许可证，海关凭批准成立企业的文件或进口合同验收。2.企业为解决外汇收支平衡购买非本企业产品出口的，海关凭审批机关批文验放。3.企业为履行产品出口合同所需进口的料、件，海关按保税货物监管，进口时凭企业合同或进出口合同验放。4.企业加工出口产品，凡应领取出口许可证的，在出口时海关凭出口许可证验放。

第六节　对外贸易秩序的法律规定

一、对外贸易秩序的意义

对外贸易秩序，是指国家运用法律措施规范对外贸易竞争行为，制止不正当竞争与不公平交易，维护本国经济利益，形成对外贸易井然有序的发展局面。

维护对外贸易秩序，首先，有利于维护国家宏观经济利益，促进对外贸易健康发展。其次，可通过法律手段，合理调节进出口贸易，避免对外贸易损失。再次，有助于我国统一对外贸易政策与制度，打破贸易垄断，提高透明度，有利于适应贸易全球化的需要以及协调和发展我国和各国的贸易。

二、外贸经营者的经营活动准则

对外贸易经营者在对外贸易经营中应当依法经营、公平竞争，不得有以下行为：

（一）伪造、变造或者买卖进出口原产地证明、进出口许可证；

（二）侵害中华人民共和国法律保护的知识产权；

（三）以不正当竞争手段排挤竞争对手；

（四）骗取国家的出口退税；

（五）违反法律、行政法规规定的其他行为。

另外，对外贸易经营者还应依照国家有关规定结汇、用汇。

三、国家保障对外贸易秩序的措施

《对外贸易法》规定，国家保障对外贸易秩序的措施主要为：

1. 发生因进口产品数量增加，倾销、补贴产品使国内工业受损或损害威胁时，国务院规定的部门或机构依法进行调查并作出处理。

2. 加强对外贸易的法制建设，完善对外贸易的行政管理，海关商检管理，外汇及税收管理，建设对外贸易公平竞争的良好秩序。

四、免受进口损害的保障措施与反倾销、反补贴措施

（一）免受进口损害的保障措施

免受进口损害的保障措施，是指因进口产品数量增加，使国内相同产品或者与其直接竞争的产品的生产者受到严重损害或者严重损害的威胁时，国家可以采取必要的保障措施，消除或者减轻这种损害或者损害的威胁。

（二）反倾销

反倾销措施，是指产品以低于正常价值的方式进口，并由此对国内已建立的相关产业造成实质损害或者产生实质损害的威胁，或者对国内建立相关产业造成实质阻碍时，国家可以采取必要措施消除或者减轻这种损害或者损害的威胁或者阻碍。

构成倾销必须符合三个条件：

1. 低于正常价值的低价销售。这里指产品以低于正常价值的方式进口，所谓"正常价值"的确定方式包括出口国国内市场价格；出口第三国价格；产品在原产国的生产成本加合理的流通费用、利润等组成的组

263

成价格。

2. 损害事实存在。指产品对进口国工业造成实质性损害或威胁。通常以本国产品销售量是否下降，失业率是否增加等因素作为判定是否存在损害的量化依据。

3. 倾销与实质性损害有因果关系。

对倾销的惩罚性规定：

受到损害的进口国企业或外贸管理机关向国家外贸主管部门提起反倾销指控，经调查证实者，即可对倾销方采取征收反倾销税，临时反倾销税等法律制裁。

（三）反补贴

反补贴措施，是指进口的产品直接或者间接地接受出口国给予的任何形式的补贴，并由此对国内已建立的相关产业造成实质损害或者产生实质损害的威胁，或者对国内建立相关产业造成的实质阻碍时，国家可以采取必要措施，消除或者减轻这种损害或者损害的威胁或者阻碍。

构成补贴必须符合三个条件：

1. 补贴存在。

2. 损害存在，确定损害的主要依据为：（1）补贴进口数量及其对国内市场同类产品价格的影响；（2）这些进口商品对国内同类产品生产者所带来的影响。

3. 补贴的产品与损害之间存在着因果关系。

对补贴的惩罚性规定：

如果受补贴的产品使进口国生产相似产品的工业遭受到实质性损害或实质性损害的威胁或实质性阻碍了该工业的建立，则我国可以对进口的受补贴产品征收反补贴税或临时反补贴税。税额相当于进口产品享受的补贴额，但是对同一进口产品不能既征反倾销税，又征反补贴税。

第七节　促进对外贸易的法律规定

一、促进对外贸易的意义

我国对外贸易对推动整个国民经济的外向型发展，加速我国现代化建设进程和提升整个社会文化与经济生活的全面素质具有重大意义。

二、国家促进对外贸易的措施

（一）国家根据外贸发展需要，建立与完善为外贸服务的金融机构，设立对外贸易发展基金，风险基金。

（二）国家采取进出口信贷、出口退税及其他对外贸易促进措施，发展对外贸易。这里即指通过财政优惠措施促进进出口尤其是鼓励出口。

（三）国家支持对外贸易经营者依法成立与参加进出口商会的活动。

（四）中国国际贸易促进组织依照章程开展对外联系，举办展览，提供信息，咨询服务和其他对外贸易促进活动。

（五）国家扶持和促进民族自治地方和经济不发达地区发展对外贸易。

第八节 违反对外贸易法的法律责任

法律责任是指因违法行为而应承担的法律上的责任。在我国，违反对外贸易法的法律责任可分为民事责任、行政责任和刑事责任三种，主要因其严重程度和执行机关不同而区别开来。

在《对外贸易法》中主要规定了以下法律责任：走私禁止进出口或者限制进出口的货物，构成犯罪的，依照惩治走私罪的补充规定追究刑事责任；不构成犯罪的，依照海关法的规定处罚，国务院商务主管部门并可撤销其外贸经营许可。

伪造、变造进出口原产地证明、进出口许可证，买卖进出口原产地证明，进出口许可证或者买卖伪造、变造的进出口原产地证明、进出口许可证的，比照刑法相应条款追究刑事责任。单位犯前列伪造、变造、买卖证明及许可证罪的，判处罚金，并对单位直接负责的主管人员和其他直接责任者追究刑事责任，国务院商务主管机关并可撤销其外贸经营许可。

明知是伪造、变造的进出口许可证而用以进口或者出口货物，构成犯罪的，依照惩治走私罪的补充规定追究刑事责任；不构成犯罪的，依照海关法规定处罚。国务院商务主管部门并可撤销其对外贸易经营许可。

违反《对外贸易法》的规定，进口或者出口禁止进出口或者限制进出口的技术，构成犯罪的，比照惩治走私罪的刑法条款追究刑事责任。

国家对外贸易工作人员玩忽职守、徇私舞弊或者滥用职权，构成犯罪的，依法追究刑事责任；不构成犯罪的，给予行政处分。

国家对外贸易工作人员利用职务便利，索取他人财物或非法收受他人财物为他人谋取利益，构成犯罪的，依照惩治贪污、贿赂罪条款追究刑事责任；不构成犯罪的，给予行政处分。

附录1 中国国际经贸及投资法律、政策名录

一、综合类

（一）《中华人民共和国对外贸易法》（2004年修订）中华人民共和国主席令第15号，2004年4月6日。

（二）《国务院关于投资是指改革的决定》国发[2004]20号，2004年7月16日。

（三）《国务院关于实施西部大开发若干政策的通知》国发[2000]33号，2000年12月27日。

（四）《国务院办公厅转发国务院西部开发办〈关于西部大开发若干政策措施实施意见〉的通知》国发办[2001]73号，2001年9月29日。

（五）《企业投资项目核准暂行办法》国家发展和改革委员会令第19号，2004年11月25日。

（六）《国家发展改革委关于实行企业投资项目备案制指导意见的通知》发改投资[2004]2656号，2004年11月25日。

（七）《关于印发〈国家发展改革委核报国务院核准或审批的固定资产投资项目目录（试行）〉的通知》发改投资[2004]1927号，2004年9月6日。

（八）《关于印发〈国家发改委关于改进和完善报请国务院审批或

核准投资项目的管理办法〉的通知》发改投资[2005]76号，2005年1月14日。

（九）《当前国家重点鼓励发展的产业、产品和技术目录》（2000年修订）国家发展计划委员会、国家经济贸易委员会令第7号，2000年8月31日。

（十）《汽车产业发展政策》国家发展和改革委员会令第8号，2004年5月21日。

（十一）《国家发展改革委关于印发〈移动通信系统及终端投资醒目核准的若干规定〉的通知》发改高技[2005]265号，2005年2月19日。

（十二）《国家发展改革委、国土资源部、建设部、商务部关于清理整顿现有各类开发区的具体标准和政策界限的通知》发改外资[2003]2343号，2003年12月30日。

二、外商直接投资类

（一）《指导外商投资方向规定》国务院令第346号，2002年2月11日。

（二）《外商投资产业指导目录》（2004年修订）国家发展和改革委员会、商务部令第24号，2004年11月30日。

（三）《中西部地区外商投资优势产业目录》（2004年修订）国家发展和改革委员会、商务部令第13号，2004年7月23日。

（四）《外商投资项目核准暂行管理办法》国家发展和改革委员会令第22号，2004年10月9日。

（五）《国家发展改革委办公厅关于外商投资项目和境外投资项目核准有关问题的复函》发改办外资[2004]1673号，2004年9月21日。

（六）《国家发展计划委员会关于加强国有基础设施资产权益转让

管理的通知》计外资[1999]1684号，1999年10月19日。

（七）《利用外资改组国有企业暂行规定》国家经济贸易委员会、财政部、国家工商总局、国家外汇管理局令第42号，2002年11月8日。

（八）《外商投资电信企业管理规定》国务院令第333号，2001年12月11日。

（九）《外商投资民用航空业规定》中国民用航空总局、对外贸易经济合作部、国家发展计划委员会令第110号，2002年6月21日。

（十）《国家发展计划委员会关于印发〈外商投资稀土行业管理暂行规定〉的通知》计产业[2002]1259号，2002年8月1日。

三、外商投资企业类

（一）《中华人民共和国中外合资经营企业法》中华人民共和国主席令第48号，2001年3月15日。

（二）《中华人民共和国中外合作经营企业法》中华人民共和国主席令第40号，2000年10月31日。

（三）《中华人民共和国外资企业法》中华人民共和国主席令第41号，2000年10月31日。

（四）《国务院关于修改〈中华人民共和国中外合资经营企业法实施条例〉的决定》国务院令第311号，2001年7月22日。

（五）《国务院关于修改<中华人民共和国外资企业法实施细则>的决定》国务院令第301号，2001年4月12日。

（六）《中华人民共和国中外合作经营企业法实施细则》对外贸易经济合作部令第6号，1995年9月4日。

（七）《对外经济贸易部、国家工商行政管理局关于中外合资经营企业合资各方出资的若干规定》1988年1月1日。

269

（八）《〈中外合资经营企业合资各方出资的若干规定〉的补充规定》对外贸易经济合作部、国家工商行政管理局令第2号，1997年9月29日。

（九）《中外合资经营企业合营期限暂行规定》对外贸法[1990]第56号，1990年10月22日。

（十）《国家工商行政管理局关于中外合资经营企业注册资本与投资总额比例的暂行规定》工商企字[1987]第38号，1987年2月17日。

四、国外贷款类

（一）《国务院关于进一步加强借用国际商业贷款宏观管理的通知》国发[2995]第30号，1995年9月27日。

（二）《国务院关于进一步加强外国政府贷款管理若干意见的通知》国发[2000]第15号，2000年6月16日。

（三）《国务院办公厅关于地方政府不得对外举债和进行信用评级的通知》国办发[1995]第4号，1995年1月11日。

（四）《国务院办公厅转发国家计委、人民银行〈关于进一步加强对外发债管理意见〉的通知》国办发[2000]第23号，2000年3月10日。

（五）《国家计委关于借用国外贷款实行全口径计划管理的通知》计外资[1996]第751号，1996年4月22日。

（六）《国家计委、国家外汇管理局关于印发〈境外进行项目融资管理暂行办法〉的通知》计外资[1997]612号，1997年4月16日。

（七）《国家计委印发关于加强利用国际金融组织和外国政府贷款规划及项目管理暂行规定的通知》计外资[2000]638号，2000年5月30日。

（八）《国际金融组织和外国政府贷款投资项目管理暂行办法》国

家发展和改革委员会令第28号，2005年2月28日。

（九）《财政部、中国人民银行、国家计委关于颁发世界银行和亚洲开发银行贷款项目国际招标代理机构委托指南的通知》财世字[1994]26号，1996年2月7日。

（十）《财政部关于印发外国政府贷款项下采购工作管理暂行规定的通知》财债字[1999]34号，1999年2月14日。

（十一）《财政部关于印发〈关于外国政府贷款转贷管理的暂行规定〉的通知》财债字[1999]230号，1999年11月23日。

（十二）《财政部关于小型工业项目申请使用外国政府贷款有关问题的通知》财金[2000]55号，2000年8月8日。

（十三）《国际开发机构人民币债券发行管理暂行办法》中国人民银行公告[2005]5号，2005年2月18日。

五、外债类

（一）《外债管理暂行办法》国家发展计划委员会、财政部、国家外汇管理局令第28号，2003年1月8日。

（二）《境内外资银行外债管理办法》国家发展和改革委员会、中国人民银行、中国银行业监督管理委员会令第9号，2004年5月27日。

（三）《国家发展计划委员会、中国人民银行、国家外汇管理局关于印发〈国有和国有控股企业外债风险管理及结构调整指导意见〉的通知》计外资[2002]1092号，2002年7月8日。

（四）《国家发展改革委关于加强中长期外债风险管理的通知》发改外资[2004]402号，2004年7月14日。

（五）《外债统计监测暂行规定》1987年8月27日国家外汇管理局发布。

271

（六）《外债统计监测实施细则》1987年9月24日国家外汇管理局发布。

六、境外投资类

（一）《境外投资项目核准暂行管理办法》国家发展和改革委员会令第21号，2004年10月9日。

（二）《国家发展改革委、中国进出口银行关于对国家鼓励的境外投资重点项目给予信贷支持政策的通知》发改外资[2004]2345号，2004年10月27日。

（三）《国家发展改革委、中国出口信用保险公司关于建立对外投资重点项目风险保障机制有关问题的通知》发改外资[2005]113号，2005年1月25日。

（四）《境外投资外汇管理办法》[89]汇管条字第118号，1989年3月6日。

（五）《境外投资外汇管理办法实施细则》[90]汇管条字第381号，1990年6月26日。

（六）《国家外汇管理局关于〈境外投资外汇管理办法〉的补充通知》[95]汇资函字第163号，1995年9月14日。

（七）《国家外汇管理局关于简化境外投资外汇资金米源审查有关问题的通知》汇发[2003]43号，2003年3月19日。

（八）《国家外汇管理局关于进一步深化境外投资外汇管理改革有关问题的通知》汇发[2003]120号，2003年10月15日。

（九）《国家外汇管理局关于境外上市外汇管理有关问题的通知》汇发[2005]6号，2005年2月1日。

七、涉外税收类

（一）《中华人民共和国外商投资企业和外国企业所得税法》中华人民共和国主席令第45号，1991年4月9日。

（二）《中华人民共和国外商投资企业和外国企业所得税法实施细则》 国务院令第85号，1991年6月30日。

（三）《国家税务总局关于外商投资企业和外国企业所得税法若干执行问题的通知》国税发[2000]第152号，2000年8月21日。

（四）《国务院关于扩大外商投资企业从事能源交通基础设计项目税收优惠规定适用范围的通知》国发[1999]13号，1999年7月2日。

（五）《国务院关于调整进口设备税收政策的通知》国发[1997]37号，1997年12月29日。

（六）《国家计委、国家经贸委、外经贸部、海关总署关于落实国务院调整进口设备税收政策有关稳妥的通知》计规划[1998]250号，1998年2月25日。

（七）《国务院办公厅对国家计委制定的〈外商投资项目不予免税的进口商品目录〉、〈国内投资项目不予免税的进口商品目录〉的复函》国办函[1997]68号

（八）《国家发展改革委关于办理技术改造项目〈符合产业政策的技术改造项目确认书〉有关问题的通知》发改规划[2003]2105号，2003年12月4日。

（九）《财政部关于颁发〈关于利用国际金融组织贷款和外国政府贷款项目国际招标国内中标机电设备进口零部件免征关税的暂行办法〉的通知》财税[2000]1号，2000年6月23号。

（十）《财政部、国家税务总局关于外商投资企业和外国企业购

买国产设备投资抵免企业所得税有关问题的通知》财税字[2000]49号，2000年1月14日。

（十一）《财政部、国家税务总局、海关总署关于西部大开发税收优惠政策问题的通知》财税[2001]202号，2001年12月30日。

（十二）《财政部、国家计委、国家经贸委、外经贸部、海关总署、税务总局关于调整部分进口税收优惠政策的通知》财税[2002]146号，2002年9月4日。

（十三）《海关总署关于贯彻国务院关于调整进口设备税收政策的通知的紧急通知》署税[1997]1062号，1997年12月31日。

（十四）《海关总署关于执行进口免税优惠政策的国家鼓励发展的内外资项目确认书填写规范的通知》署税[1998]197号，1998年4月13日。

（十五）《海关总署关于进一步鼓励外商投资有关进口税收政策的通知》署税[1999]791号，1999年11月20日。

（十六）《海关总署关于执行〈外商投资产业指导目录〉有关问题的通知》署税发[2002]81号，2002年4月4日。

（十七）《海关总署关于明确减免税政策执行中若干问题的通知》署税发[2003]172号，2003年6月4日。

（十八）《海关总署关于明确减免税政策执行中若干问题的通知》署税发[2003]422号，2003年12月25日。

（十九）《海关总署关于转发〈中西部地区外商投资优势产业目录（2004年修订）〉的通知》署税发[2004]347号，2004年10月14日。

（二十）《海关总署关于转发〈外商投资产业指导目录（2004年修订）〉的通知》署税发[2004]441号，2004年12月27日。

八、土地与环保类

（一）《国务院关于深化改革严格土地管理的决定》国发[2004]28号，2004年10月21日。

（二）《建设项目用地预审管理办法》国土资源部令第27号，2004年11月1日。

（三）《国家环境保护总局、国家发展和改革委员会关于加强建设项目环境影响评价分级审批的通知》环法[2004]164号，2004年12月2日。

附录2　中国与世界主要伊斯兰国家签署的投资及自由贸易协定名录

一、中国与东盟伊斯兰国家签署的投资及自由贸易协定

（一）中国–东盟自由贸易区相关投资及自由贸易协定

1.《中国与东盟全面经济合作框架协议》。

2.《中国与东盟全面经济合作框架协议修改议定书》。

3.《中国与东盟全面经济合作框架协议货物贸易协议》。

4.《中国与东盟关于争端解决机制的协议》。

（二）中国与马来西亚签署的投资及自由贸易协定

1.《关于雇用中国劳务人员合作谅解备忘录》。

2.《避免双重征税协定》。

3.《海运协定》。

4.《政府贸易协定》。

5.《鼓励和保护投资协定》。

6.《成立经济贸易联合委员会协定》。

7.《航空协定》。

8.《资讯谅解备忘录》。

9.《科学工艺合作协定》。

10.《迈向21世纪全方位合作的框架协议》。

11.《就中国加入WTO的双边协议》。

（三）中国与印度尼西亚签署的投资及自由贸易协定

1.《双边货币互换协议》。

2.《国际合作框架协议书》。

3.《中华人民共和国政府和印度尼西亚共和国政府关于对所得避免双重征税和防止偷漏税的协定》。

4.《中华人民共和国政府和印度尼西亚共和国政府关于加强基础设施建设和自然资源开发领域合作谅解备忘录》。

5.《中华人民共和国政府和印度尼西亚共和国政府关于合作打击非法林产品贸易的谅解备忘录》。

二、中国与阿拉伯联盟国家签订的投资及自由贸易协定

（一）中国与阿拉伯联盟签订的投资及自由贸易协定

1.《阿拉伯国家联盟农业发展组织与中华人民共和国农业部关于农业合作的谅解备忘录》。

2.《中国与海合会国家经济、贸易、投资和技术合作框架协议》。

3.《中国–阿拉伯国家合作论坛第三届部长级会议公报》。

4.《中国–阿拉伯国家合作论坛宣言》。

5.《中国–阿拉伯国家合作论坛行动计划》。

（二）中国与沙特阿拉伯王国签署的投资及自由贸易协定

1.《中华人民共和国政府和沙特阿拉伯王国政府关于加强基础设施建设领域合作的协定》。

2.《中华人民共和国政府和沙特阿拉伯王国政府关于石油、天然气、矿产领域开展合作的议定书》。

3.《中华人民共和国政府和沙特阿拉伯王国政府关于对所得和财产避免双重征税和防止偷漏税的协定》。

4.《中华人民共和国政府和沙特阿拉伯王国关于相互鼓励和保护投资协定》。

（三）中国与阿拉伯联合酋长国签署的投资及自由贸易协定

1.《中华人民共和国政府和阿拉伯联合酋长国政府关于双边劳务合作的谅解备忘录》。

2.《中华人民共和国政府与阿拉伯联合酋长国政府经济、贸易、技术合作协定》。

3.《中华人民共和国政府和阿拉伯联合酋长国政府关于促进和保护投资协定》。

4.《中华人民共和国政府和阿拉伯联合酋长国政府关于对所得避免双重征税和防止偷漏税的协定》。

（四）中国与埃及签署的投资及自由贸易协定

1.《中华人民共和国政府和阿拉伯埃及共和国政府经济、贸易协定》。

2.《中华人民共和国政府和阿拉伯埃及共和国政府关于对所得避免双重征税和防偷漏税协定》。

3.《中华人民共和国政府和阿拉伯埃及共和国政府经济技术互利合作意向书》。

4.《中华人民共和国政府和阿拉伯埃及共和国政府农业合作议定书》。

5《中华人民共和国政府和阿拉伯埃及共和国政府植物检疫协议》。

6.《中华人民共和国政府和阿拉伯埃及共和国政府旅游实施方案》。

7.《中华人民共和国政府和阿拉伯埃及共和国政府关于在石油领域开展合作的框架协议》。

8.《中华人民共和国政府和阿拉伯埃及共和国政府动物检疫及动物卫生合作协议》。

9.《关于中埃双方加强在埃及苏伊士湾西北经济区投资合作的谅解

278

备忘录》。

10.《中华人民共和国政府和阿拉伯埃及共和国政府关于石油合作谅解备忘录》。

11.《中华人民共和国劳动和社会保障部与阿拉伯埃及共和国人力和移民部在就业服务、职业培训和劳动力市场规划领域合作谅解备忘录》。

12.《中华人民共和国信息产业部与阿拉伯埃及共和国通信与信息技术部信息通信领域合作谅解备忘录》。

（五）中国与约旦签署的投资及自由贸易协定

1.《中华人民共和国政府和约旦哈希姆王国政府关于双边劳务合作的协定》。

2.《关于成立中国－约旦经济、贸易和技术合作混合委员会的协定》。

三、中国与哈萨克斯坦国家签署的投资及自由贸易协定

（一）《中华人民共和国政府和哈萨克斯坦共和国政府关于对通过中哈边境管道运输能源的海关监管协定》。

（二）《中华人民共和国国土资源部与哈萨克斯坦共和国能源矿产部关于开展地质矿产和能源合作的谅解备忘录》。

（三）《中华人民共和国海关总署和哈萨克斯坦共和国财政部海关监管委员会合作纲要（2009年－2011年）》。

（四）《中华人民共和国政府和哈萨克斯坦共和国政府非资源经济领域合作规划》。

（五）《中国人民银行与哈萨克斯坦国家银行关于边境地区贸易银行结算协议》。

（六）《中华人民共和国政府和哈萨克斯坦共和国政府关于动物检

疫及动物卫生的合作协定》。

（七）《中华人民共和国政府和哈萨克斯坦共和国政府关于植物保护和检疫合作协定》。

（八）《中华人民共和国农业部和哈萨克斯坦共和国农业部关于防治蝗虫及其他农作物病虫害合作的协议》。

（九）《中华人民共和国国土资源部与哈萨克斯坦共和国能源矿产部关于开展地质矿产和能源合作的谅解备忘录》。

（十）《中华人民共和国政府和哈萨克斯坦共和国政府关于对所得避免双重征税和防止偷漏税的协定》。

（十一）《中华人民共和国政府和哈萨克斯坦共和国政府关于反不正当竞争与反垄断领域合作协定》。

（十二）《中华人民共和国政府与哈萨克斯坦共和国政府关于保证进出口商品质量和相互认证的合作协定》。

（十三）《中华人民共和国政府和哈萨克斯坦共和国政府关于利用连云港装卸和运输哈萨克斯坦过境货物的协定》。

（十四）《中华人民共和国政府和哈萨克斯坦共和国政府航空运输协定》。

（十五）《中华人民共和国政府和哈萨克斯坦共和国政府汽车运输协定》。

（十六）《关于执行〈中华人民共和国政府和哈萨克斯坦共和国政府汽车运输协定〉议定书》。

（十七）《中华人民共和国政府和哈萨克斯坦共和国政府关于鼓励和相互保护投资协定》。

（十八）《中华人民共和国政府和哈萨克斯坦共和国政府关于开放边境口岸的协定》。

（十九）《中华人民共和国政府和哈萨克斯坦共和国政府经济贸易

协定》。

四、中国与西亚伊斯兰国家签署的投资及自由贸易协定

（一）中国与伊朗签署的投资及自由贸易协定

1.《中华人民共和国劳动和社会保障部和伊朗伊斯兰共和国劳动和社会事务部关于执行合作谅解备忘录的行动计划》。

2.《中华人民共和国国家发展和改革委员会与伊朗伊斯兰共和国石油部合作谅解备忘录》。

3.《中华人民共和国政府和伊朗伊斯兰共和国政府关于对所得避免双重征税和防止偷漏税的协定》。

4.《中华人民共和国政府和伊朗伊斯兰共和国政府商船海运协定》。

5.《中华人民共和国政府和伊朗伊斯兰共和国政府经济、贸易、科学和技术合作联合委员会第十一次会议协议纪要》。

6.《中华人民共和国与伊朗伊斯兰共和国原油贸易长期协议》。

7.《中华人民共和国政府和伊朗伊斯兰共和国政府关于植物保护和检疫合作协定》。

8.《中华人民共和国政府和伊朗伊斯兰共和国政府关于植物保护和检疫合作协定》。

9.《中华人民共和国政府和伊朗伊斯兰共和国政府航空运输协定》。

10.《中华人民共和国劳动和社会保障部和伊朗斯兰共和国劳动和社会事务部合作谅解备忘录》。

11.《中华人民共和国政府和伊朗伊斯兰共和国政府关于相互促进和保护投资协定》。

12.《中华人民共和国政府和伊朗伊斯兰共和国政府贸易协定》。

13.《中国和伊朗关于成立经济、贸易和科技合作联合委员会的

协定》。

14.《中国和伊朗关于互惠商标注册的换文》。

15.《中华人民共和国政府和伊朗王国政府贸易协定》。

16.《中华人民共和国政府和伊朗王国政府支付协定》。

（二）中国与土耳其签署的投资及自由贸易协定

1.《中华人民共和国政府和土耳其共和国政府贸易议定书》。

2.《中华人民共和国政府和土耳其共和国政府经济、工业和技术合作协定》。

3.《中华人民共和国政府和土耳其共和国政府海运协定》。

4.《中国和土耳其关于民事、商事和刑事司法协助的协定》。

5.《中华人民共和国政府和土耳其共和国政府关于对所得税避免双重征税和防止偷漏税的协定》。

6.《关于中国公民组团赴土耳其旅游实施方案的谅解备忘录》。

7.《中华人民共和国政府和土耳其共和国政府能源领域经济和技术合作框架协议》。

8.《中华人民共和国政府和土耳其共和国政府关于海关事务的合作互助协定》。

9.《中华人民共和国农业部与土耳其共和国农村事务部农业合作谅解备忘录》。

10.《中华人民共和国信息产业部与土耳其共和国交通部关于在信息技术领域合作谅解备忘录》。

参考文献

网站类

中华人民共和国外交部 http://www.fmprc.gov.cn/chn/gxh/tyb/

中华人民共和国商务部 http://www.mofcom.gov.cn/

中国商品网 http://ccn.mofcom.gov.cn/spbg/show.php?id=6575&ids=4

中国机电出口指南 http://mep128.mofcom.gov.cn/mep/

中国国际工程咨询协会网 http://www.caiec.org/2009/main.asp

黑龙江省企业网 http://www.hlema.org/Index.Html

上海外境投资网 http://www.cpitsh.org/jwtz/policy_read.asp?countryid=177

中小企业贸易促进网 http://www.smes-tp.com/index.asp

中外投资服务网 http://helosina.com/

中华人民共和国驻马来西亚大使馆经济商务参赞处网站 http://my.mofcom.gov.cn

中国驻土耳其共和国大使馆经济商务参赞处 http://tr.mofcom.gov.cn/

中国驻伊朗大使馆经济商务参赞处 http://ir.mofcom.gov.cn/about/about.html

中国驻约旦经商参处网站 http://jo.mofcom.gov.cn/index.shtml

中国 – 印尼经贸合作网 http://www.cic.mofcom.gov.cn

沙特阿拉伯标准组织 http://www.saso.org.sa

沙特阿拉伯投资总局 http://www.sagia.gov.sa

埃及贸易网 http://www.egtrade.com/

伊朗贸易协会 http://www.iraniantrade.org/

土 耳 其 海 关 http://www.gumruk.gov.tr/ENG/homepage/Pages/default.aspx

技术壁垒资源网 http://www.tbtmap.cn/portal/default.jsp

国际石油网 http://www.chen265.cn/showurl.asp?id=2369

全球法律法规网 http://policy.mofcom.gov.cn/

阿拉伯信息交流中心网站 http://www.arabsino.com/default.htm

报告类

商务部《国别贸易投资报告 2010》

商务部《国别贸易投资环境报告 2009》

商务部《国别贸易投资环境报告 2008》

商务部《国别贸易投资环境报告 2007》

商务部《国别贸易投资环境报告 2006》

商务部《马来西亚投资环境报告》

商务部《国别贸易投资环境报告 2010（印度尼西亚）》

商务部《国别贸易投资环境报告（印度尼西亚）》

阿拉伯埃及共和国投资部《2010 年埃及投资指南》

论文类

张怀印：《埃及投资法律体系及其特点》，《西亚非洲》2006 年第 3 期。

中国驻埃及使馆经商处：《埃及对外国投资者的鼓励政策》，《世界机电经贸信息》2001 年第 6 期。

牛雪峰，杨兴礼：《简论埃及投资环境及中国对埃及的投资取向》，《阿拉伯世界研究》2007 年第 1 期。

艾利斯：《"寻求纺织领域多元合作"—专访埃及投资与贸易协会副会长沙诺比先生》，《中国纺织》2005 年第 5 期。

吴刚：《埃及进出口贸易法规》，《国际市场》2001 年第 7 期。

王泰：《埃及经济发展战略及发展模式的历史考量》，《西亚非洲》2008 年第 5 期。

王宝孚：《埃及经济改革开放的成就、难题和前景》，《现代国际关系》1996 年第 5 期。

许复兴：《东盟市场环境及风险分析》，《国际工程与劳务》2007 年第 10 期。

姜明新：《约旦的外资政策与工商、进口管理制度》，《西亚非洲》1995 年第 2 期。

武芳：《试论新世纪初阿联酋的经济与贸易发展》，《阿拉伯世界研究》2006 年第 2 期。

徐伟：《投资约旦》，《中国对外贸易》2003 年第 5 期。

专著类

王泽：《东盟，东南亚国家经济贸易法律研究丛书》，中国法制出版社 2006 年版。

祁希元主编:《马来西亚经济贸易法律选编》,中国法制出版社 2006 年版。

杨眉主编:《印度尼西亚共和国经济贸易法律选编》,中国法制出版社 2006 年版。

徐淑萍,汪金兰等著:《中国对外贸易摩擦与救济措施法律问题研究》,安徽人民出版社 2010 年版。

程信和:《中国–东盟自由贸易区法律模式研究》,人民法院出版社 2006 年版。

沈四宝,王秉乾:《中国对外贸易法》,法律出版社 2006 年版。

王传丽主编:《国际贸易法》,中国政法大学出版社 2003 年版。

陈安主编:《国际投资法的新发展与中国双边投资条约的新实践》,复旦大学出版社 2007 年版。

陈若鸿,杨桂莲:《国际经济贸易法律制度》,机械工业出版社 2006 年版。

国家发展和改革委员会编著:《我国利用外资和境外投资实用法规政策汇编》。

后　记

　　针对中国企业对伊斯兰国家法律制度普遍缺乏了解、无法快速适应伊斯兰国家贸易投资、商事交往规则、不能及时通过清真食品国际认证等贸易瓶颈问题，本书选取东盟、阿盟、中亚、西亚等地区九个主要伊斯兰国家，分三篇就伊斯兰国家的国际经贸及法律制度做了系统概述和分类研究。本书分别就伊斯兰国家的区域范围、经贸传统及市场现状、国际经贸法律制度概述、各国国际商事交易法律制度、投资贸易法律制度、国际经贸（商品进出口）管理制度等方面详细介绍各主要伊斯兰国际的经贸法律制度，并就我国与主要伊斯兰国家国际经贸交往规模和现状，我国的对外经贸法律制度等问题进行了阐述。

　　本书由来自高校的学者和一线的律师等作者共同撰写完成，由刘亚平律师担任总编，全面负责本书的统筹和出版等工作；由副主编刘韬律师、李自然教授确定本书的篇章体例，并负责全文的统稿、校稿，部分章节的撰写等工作；副主编买尔艳负责本书的统稿、校稿等工作。各个章节撰写作者的风格各有不同，编者对此予以尊重和保留。

1. 李自然，周传慧：上篇，第一章至第三章；

2. 王宁：中篇第四章；

3. 李然：中篇第五章第一节、第三节、第五节；

4. 孔德翊，张荣：中编第五章第二节、第四节；

5. 李燕宁：中编第六章；

6. 龚静：中编第七章；

7. 刘韬、马骞：下编，第八章至第十章。

（由于时间将为仓促，加之能力所限，本书难免存在纰漏和瑕疵，不足之处敬请读者批评指正，副主编刘韬邮箱：liut953@126.com。）